职业教育"十三五"规划教材

国际法

主编 李学勤

INTERNATIONAL LAW

WUHAN UNIVERSITY PRESS
武汉大学出版社

图书在版编目（CIP）数据

国际法/李学勤主编．—武汉：武汉大学出版社,2017.8（2021.1 重印）
职业教育"十三五"规划教材
ISBN 978-7-307-19447-2

Ⅰ.国… Ⅱ.李… Ⅲ.国际法—高等职业教育—教材 Ⅳ.D99

中国版本图书馆 CIP 数据核字（2017）第 161000 号

责任编辑:张 欣 责任校对:李孟潇 版式设计:马 佳

出版发行:**武汉大学出版社** （430072 武昌 珞珈山）
（电子邮箱:cbs22@whu.edu.cn 网址:www.wdp.com.cn）
印刷:武汉图物印刷有限公司
开本:787×1092 1/16 印张:15.25 字数:359 千字 插页:1
版次:2017 年 8 月第 1 版 2021 年 1 月第 2 次印刷
ISBN 978-7-307-19447-2 定价:35.00 元

内 容 简 介

　　本书是法律类高职高专的国际法基础教学用书。主要包括国际法的基础理论、国际法的主体、国际法上的居民、领土法、海洋法、空间法、环境法、外交与领事关系法、国际人权法、条约法、国际组织法、国际争端的和平解决及战争法共十三章的内容。

　　本书设置采取理论与实践并重的综合体系，根据学生职业素质和职业能力的需求，强调理论的针对性和实用性。本书注重理论联系实践，尤其中国国际法相关问题的法律规定以及实践，并且在内容安排、案例的选择以及案例分析的程度也考虑到高职教育的特点。本书是法律类国际法教材改革的一次尝试。

　　本书适合作为高职高专国际经济法专业的教材，也可作为高职高专法律事务和司法助理专业教材或参考书。

前　言

　　高等法律职业教育与传统的法学学科教育相比，具有鲜明的职业性和针对性，在教学过程中更注重有效知识的传播，突出职业能力的培养。现阶段教育部政法类高等职业教育仅限专科层次，主要用于培养面向基层和管理一线的应用型法律职业人才和辅助型法律职业人才。然而，目前我国的政法类高等职业教育教材过于侧重理论性，缺乏实践性，尤其是对学生相关职业能力的培养略显不足，这与高职教育的初衷不相符，其中国际法教材的定位与现实法律职业教育的不适性尤为突出。国际法教材脱离国际法教学实践，例如国际空间模拟法庭、双语教学等。学生却不能掌握基本的关于中国的国际法问题，例如钓鱼岛、中国南海等问题。即便是国内部分高职类的国际法教材，只是本科教材的简化版，其基本定位仍忽视了职业教育的核心理念。因此，为适应高职教学的需要，编写了本教材。

　　本教材的核心目标在于培养学生分析国际问题的能力，使学生了解国家进行国际交往的行为规范，了解中国在国际法上的立场及实施情况，为学生从事相关职业培养观察、分析国际问题的能力。为此，本教材根据国际法的最新发展，阐述了国际法的基本知识，并侧重学生相关专业职业能力的培养，力求做到理论性与实践性相结合。本教材对政法类高等职业教育国际法教材的内容、体例方面进行了有益的探索和创新，特点如下：

　　（1）教材实践性上，教材选取中国国际法相关问题的法律规定以及实践，以及所涉国际问题最新发展分析，以此来更好地实现国际法课程目标，这是与同类国际法教材所不同的；

　　（2）教材内容上，教材是由从事多年法律高职类国际法教学的教师负责编写，在内容选择、内容编排、语言表达方面更符合高职学生特点；

　　（3）教材体例设计上，教材针对高职教育的实践性，附有国际法院经典判例，并且在案例的选择以及案例分析的程度方面也考虑到了高职教育的需要。

　　本教材由李学勤任主编，各章撰写分工如下：

　　李学勤撰写第一、二、三、四、五、六、八、十二章；

　　郜永红撰写第十一、十三章；

　　宋立娟撰写第七、九章；

　　折喜芳撰写第十章。

　　由于编者水平所限，书中如有不足之处敬请使用本书的师生与读者批评指正，以便修订时改进。如读者在使用本书的过程中有其他意见或建议，恳请向编者（hbzfl@ 126. com）提出宝贵意见。

编　者

1

目　　录

第一章　导论 ……………………………………………………………………… 1

　第一节　概述 …………………………………………………………………… 1

　第二节　国际法的渊源 ………………………………………………………… 2

　第三节　国际法的历史发展与编纂 …………………………………………… 5

　第四节　国际法与国内法的关系 ……………………………………………… 7

　第五节　国际法的基本原则 ………………………………………………… 10

　第六节　中国与国际法 ……………………………………………………… 15

第二章　国际法的主体 ………………………………………………………… 18

　第一节　概述 ………………………………………………………………… 18

　第二节　国际法的基本主体——国家 ……………………………………… 20

　第三节　国际法上的承认 …………………………………………………… 26

　第四节　国际法上的继承 …………………………………………………… 29

　第五节　国际法律责任 ……………………………………………………… 34

　第六节　中国的国际法主体问题 …………………………………………… 38

第三章　国际法上的居民 ……………………………………………………… 40

　第一节　国籍 ………………………………………………………………… 40

　第二节　外国人的法律地位 ………………………………………………… 46

　第三节　引渡和庇护 ………………………………………………………… 51

　第四节　难民 ………………………………………………………………… 56

　第五节　中国国际法上的居民问题 ………………………………………… 58

第四章　国家领土 ……………………………………………………………… 61

　第一节　概述 ………………………………………………………………… 61

　第二节　领土的变更 ………………………………………………………… 64

　第三节　边界和边境制度 …………………………………………………… 68

　第四节　南极与北极 ………………………………………………………… 71

　第五节　中国的领土与边界问题 …………………………………………… 72

第五章　海洋法 …………………………………………………………… 77
　第一节　概述 …………………………………………………………… 77
　第二节　海域的划分 …………………………………………………… 79
　第三节　内水 …………………………………………………………… 80
　第四节　领海和毗连区 ………………………………………………… 82
　第五节　专属经济区 …………………………………………………… 85
　第六节　大陆架 ………………………………………………………… 87
　第七节　公海 …………………………………………………………… 90
　第八节　用于国际航行的海峡 ………………………………………… 93
　第九节　群岛水域 ……………………………………………………… 94
　第十节　国际海底区域 ………………………………………………… 95
　第十一节　中国的海洋法问题 ………………………………………… 96

第六章　空间法 …………………………………………………………… 101
　第一节　概述 …………………………………………………………… 101
　第二节　航空法 ………………………………………………………… 103
　第三节　外层空间法 …………………………………………………… 108
　第四节　中国空间法及空间技术的发展 ……………………………… 114

第七章　国际环境法 ……………………………………………………… 117
　第一节　国际环境法概述 ……………………………………………… 117
　第二节　国际环境法的基本原则 ……………………………………… 119
　第三节　国际环境的法律保护 ………………………………………… 122
　第四节　中国与国际环境法 …………………………………………… 127

第八章　外交和领事关系法 ……………………………………………… 131
　第一节　概述 …………………………………………………………… 131
　第二节　使馆制度 ……………………………………………………… 133
　第三节　外交特权与豁免 ……………………………………………… 137
　第四节　领事和领事关系法 …………………………………………… 142
　第五节　中国外交和领事关系法 ……………………………………… 146

第九章　国际人权法 ……………………………………………………… 149
　第一节　概述 …………………………………………………………… 149
　第二节　人权的性质与内容 …………………………………………… 150
　第三节　国际人权保护 ………………………………………………… 155
　第四节　中国人权问题 ………………………………………………… 157

第十章　国际条约法⋯⋯⋯⋯⋯⋯⋯⋯⋯⋯⋯⋯⋯⋯⋯⋯⋯⋯⋯⋯⋯ 161

第一节　概述⋯⋯⋯⋯⋯⋯⋯⋯⋯⋯⋯⋯⋯⋯⋯⋯⋯⋯⋯⋯⋯⋯⋯⋯ 161

第二节　条约的缔结⋯⋯⋯⋯⋯⋯⋯⋯⋯⋯⋯⋯⋯⋯⋯⋯⋯⋯⋯⋯⋯ 164

第三节　条约的效力⋯⋯⋯⋯⋯⋯⋯⋯⋯⋯⋯⋯⋯⋯⋯⋯⋯⋯⋯⋯⋯ 169

第四节　条约的解释与修订⋯⋯⋯⋯⋯⋯⋯⋯⋯⋯⋯⋯⋯⋯⋯⋯⋯⋯ 172

第五节　条约的终止和停止施行⋯⋯⋯⋯⋯⋯⋯⋯⋯⋯⋯⋯⋯⋯⋯⋯ 174

第六节　中国与国际条约法⋯⋯⋯⋯⋯⋯⋯⋯⋯⋯⋯⋯⋯⋯⋯⋯⋯⋯ 176

第十一章　国际组织法⋯⋯⋯⋯⋯⋯⋯⋯⋯⋯⋯⋯⋯⋯⋯⋯⋯⋯⋯⋯ 181

第一节　概述⋯⋯⋯⋯⋯⋯⋯⋯⋯⋯⋯⋯⋯⋯⋯⋯⋯⋯⋯⋯⋯⋯⋯⋯ 181

第二节　联合国⋯⋯⋯⋯⋯⋯⋯⋯⋯⋯⋯⋯⋯⋯⋯⋯⋯⋯⋯⋯⋯⋯⋯ 184

第三节　联合国的专门机构⋯⋯⋯⋯⋯⋯⋯⋯⋯⋯⋯⋯⋯⋯⋯⋯⋯⋯ 190

第四节　区域性国际组织⋯⋯⋯⋯⋯⋯⋯⋯⋯⋯⋯⋯⋯⋯⋯⋯⋯⋯⋯ 193

第五节　联合国问题的新发展⋯⋯⋯⋯⋯⋯⋯⋯⋯⋯⋯⋯⋯⋯⋯⋯⋯ 197

第六节　中国与联合国⋯⋯⋯⋯⋯⋯⋯⋯⋯⋯⋯⋯⋯⋯⋯⋯⋯⋯⋯⋯ 198

第十二章　和平解决国际争端⋯⋯⋯⋯⋯⋯⋯⋯⋯⋯⋯⋯⋯⋯⋯⋯⋯ 202

第一节　概述⋯⋯⋯⋯⋯⋯⋯⋯⋯⋯⋯⋯⋯⋯⋯⋯⋯⋯⋯⋯⋯⋯⋯⋯ 202

第二节　解决国际争端的政治方法⋯⋯⋯⋯⋯⋯⋯⋯⋯⋯⋯⋯⋯⋯⋯ 205

第三节　解决国际争端的法律方法⋯⋯⋯⋯⋯⋯⋯⋯⋯⋯⋯⋯⋯⋯⋯ 208

第四节　中国和平解决国际争端的实践⋯⋯⋯⋯⋯⋯⋯⋯⋯⋯⋯⋯⋯ 213

第十三章　战争法⋯⋯⋯⋯⋯⋯⋯⋯⋯⋯⋯⋯⋯⋯⋯⋯⋯⋯⋯⋯⋯⋯ 217

第一节　概述⋯⋯⋯⋯⋯⋯⋯⋯⋯⋯⋯⋯⋯⋯⋯⋯⋯⋯⋯⋯⋯⋯⋯⋯ 217

第二节　战争状态⋯⋯⋯⋯⋯⋯⋯⋯⋯⋯⋯⋯⋯⋯⋯⋯⋯⋯⋯⋯⋯⋯ 220

第三节　战争规则⋯⋯⋯⋯⋯⋯⋯⋯⋯⋯⋯⋯⋯⋯⋯⋯⋯⋯⋯⋯⋯⋯ 224

第四节　战争犯罪及其法律责任⋯⋯⋯⋯⋯⋯⋯⋯⋯⋯⋯⋯⋯⋯⋯⋯ 229

第五节　中国与国际战争法⋯⋯⋯⋯⋯⋯⋯⋯⋯⋯⋯⋯⋯⋯⋯⋯⋯⋯ 232

参考文献⋯⋯⋯⋯⋯⋯⋯⋯⋯⋯⋯⋯⋯⋯⋯⋯⋯⋯⋯⋯⋯⋯⋯⋯⋯⋯ 235

第一章 导 论

【知识目标】

掌握国际法的特征和效力根据；国际法的渊源、主体；国际法与国内法的关系和国际法的基本原则。

【能力目标】

能用国际法的基本理论分析国际法主体及其类型以及国际法与国内法的关系的实践。

第一节 概 述

一、国际法的概念

国际法（International Law），又称国际公法，是指在国际交往中通过协议形成的，主要调整国家之间关系，有法律约束力的原则、规则和制度的总体。其名称最早在西方是用拉丁文"*Jus gentium*"称谓的，源于罗马法中的万民法。万民法是古罗马的国内法，指调整罗马市民与外国人之间及外国人之间关系的法律，与只调整罗马市民之间关系的市民法相对应。到了17世纪，被西方国际学者称为"国际法之父"的荷兰法学家格老秀斯在1625年出版的《战争与和平法》中，仍使用"*Jus gentium*"，但已不是原来意义上的万民法，而是指国家间的法律。后来，该词转译为英文"Law of Nations"，汉译为万国法。18世纪末，英国法学家边沁在其著作《道德及立法原理绪论》一书中开始使用"International Law"，汉译为国际法。由于这个名称准确地表达国家间法律的本质特征，之后被各国普遍采用。

国际法的调整对象是国际关系，主要是国家之间的关系。国际关系涉及政治、军事、经济、文化等内容，同时也就要求有相应的规则来调整，也就有了外交关系法、海洋法、空间法、武装冲突法等这些国际法的部门法，这就为国家在相互交往中确立了某种权利和义务的法律依据，从而使国际关系得以有效地协调。

国际法作为一个特殊的法律体系，同国内法相比，国际法主要有以下特征。

（1）国际法的主体主要是国家。这是国际法最重要的特征。此外，在一定条件下和一定范围内，民族解放组织和政府间的国际组织也是国际法主体。自然人和法人一般不是国际法主体。而国内法的主体主要是自然人和法人及其他组织，国家在特定情况下也可以成为国内法的主体，但只能是国内法律的一方主体，而不是双方。

（2）国际法是国家之间以协议的方式制定的。国际社会主要由主权国家组成，各主权国家都是独立、平等的，因此国际社会是一种横向的平行式社会，任何一个国家的立法机关无权制定国际法，也不能由一个凌驾于各国之上的国际立法机关来制定国际法。国际法只能由主权国家之间或主权国家和其他国际法主体之间在平等的基础上以协议的方式制定，即以缔结条约的方式制定。所以，国际法是平等主体之间的法律。而国内社会则是由国家统治下的自然人和法人所构成的一种纵向的宝塔式社会。国内权力集中于国家，所以国内法由各国的立法机关制定。

（3）国际法是由各国单独或集体采取措施来保证其实施的。国内法可通过军队、警察、法庭、监狱等国家强制机关来实现其法律的强制力。国际上没有也不应该有这样的组织超越于主权国家之上的强制机关来强制实施国际法的职能，虽然国际法上有联合国国际法院，但它对当事国并没有像国内法院对当事人那样的强制执行国际法的权力，只能处理国家间自愿接受管辖的案件。因此，国际法的实施是通过国家单独或集体行动得以实现。国家既是国际法的制定者，在一定程度上也是国际法的解释者和执行者。

（4）国际法的效力涉及整个国际社会，对所有的国际法主体具有法律约束力。国内法的效力一般只涉及本国。国际法效力范围的普遍性主要有两种表现：一是对国际法主体均有约束力的普遍国际法；二是在缔约国之间有相对约束力的特殊国际法。国际法的法律效力是毋庸置疑的，国际法不是超国家立法机关制定的，而是国际法主体依一定的立法程序制定并以国际条约和国际习惯为表现形式，国际法的效力已为国际社会普遍承认。没有任何国家敢于公开声称它不认为国际法是法律，它的行动可以不受国际法的约束。相反，各国往往指责别国违背和破坏国际法，要求以国际法为基础来处理国家之间的关系。

二、国际法的性质

国际法的法律性质已为国际法学说和国际实践做了充分的肯定，现已没有人对国际法的法律性质存有质疑了。但因国际法强制力的方法与国内法不同，西方一些学者认为国际法是弱法。这种观点的不正确之处在于把法律的强制性与对法律的强制执行等同，不应把强制实施的外力的强弱作为依据，法律本身的强制性并无强弱之分。而且，从国际实践来看，国际法的强制执行措施也不总是比国内法弱。如第二次世界大战后对德日等侵略国家以及战争罪犯的制裁。

为什么国际法具有法律性质，也就是国际法效力的根据是什么？对于这一国际法的基本理论问题，国际法学界的不同学派有不同观点。我们认为，国际法效力的根据是国家之间的协议。国家在参加制定国际法时不可能只反映某一国意志，也不可能反映各国的共同意志，而是各国利益和意志的协调，国家意志协调的结果是达成协议，产生国际条约。各国协议产生的国际法表现了国家间的认可，因而对国家具有约束力。因此，可以说各国意志之间的协调是国际法的效力根据。

第二节　国际法的渊源

一、国际法渊源的概念

对国际法的渊源的含义，主要有两种解释：一种是指国际法作为有效法律规范的表现形式，也可称之为国际法的法律渊源。国际法的法律渊源只有国际习惯和国际条约，因为国际社会不可能有一个超国家的最高立法机关，用以形成有法律约束力的国际行为规范的方式，只有国际习惯和国际条约体现了各国的协调意志，从而形成有法律效力的国际法规范。另一种解释指国际法规范的第一次出现，可称之为国际法的历史渊源。许多国际法规范在形成为有约束力的法律之前，就曾在国际或国内文件或某种学说中出现过。如不干涉内政原则最初见于法国大革命时期的宪法，公海自由原则最早出自格老秀斯的名著《海洋自由论》等，这些规范最初并不是国际法规范，不具有国际法的效力，所以只能说是国际法的历史渊源。它们只有通过长期国际实践并获得国际公认，以及表现为国际习惯和国际条约以后，才形成对各国具有约束力的国际法规范。当然，也有一些国际法原则和规范最初就规定于某项国际条约之中，那么这项国际条约既是国际法的法律渊源，也是该原则或规范的历史渊源。可见法律渊源与历史渊源之间也有密切联系。我们认为把国际法的渊源解释为国际法的原则、规则和制度的表现形式更为合理。

关于国际法有哪些渊源有不同主张。《国际法院规约》第 38 条规定法院判案应依据国际法，其目的虽不是规定国际法的渊源，但它却指明了国际法规则都通过什么方式或程序而形成。因此，国际法学界通常认为这项规定是对国际法渊源的权威性说明。《国际法院规约》第 38 条第 1 项规定："法院对陈述各项争端，应依国际法裁判之，裁判时应适用：

（1）不论普遍或特别国际协议，确立诉讼当事国明白承认之规约者。

（2）国际习惯，作为通例之证明而经接受为法律者。

（3）一般法律原则为文明各国所承认者。

（4）在第 59 条规定之下，司法判例及各国权威最高之公法学家学说，作为确定法律原则之补助资料者。"第 2 项规定："前项规定不妨碍法院经当事国同意本公允及善良原则裁判案件之权。"上述规定说明，国际法除有国际条约、国际习惯、一般法律原则等直接渊源外，还有辅助资料。

二、国际法的主要渊源

（一）国际条约

国际条约是指两个或两个以上国际法主体之间依照国际法缔结的，据以确定其相互权利与义务的书面协定。国际条约是国际法的主要渊源，据统计自 1945 年以来依据联合国宪章第 102 条规定在联合国登记的条约已有 35000 多个。国际法院对于陈述的各项争端主要适用国际条约。但并不是所有的条约都是国际法的渊源，凡是侵略性的、奴役性的不平等条约因其违反了现代国际法的基本原则，不能认为是国际法的渊源。

国际法院规约把国际条约分为一般性的和特别的条约。一般性的国际条约通常是多数国家参加的，对国际法的原则、规则和制度具有创设、修改和补充的作用，取得普遍国际法地位。因此也被称为"造法性条约"。例如《联合国宪章》、《联合国海洋法公约》。特别的条约指两个或几个国家就某些特定事项规定缔约国间具体权利和义务的条约。也被称为"契约性条约"，例如两国间签订边界条约。特别条约虽通常不创造一般国际法规则，但它们都为当事国创设了国际法上的权利和义务，其规定对当事国是有约束力的，《国际法院规约》第 38 条也肯定了特别条约为国际法的渊源。

一般性的条约和特别的条约的区分只是大致上的分类，不可能有一条绝对的界线，有些条约实际上兼有一般性条约和特别条约的内容，有些特别的条约所规定的规则被其他许多国家所承认，也可能形成一般国际法规则。

（二）国际习惯

国际习惯，是指各国在国际交往中经过长期，反复实践所形成的，具有法律约束力的不成文的行为规则，是国际法主要渊源之一。国际习惯的产生早于国际条约，其可以说是最古老的国际法渊源。19世纪以后，许多习惯规则被编纂在国际条约之中，但国际社会中仍存在大量的国际习惯规则，新的国际习惯不断出现，它仍然是国际法的一种重要渊源，与国际条约相互补充，各自发挥其调整国际关系的作用。

《国际法院规约》第38条规定，作为国际习惯，必须具备两个条件：首先，通例的存在，即各国在其相互关系上，对某种事项长期重复实践，形成某些公认的规则。通例的存在，并不等于国际习惯已经形成，还应具备另一个条件：存在的通例已被各国接受为法律。即各国对这种通例体现出来的行为规则认为是一种需要遵守的规则，在心理上对这种通例有一种法的信念。要满足上述两个条件，往往要经过几十年甚至上百年的时间。如不干涉内政原则，从提出到确认为国际法基本原则，经过200多年时间。但是随着现代科技的发展，某些国际习惯的形成时间大大缩短。如海洋法中的大陆架，在其出现不到120年的时间就成为国际习惯。

国际习惯是一种不成文法，为了证明某项规范已经确立为国际习惯，必须到国际关系中去查找。对国际习惯内容的认定和证明通常在以下三个方面去查找。国家间的各种外交文书，如声明、宣言等；国际机构的各种文件，如决议、判决等；国内立法、司法、行政方面的文件，如有关法律、法规等。如果查找不到证据，该项国际习惯就不能确立。例如国际法院在1969年北海大陆架一案的判决中认定：等距离划界方法并不是必须遵守的，因为还找不到这一规则已被接受为法律的普遍而一致的实践证据。

（三）国际法的其他渊源——一般法律原则

《国际法院规约》第38条规定了：一般法律原则为文明各国所承认。可以理解为存在于各个法律体系的某些共有原则，例如时效原则等。这些法律原则可以用到国际法领域填补条约与习惯的不足，作为审判案件的变通办法。例如1962年国际法院审理的隆端古寺案。该案是关于泰国和柬埔寨之间的边界争议，焦点问题就是隆端古寺及其周围地区的主权归属。国际法院认为，对于由泰柬双方共同参与绘制的边界地区所造成的隆端古寺主权归属的现状，泰国曾经有机会表示反对，但实际上却没有明确表示其反对意见，应视为对地图的默认。那么，该地图就应对泰国具有约束力。根据禁止反言的原则，国际法院驳回了泰国认为地图存在错误的主张。但是一般法律原则在国际法上并不占重要地位，是国际法的次要渊源。事实上，一般法律原则不易确定，难以掌握，很少为国际法院及仲裁法庭所单独适用。

（四）确定法律原则的辅助资料

1. 司法判例

司法判例主要是指国际法院的判例，此外还包括各种形式的国际仲裁机构的重要裁决。国际法院成立半个世纪以来，受理诉讼和咨询案件70多起，其中一些重要案件的判决和咨询意见，阐明了划定领海及其他海域、外交关系等许多方面的重要的国际法原则。

国际法院的判例不是国际法院的直接渊源，依照《国际法院规约》第 59 条的规定，国际法院的判决仅对当事国和本案有约束力，其对以后发生的类似案件并无约束力，排除了国际法院判决成为判例法的可能性。但是它的裁判活动及其判例，对国际法规范的认证、确定和解释，起着重要作用，对国际习惯法的形成和发展，产生显著影响，因此被看做确定法律原则的补助资料。

2. 国际法学说

权威公法学家的学说，在国际法形成初期对国际法的形成与发展有着非常重要影响。例如格老秀斯的《战争与和平法》及《海洋自由论》等，虽不是法律，对近代国际法的形成与发展起了重大促进作用。国际法学说本身并非法律，但其概括并阐明了国际法的原则、规则和制度，只能作为确定法律原则的补助资料。

3. 国际组织决议

《国际法院规约》中没有提及国际组织决议，因为《国际法院规约》订立时，国际组织还没有全面发展，国际组织决议在国际法规范的形成中，还未发挥较大作用。一般认为，普遍性政府间国际组织，如联合国，它的某些决议可能全部或部分反映出现有的以及正在形成中的国际法原则、规则和制度。因此应该是确定国际法原则、规则和制度的补助资料，其地位和作用应高于司法判例和国际法学说。

(五)公允及善良原则

公允及善良原则是指在公平和善意的基础上，可以不严格依照国际法进行裁判，条件是必须得到当事各方的同意。实际上国际法院还没有按照公允及善良原则裁判的案件。

第三节　国际法的历史发展与编纂

一、国际法的历史发展

古代国际法始出于奴隶制社会。在漫长的奴隶社会和封建社会里，国际法的萌芽和雏形基本上只涉及各国之间交往的初步行为规范。到了资本主义时期，近代国际法正式进入军事领域和外交领域。1643—1648 年，为结束欧洲 30 年战争而召开的威斯特伐里亚公会，标志着近代国际法的开始。这次会议划定了欧洲大陆各国的边界，确认了领土主权和国家平等原则，这是近代国际法的最根本原则。在威斯特伐里亚公会召开以前，荷兰学者格老秀斯在 1625 年发表了《战争与和平法》，系统地阐述了国际法的主要内容，它不但对威斯特伐里亚合约的完成有一定影响，而且为近代国际法的建立奠定了基础。

从威斯特伐里亚公会到 1815 年维也纳会议之前，欧洲各国积极对外扩张，从事殖民战争。所以当时国际法的原则和规则主要同领土的取得和海洋权利有关。并包括海战法规、中立国的权利与义务、国际河流和海峡的航行以及消除奴隶贸易等内容，签订了一些有关条约。自 1815 年维也纳会议到 1919 年巴黎和会，这一阶段的历次国际会议，除进行国际法的编纂外，在推进国际法的逐步发展方面起到一定的作用。两次海牙和平会议促成了国际常设仲裁法院的建立。

第一次世界大战的爆发破坏了近代国际法新确立的各项原则、规则和制度。第一次世界大战后，签订了《国际联盟盟约》，建立了世界上第一个世界性的国际组织——国际联盟，并设立了历史上第一个国际司法机构——国际常设法院。1928年签订巴黎《非战公约》，反对以战争方法解决国际争端，现代国际法开始形成。

第二次世界大战后，一大批新的民族国家的独立，使国际法成为适用于全世界所有地区和国家的法律规范。联合国和其他政府间国际组织的大量出现，使国际法主体的种类得以增加。联合国宪章和第二次世界大战后的许多重要的国际条约和国际文件，使现代国际法的基本原则体系大致确立。

二、国际法的编纂

国际法的编纂即国际法的法典化，是指将不系统、不成文的国际法规则进行整理、修订和补充，使其成为内部和谐统一的法典活动。国际法的原则、规则和制度散见于大量的国际条约和国际习惯中，所以国际法的编纂显得十分必要。国际法的编纂有两种形式：一种是将所有的国际法原则、规则、制度编纂成为统一的法典，这是全面的编纂；另一种是将国际法按部门分别编纂为部门法典，这是专门的编纂。目前，各国参与国际法编纂还都属于后者。国际法的编纂分为民间的编纂和官方编纂。前者指学者和学术团体的编纂，后者由国际社会召开外交会议或政府间国际组织的编纂。一般认为，官方的编纂是真正意义上的国际法编纂。

国际法编纂活动始于18世纪末，由英国哲学家边沁首先提倡，最早表现为法学家个人和学术团体的编纂，这可以作为国际习惯规则存在的证据，对国际法的发展起到促进作用，但因是非官方的编纂，不具有法律约束力。国家之间的外交会议进行的国际法编纂开始于1814—1815年的维也纳会议。1899年和1907年的两次海牙和平会议，是大规模、有组织地编纂国际法的范例。第一次海牙和平会议制定了《和平解决国际争端公约》等3项公约和有关禁止某些作战手段的3项宣言。第二次海牙和平会议在对第一次海牙和平会议所取得的成果进行修订的基础上，又制定了13个公约，对战争法与和平解决国际争端的发展产生了影响。

第一次世界大战后，在国际联盟的主持下，1930年召开了第一次正式的国际法编纂会议，分别就国籍、领土、国家责任等问题进行讨论，就国籍问题通过34个文件。第二次世界大战后，国际法的编纂主要是在联合国主持下进行。《联合国宪章》第13条第1项第1款规定：联合国大会应发动研究并作出建议，提供国际法之逐渐发展与编纂。联合国大会1947年通过了《国际法委员会章程》，设立国际法委员会作为联合国大会之下，负责国际法编纂的机构。该委员会于1948年联合国大会选举产生，在1949年举行第一次会议，委员会代表了世界各大文化体系和各主要法系。委员会的工作取得很大成就，由其提出草案，经联合国大会或联合国召开的外交会议通过的公约超过15个，包括《维也纳外交关系公约》、《维也纳领事关系公约》、《维也纳条约法公约》等，这些公约成为现代国际法的重要组成部分。

除国际法委员会外，联合国的其他委员会或专门会议也进行编纂国际法的工作。例如，联合国大会1966年通过的《经济、社会、文化权利国际公约》和《公民及政治权利国际公约》，就是由联合国人权委员会草拟的。1982年联合国第三次海洋法会议制定《联合国海洋法公约》。

第四节　国际法与国内法的关系

一、概述

国际法与国内法关系，主要指两者是同属一个法律体系，还是分属两个不同的法律体系。在两者的关系中，彼此的地位和效力如何。正确认识和解决好二者关系，对国际法的执行和发展具有重要意义。19世纪以后，西方国际法学界形成了各种不同的学说，其中最有代表性的，以是否属于同一个法律体系为标准形成的两大派别，即法律上的一元论和二元论。在一元论中，又由于对谁处于优先地位问题的不同看法分为国内法优先说和国际法优先说；二元论又被称为国际法和国内法平行说。

（一）国内法优先说

国内法优先说盛行于19世纪末的德国。代表人物为德国学者耶利内克、佐恩、考夫曼等，该学说认为国际法和国内法从整体上构成一个统一的法律体系，但应以国内法的效力为优先。同国内法相比，国际法是次一级的法律，国家的所有对外活动，都是以国内法为根据的，例如条约的缔结，必须先有国内宪法的授权，否则条约就不可能产生。因此，国际法的效力来自国内法，在整个法律体系中，国际法应处于国内法的下级层次，并从属于国内法，甚至把国际法理解为对外的国家法。国内法优先说源于黑格尔的"国家至上"观念，是强权政治在法律上的反映。按照这种学说，国际法从属于国内法，各国可凭借本国法律任意解除其国际义务，这样势必导致对国际法的根本否定。我们可以看出此学说把国家意志绝对化，以达到把德国意志强加于国际社会，实现统治世界之目的。因此遭到了二元论的尖锐批评。经过第一次世界大战，特别是在第二次世界大战之后，这一学说已逐渐衰落。

（二）国际法优先说

国际法优先说起源于第一次世界大战以后；其最早的主要倡导者是奥地利规范法学派凯尔逊。这一学说认为，国际法和国内法是属于同一法律体系。在这个体系内，国际法位于国内法之上，在国际法之下有许多并立的国内法，国内法的效力是国际法赋予的，而国际法的效力则来自一个不以人们意志为转移的最高规范"条约必须遵守"。国际法优先说，反映了世界主权的思潮，把国际法凌驾于国内法之上，国内法赖以存在的国家主权必然会遭到破坏，对国家主权的否定，也无疑是对国际法基础的一种否定。

（三）国际法和国内法平行说

国际法和国内法平行说是19世纪末德国法学家特里佩尔首先提出的。该学说认为，国际法与国内法是两种不同的法律体系，它们所调整的对象及法律效力的根据皆不相同。二者之间是一种平行关系，有各自的适用范围，国内法适用国内关系，国际法适用国际关系，国际法若要使其在国内适用，必须通过某种国家行为将其转化为国际法。平行说较正确地分析了国际法与国内法的不同特性，两者是两种不同的法律体系，这是国际法理论上的一个重要发展，却忽视了两者彼此联系的另一面，对这两个体系的解释带有片面性，使之绝对化。

二、国际法与国内法关系的现实理论

我国学者认为国际法和国内法是相互联系的两个法律体系。国际法与国内法分别是两种不同的法律体系，国际法和国内法在法律主体、调整对象、强制实施、法律渊源、效力根据等方面都是有区别的，它们各自构成一个独立的法律体系，但是这两个法律体系不应该是彼此对立的，而是有密切联系的。因为国家既是国内法的制定者，也是制定国际法的参加者，国家就成了国际法和国内法发生联系的纽带。这就要求，国家在制定国内法时，必须注意到国际法要求；在参与制定国际法时，必须考虑到国内法的规定。从而使国内法的内容与国家根据条约所承担的国际义务相一致。另外，国际法所调整的国际社会关系和国内法调整的国内社会关系存在着密切联系。例如领海、大陆架、国籍等既是国内事务也是国际事务。这就使国际法和国内法在立法和实施中发生相互渗透、相互补充和相互制约的关系，具体表现在以下几个方面。

（一）国际法和国内法是相互借鉴、相互渗透的

国内法的一些原则、规则和制度因得到多数国家的承认和接受而成为国际习惯或制定为国际条约。例如不干涉内政原则、政治犯不引渡等国际法制度，就是吸收了国内法规定而逐渐形成的。另一方面，国际法的一些原则、规则和制度，通过国家立法程序，吸收到国内法来。例如中国就是根据 1961 年的《维也纳外交关系公约》，制定了《中华人民共和国外交特权与豁免条例》。

（二）国际法和国内法在实施过程中是相互补充、相互配合的

对于国际法中的一些原则规定，国内法为了实施需要作出具体规定。例如 1930 年国籍公约规定每一国家依照其本国法律断定谁是它的国民，但是国籍的取得和丧失，则由国内法作出具体规定，否则国际法的原则规定就无法实施。另外，国内法对某些问题规定的实施，也需要国际法的配合。例如国际法中的引渡制度，对各国刑法的实施就起配合作用。有关国家可以根据引渡制度请求把罪犯引渡到本国审判，从而使国内刑法得以有效实施。

（三）国际法和国内法也是相互制约的

国际法不能干预国家按照主权原则所制定的国内法，这是不干涉内政原则的要求和体现。正如《联合国宪章》第 2 条第 7 项所规定的：本宪章不得认为授权联合国干涉在本质上属于任何国家国内管辖的事件。同样，国家也不能用国内法来改变现行国际法，不能以国内法为由而不履行国际义务。否则，该国就应承担国际法律责任。例如美国 1979 年与中国签署了《关于建立外交关系的公报》，承认中华人民共和国政府是中国唯一合法政府，台湾是中国的一部分。但又公然炮制《与台湾关系法》，继续向中国的一个省提供武器，这不仅违反了国际法上不干涉他国内政的原则，也违反了其所应承担的国际条约义务。

三、国际法与国内法关系的实践

国际法和国内法关系的实践问题，主要是国际法在国内的适用问题和国内法在国际裁决中的作用问题。

（一）国际法在国内适用问题

国际法在国内适用问题，即国家如何承担其国际法上义务的问题。只有国家在国内施行国际法，才使国际法与国内法在实践中真正发生联系，国际法才能发挥其调整各国之间关系的作用。如果国内法的规定与国际法不符，国内法院若执行国内法，国家就有可能承担违反国际义务的法律责任。因此，这是国际法和国内法关系最重要的问题。另一方面，国际法关于国家权利义务的规定，只及于作为国际法主体的国家，而不能直接及于国家内部的机关和个人。国家内部依据什么形式，什么程序，如何履行，是其国家主权范围问题，应由国内法来加以补充规定。

对于国际习惯规则，各国的做法基本一致。只要国际习惯规则不与现行国内法相抵触，即可作为国内法的一部分来适用。例如英国，很早已有国际习惯成为国内法一部分的原则。后来，包括美国、日本、德国、法国在内的许多国家也承认国际习惯在国内的可适用性。但各国存在适用中所加的限制条件，则有宽有严，不尽相同。对于条约，各国做法不同，但就实践来看，各国所采取的立法方式，概括起来可分为两大类。

1. 转化

即由立法机关将国际法有关规则转变成国内法，用国内法形式表现出来。国家将通过执行该国国内法来实施国际法，而不是直接实施国际法。例如英国的法律规定，国际条约只有经议会的立法程序后，才能在国内适用。因为英国宪法规定，条约的谈判、签字与批准属于君主的权力，而英国议会具有立法垄断权则是英国宪法的一项基本原则。如果条约自动地成为英国法律的一部分，就意味着英王可以经议会同意而改变国内法，这就违反英国宪法的一项基本原则，即英国议会具有立法垄断权。因此，虽然条约一经英王批准，便对英国具有约束力，但是条约能不能为国内法院适用，则取决于英国议会的立法，如果议会立法使条约在国内法上生效，则国内法院可以适用，如果条约的效力为议会法令所废除，则国内法院不得适用。在国家关系上，产生违约的后果，应由国家承担国际责任。

2. 并入

即由宪法或法律规定国际法具有国内法的效力，也就是承认国际法为国内法的一部分，国家可以直接适用，无须转化国内法。例如美国宪法第 6 条规定：本宪法与依本宪法制定之合众国法律，及以合众国之权利缔结之条约，均为全国之最高法律，即使与任何州之宪法或法律有抵触，各州法院之法官均应遵守而受其约束。但这里所指条约，据美国法院判例的解释，只能是自动执行条约或条款。所谓自动执行条约或条款是指条约中或条约中某个条款明白表示或按其性质不需经过国内立法而可以自动生效的条约。非自动执行条约或条款指缺乏命令性或确定性，不能作为自动执行条款来适用，就必须经过必要的立法补充，才可以在法院适用。德国的做法与美国相仿，它也把不经过立法手续就能实施的条约作为自动执行条约，自动在国内法院适用。

（二）国内法在国际裁判中的作用

国际法院和国际法庭裁决时应适用国际法，但这一规定并不意味着国际法院在审判案件时可以完全无视有关国家的国内法。因此，国际法庭审理案件时必须首先全面研究有关国家的国内法，以便弄清该争端的法律背景，并从有关的国内法中找到可以引用的证据和原则。例如国际法院在 1970 年审理的巴塞罗那电力牵引公司案的判决中指出：如果法院在判决案件时，不注意国内法的有关制度，又无正当理由，那将引起严重困难，法院将要脱离实际。因为国际上没有法院可求助的相应规定。

国际法院审理案件时，不仅会在必要时主动了解和适用相关的国内法，有时还会采纳当事国相关国内法而提出的诉讼主张，其前提是该当事国所援引的国内法是符合国际法的。例如国际法院 1951 年审理的英挪渔业案中，英国对挪威国王采用直线划定领海提出异议，认为其违背了国际实践中通常采用的正常基线法。挪威认为根据本国的具体地理情况论证采用直线基线的国内法没有违反国际法。挪威的抗辩意见被国际法院接受并最终胜诉。

第五节 国际法的基本原则

一、国际法基本原则的概念和特征

国际法学对国际法基本原则在国际法体系中的地位还没有一个统一的看法。一般说来，每一种法律制度都含有一些基本原则来指导整个社会生活，每一个国家通常在其宪法中规定此等基本原则。国际法也需要一定的基本原则来调整国际关系。国际法基本原则是指被国际社会公认的、适用于国际法一切领域的、构成现代国际法基础，并具有强行法性质的国际法原则。根据上述概念并经国际实践证明，国际法基本原则必须具备下列条件。

（一）国际社会公认

国际法的基本原则是得到国际社会公认。因此，它才能成为国家参加国际法律关系应遵守的最高准则，这是国际基本原则最重要的特征。某国或某些国家提出的某一原则可能具有重大的政治或法律意义，并在国际关系实践中起着重要作用，但若没有得到其他国家的同意或认可，就不能成为国际法的基本原则。国际社会公认，并非指所有国家，而是指大多数国家或绝大多数国家公认。各国可通过发表声明、签订双边或多边条约、制定国际组织的章程以及这类组织的决议等方式表示承认。例如和平共处五项原则最初是由中国、印度和缅甸提出的，后来得到广泛承认而发展成为国际法的基本原则。

（二）适用于国际法一切领域

国际法基本原则适用于一切国际法律关系，是属于全局性的原则。这是区别基本原则与各种具体规则的一个重要标准。国际法的具体原则是适用于国际法特定领域或部门的原则。例如国家主权平等原则就适用国际法的一切领域，所有国际法问题，都必须符合国家主权原则。而政治违反不引渡、公海自由等只在相关领域内发挥作用，因此是国际法具体原则。

（三）构成国际法基础

首先，国际法基本原则是国际法具体原则和规则产生的基础。国际法的具体原则和规则是从基本原则派生或引申出来，或者在基本原则指导下形成和发展起来的，是基本原则在特定领域的具体化。其次，国际法基本原则是国际法具体原则的有效基础。如果破坏了国际法基本原则就动摇了整个国际法的基础。例如在国际关系中破坏了主权原则，现代国际法便失去了存在的前提和基础，如果仅违反国际法的具体原则，不足以影响国际法的存在。

（四）具有强行法的性质

国际法中的强行法，也称绝对法、强制法，可以理解为是被国际社会成员全体公认的必须遵守而不得违反的，也不得任意改变的国际法规范。1969 年《维也纳条约法公约》第 53 条规定：一般国际法强制规律指国家之国际社会全体接受并公认为不可损抑且仅有以后具有同等性质的一般国际法律始得更改的规律。国际法基本原则完全具有公约规定的一般国际法强制规范的一切条件和特征。即国际社会公认的，必须遵守的，不得以条约去改变，也不得去损抑或背离。

二、国际法基本原则的发展

国际法基本原则是随着人类历史的进步和国际关系的需要而产生和发展的。国际法基本原则只能在主权国家的交往中逐渐形成。自从近代众多独立国家同时并存，并逐渐形成一个广泛的国际社会之后，国际法律基本原则开始引起人们的注意。到 18 世纪，国家主权概念已颇为盛行，资产阶级为了反对封建压迫和禁锢，倡导了诸如国家主权、不干涉内政、国家平等等指导国家间关系的一般原则。然而，在 20 世纪以前，如同整个国际法一样，国际法基本原则的适用范围，仍主要局限于所谓基督教"文明国家"之间的关系。第一次世界大战之后，国际社会的空间进一步扩大，而且在这个空间中出现了崭新的成员——社会主义国家。从此，国际法基本原则进入了一个新的发展阶段。经过《国际联盟盟约》和《巴黎非战公约》等国际文件的确认，互不侵犯、和平解决国际争端原则等，也初步确立起来了。

第二次世界大战使人类惨遭空前的浩劫，同时也推动了反对侵略战争、维护世界和平与安全以及民族解放斗争的发展。从战争废墟上孕育出来的《联合国宪章》确立了一系列国际法基本原则。宪章第 2 条规定了联合国在其相互关系中应遵行的 7 项原则。

（1）各会员国主权平等原则。

（2）各会员国应善意履行宪章义务原则。

（3）各会员国应以和平方法解决其国际争原则。

（4）各会员国不得以武力相威胁或使用武力原则。

（5）各会员国对联合国依宪章采取的任何行动，应尽力给予集体协助原则。

（6）在维护国际和平与安全的必要范围内，应确保非会员国遵守上述原则。

（7）不得干涉在本质上属于任何国家国内事项的原则。

宪章所确立的原则构成现代国际法基本原则体系的核心，这是因为宪章不仅使处在零散状态的国际法系统、完善，而且宪章拥有缔约国最多的一个多边条约，使这些原则具有最为普遍的法律意义。

战后，随着民族解放运动的高涨，一大批独立国家兴起，这些国家倡导了若干指导国家间关系的基本原则，1954 年中国与印度在《关于中国西藏地方和印度之间的通商和交通协定》序言中提出了和平共处五项原则：互相尊重主权和领土完整、互不侵犯、互不干涉内政、平等互利、和平共处。和平共处五项原则是现代国际法基本原则的重要组成部分。这些原则不仅揭示了国际法基本原则的核心内容，更强调了国家遵守国际法基本原则的相互性和权利与义务的统一。

20 世纪 60 年代以来，联合国大会先后通过了一系列载有国际法基本原则的决议，其中较为重要的有：1960 年《给予殖民地国家和人民独立宣言》、1965 年《关于各国内政不容干涉及独立与主权之保护宣言》。1970 年《国际法原则宣言》宣布了 7 项原则。

(1)不使用武力威胁或使用武力原则。

(2)和平解决国际争端原则。

(3)不干涉任何国家内政原则。

(4)各国依照宪章彼此合作原则。

(5)各民族权利平等与自决原则。

(6)各国主权平等原则。

(7)善意履行宪章义务。这是国际社会第二次以联合国大会通过宣言的形式来列举并确认国际法的基本原则，这对遵守《联合国宪章》的各项宗旨和原则具有非常重要的意义。

1974 年通过《各国经济权利和义务宪章》提出了国际经济关系的基本原则，反映了国际关系发展的新的动向。至此，一个由若干原则构成的现代国际法基本原则的体系初步形成。

三、各项国际法基本原则

(一)国家主权平等

国家主权平等是传统国际法的基本原则体系的核心。国家主权是国家最重要的属性，是指国家有独立自主地处理其内外事务的权力。包括两个方面的内容：一方面是对内的最高权，即任何国家都有权按照自己的意志，自由选择并决定自己的政治、经济、社会及文化制度和国家形式，自由组织政府并进行立法、司法和行政活动。另一方面是对外的独立权，即在国际关系中，享有独立自主地、不受任何外来干涉地处理国内外一切事务的权利，并排除任何外来的侵犯和干涉。国家主权平等原则是国际法产生和存在的基石，这是由国际社会及国际法的基本特点所决定的。国家社会主要是由主权国家组成的，国际法基本上是以主权国家平等协作为条件的法律体系，否定国家主权就是否定国际法的存在。所以国际社会的所有国家，尤其是大国都应严格遵守、互相尊重主权、平等交往。和平共处五项原则把国家主权原则和领土完整原则结合为一基项国际法基本原则。领土主权和领土完整就是指国家对其领土拥有的所有权和管辖权不受侵犯。领土主权是国家主权的最重要组成部分，只有国家主权的存在，才能保障国家领土主权不可侵犯，维护领土完整。如果国家领土主权受到侵犯，国家主权就遭到侵犯和破坏。因此，尊重一国主权就应首先尊重一国领土完整，而尊重一国领土完整，就是尊重该国主权的表现。

(二)不得以武力相威胁或使用武力原则

传统国际法肯定战争作为推行国家政策工具的合法性，国家间发生争端时，可以合法地付诸战争以实现自己的目的。第一次世界大战的爆发给人类带来了沉重的灾难，因此，1919 年的《国际联盟盟约》对发动战争做了限制性规定，但没有废止侵略战争。1928 年的《巴黎非战公约》进而宣布废止战争，约定以和平方法解决国际争端，但还没有把战争分为侵略战争和自卫战争。否定战争权，废止侵略战争确定为国际法的基本原则是从《联合国宪章》开始的。宪章第 2 条第 4 项规定：各会员国在其国际关系上不得使用威胁或武力，或以与联合国宗旨不符之任何其他方法，分割任何会员国或国家之领土完整或政治独立。宪章不仅禁止侵略战争，而且进一步确认一切武装干涉、进攻或占领以及以武力相威胁的其他行为，都是违反国际法的。宪章也规定，依宪章有关规定采取的集体强制措施、单独或集体自卫和区域机构采取的强制行动，不受这一原则的限制。1970 年的《国际法原则宣言》在宪章的基础上进一步做了详细地解释，明确指出侵略战争构成危害和平的罪行。使用威胁武力构成违反国际法及联合国宪章的行为，永远不应作为解决国际争端的方法。

（三）和平解决国际争端原则

和平解决国际争端原则是从上述不得以武力相威胁或使用武力原则引申出来的，是第二次世界大战后正式确立的一项国际法基本原则。《联合国宪章》第 2 条第 3 款规定：所有会员国应该用和平方法解决它们的争端。宪章第 33 条还专门规定了一些和平方法，如谈判、调查、调停、和解、斡旋、仲裁、司法解决、利用区域机构或区域协定等。《国际法原则宣言》也指出各国应以和平方法解决其国际争端避免危及国际和平、安全及正义原则，并且强调争端当事国如未能就某一和平方法解决有关争端达成解决时，有义务继续以其所商定的，其他和平方法寻求争端解决，即和平解决国际争端原则本身是强制性的。国际实践表明，国际争端只有通过和平解决，才能真正促进国际和平与安全，以武力或武力相威胁的方法，不仅不能从根本上解决争端，反而使战争扩大和升级。

（四）不干涉内政原则

不干涉内政原则是从国家主权的性质直接引申出来的，指国家在国际交往中，不得以任何借口或任何方式直接或间接地插手、干预在本质上属于他国主权管辖范围内的事项，也不得以任何手段强迫他国接受自己的意志。所谓内政，实质是国家在其管辖的领土上行使最高权力的表现，即本质上属于国家主权管辖范围内的事项都是内政，如有权决定本国政治制度、经济体制、对外政策等。应注意的是，国际法上的内政不是一个地理概念，国家在本国境内的行为、也可能是破坏国际法的行为，如一国在境内扣留外国外交人员作为人质，就属于破坏国际法的行为。国家在境外的行为，也可能是内政，如一国与他国建交行为。

不干涉内政最早是作为一项国内法原则被提出来的。法国资产阶级革命胜利后，为反对欧洲封建势力的干涉，巩固资产阶级政权，在 1793 年宪法中规定：法国人民不干涉其他国家政府事务，也不允许其他民族干涉法国事务。1945 年《联合国宪章》第 2 条第 7 款规定：本宪章不得认为授权联合国干涉在本质上属于任何国家国内管辖的事件，并且不要求会员国将该项事件依本宪章提请解决。1965 年联合国大会通过的《关于各国内政不容干涉及其独立与主权之保护宣言》又郑重宣告：任何国家，不论为任何理由，均无权直接或间接干涉任何其他国家之内政、外交。故武装干涉及其他任何方式之干预或对于一国人格或其政治、经济及文化事宜的威胁企图，均在谴责之列。《国际法原则宣言》又重申了不干涉内政原则及《保护宣言》所宣示的各项内容，指出武装干涉及对国家人格或其政治、经济及文化要素的一切其他形式的干预或试图威胁，均是违反国际法的。1954 年中、印、缅三国共同倡导的和平共处五项原则对不干涉内政原则又做了新的延伸，这项原则增加一个"互"字，反映了当代国际关系中的权利和义务是互相的，不干涉内政是相互权利和义务，是对国际法的发展作出的贡献。粗暴干涉他国内政是帝国主义国家进行侵略的一种惯用方式，常用的干涉形式主要是武装干涉、经济干涉、外交干涉、策划内战和颠覆政权等。

（五）善意履行国际义务原则

善意履行国际义务原则，是指一个国家应善意履行《联合国宪章》规定，由公认的国际法原则和规则产生的，其作为缔约国参加的国际条约所承担的各项义务。这一原则是由"条约必须遵守"这一古老的国际习惯规则演变而来的，是传统国际法中的一项重要原则。《联合国宪章》序言中明确指出会员国应尊重由条约与国际法其他渊源而起的义务。宪章第2条第2款规定：各会员国应一秉善意，履行其依本宪章所担负之义务。

善意履行国际义务为国际法的基本原则，完全是由国际法本身的特点所决定的。国际法是通过互相平等的国家间的协议制定的，国际合作也是在国家自愿承担义务的条件下进行的。因此，国际法的有效性和国际法律秩序的稳定性，在很大程度上取决于各国是否履行其承担的国际义务。当然，国际义务应是符合国际法的，由有效条约产生的国际义务，而对奴役性的、侵略性的、不平等的国际条约不产生国际义务。

（六）国际合作原则

国际合作原则指各国在经济、科学技术和文化方面相互交流进行国际合作，共同发展。国家间的合作，由来已久，但在20世纪以前，国际合作基本是属于双边的或区域性的，不是一个基本的法律原则。第一次世界大战后，国际合作的重要性显著突出。《国际联盟盟约》曾表达了会员国必须增进国际合作并保证其和平与安全的愿望。然而，国联时期的合作主要是大国间为安排彼此间的利益或应付突发事件而进行有限的政治合作。第二次世界大战后，各国平等的国际合作迅速上升为一项具有普遍意义的现代国际法基本原则。《联合国宪章》的序言中指出：为维护国际和平与安全，促进人类经济与社会的进步和发展，会员国务当同心协力。宪章还明确地将促成国际合作列为宗旨之一，为实现这一宗旨，宪章还作出了一系列的具体规定。宪章的生效及联合国的诞生，标志着一个以联合国为中心的各国平等的全球政治、经济、社会、文化等国际合作体制已基本形成。《国际法原则宣言》指出：各国依照联合国宪章彼此合作是一种必须严格遵守的义务，此等合作构成国际法之基本原则，各国应与其他国家合作，采取共同或个别行动与联合国合作，维持国际和平与安全，促进国际经济、社会、文化、教育、科学与技术等方面的进步。

国际合作原则，是现代国家间相互依存、共同发展的根本体现。任何国家要求经济上的迅速发展和繁荣，就必须取得一个持久和平稳定的国际环境，并且参与国际经济关系而不是人为地割裂这种关系。这就要求国家之间加强在平等互利的基础上进行合作，只有国际社会成员加强这种合作，建立和完善国际合作的法律制度，国家才能在和平与稳定的国际环境中，和平共处，共同发展。

（七）民族自决原则

民族自决原则，主要是指在外国奴役和殖民统治下的被压迫民族有自由决定自己的命运，摆脱殖民统治，建立民族独立国家的权利。在资产阶级革命时期就已提出了民族自决问题，但当时还不是一个国际法的概念。十月革命时期，列宁在《论社会主义革命和民族自决权》中正式提出了马克思主义的民族自决原则。第二次世界大战后，随着民族解放运动的蓬勃发展，殖民主义体系的瓦解，这项原则逐渐得到国际社会的广泛传播和承认。《联合国宪章》第一次正式规定民族自决是国际法基本原则。宪章第 1 条第 2 款规定：发展国际间以尊重人民平等权利和自决原则为根据的友好关系，并采取适当办法，以增强和平与稳定。在联合国范围内，联大通过了一系列宣言和决议，使民族自决原则得到进一步明确和发展，其中最主要的有 1952 年的《关于人民与民族自决权》，1960 年的《给予殖民地国家和人民独立宣言》，1970 年的《国际法原则宣言》等。

民族自决原则适用于现存国家的人民自由选择其政治、经济、社会和文化制度，这与国家主权平等和不干涉内政的基本原则是一致的。对于殖民地、半殖民地或其他非自治领土的民族和人民，均享有自由决定其政治命运的权利。但是不可将民族自决原则理解为与国家主权原则相冲突。对于一个由多民族组成的国家而言，如果它已建立了合法政府并实行有效地统治，任何国家就不得以民族自决为借口，制造、煽动或支持民族分裂，破坏该国的统一和领土完整。否则，就是对国家主权的破坏，违反了不干涉别国内政的国际法基本原则。就一个国家来说，作为民族的自决权已随同国家建立而上升为国家主权。因而，维护国家独立、自主和领土完整，也就是维护民族的自决权。

第六节　中国与国际法

一、中国的国际法发展

中国是世界文明古国之一，在古代也有国际法的萌芽。例如春秋战国时期诸侯之间关于建立邦交、订立同盟、缔结条约等规则。中国也曾有对外交往的历史，如汉代张骞出使西域，唐朝时日本遣唐使来到中国，明朝时郑和下西洋，最远到过东非。由于中国封建时代以天朝大国自居，长期闭关自守，商品经济不发达，始终没有形成近代国际法。中国历史上适用国际法的实践是中俄《尼布楚条约》，整个谈判和缔约过程是依照国际法的有关规则进行的。19 世纪中叶，欧美的近代国际法随着中国人抵抗西方侵略扩张势力的斗争开始传入中国。1839 年林则徐在广州为禁烟运动而组织翻译了瑞士法学家瓦特尔的《万国法》中的部分章节，称之为《各国律例》，以供处理夷务之需。从这个意义上说，最早将近代国际法引入中国的是林则徐。

将国际法正式、全面地传入中国的是美国传教士丁韪良。1864 年时任北京同文馆总教习的丁韪良将美国国际法学家惠顿的《国际法原理》全部译成中文，名为《万国公法》。该书的出版标志着近代西方国际法正式传入中国。随后，清政府运用国际法的事例就多起来了。1864 年在普丹战争中，普鲁士军舰在渤海湾拿捕了丹麦船，清政府根据惠顿著作中提到的领海规则，向普鲁士提出抗议，结果该船被释放了。

鸦片战争使中国沦为半殖民地国家，帝国主义列强利用不平等条约掠夺和瓜分中国，强行租借土地、设立租界、划分势力范围、设立使馆区，并享有领事裁判权、海关管理权、内河航行权等特权，中国的主权独立长期遭受破坏。在这种情况下，中国被排斥在所谓的文明国家之外，很难运用国际法来保护自己，直到中华人民共和国成立以后，国际法才在中国得到新的发展。

中华人民共和国成立后，以一个独立自主的主权国家的资格，在国际法的基础上同世界各国建立和发展友好关系，同许多国家签订大量的双边条约外，还积极参与国际法的立法活动，先后参加的重要的全球性公约有三百多项，并忠实地履行了国际法的基本原则、规则和制度，在实践中对国际法的发展作出了自己的贡献。其中同其他国家倡导的和平共处五项原则，已成为国际法的基本原则，对现代国际关系和国际法产生了重大影响。随着中国国际地位的不断提高，中国对国际法的发展也将作出更多的贡献。

二、中国国内法与国际法

中国宪法没有就国际法在国内适用与地位问题作出一般性的规定，很多部门法为此设有专门条款，我国在立法实践中对国际法在国内适用问题，主要采取以下方式：

（一）国际习惯在我国适用问题

关于这个问题，我国法律未作规定，我国《民法通则》第 142 条第 3 款规定：中华人民共和国法律和中华人民共和国缔结或参加的国际条约没有规定的，可以适用国际惯例。《海商法》也做了类似规定。根据这一规定，国际惯例在我国是有法律效力的。但是只有在法律和条约没有规定的条件下适用，而且该条款规定的是"可以适用"而非"必须适用"。这里还要指出的是，《民法通则》和《海商法》中所称的国际惯例主要是指国际商业惯例，与国际习惯是有区别的。

（二）直接适用国际条约

从我国现行的几十部法律、司法解释和审判实践看，凡是中华人民共和国缔结或者加入国际条约，可以直接在我国适用，而无需经过特别程序。例如我国《民事诉讼法》第 139 条规定：对享有外交特权与豁免的外国人、外国组织或者国际组织提起的民事诉讼，应当依照中华人民共和国有关法律和中华人民共和国缔结或者参加的国际条约的规定办理。

（三）国际法转化为国内法

直接将国际条约内容或国际习惯规则在国内法上加以明确规定。如果国内法规则与国际法相矛盾，则修改国内法的有关条款，使之有助于国际法在国内的履行。例如中国为了实施有关外交关系和领事关系的两个维也纳公约，制定了《外交特权与豁免条例》；中国为实施《海洋法公约》，制定了《领海及毗连区法》、《专属经济区和大陆架法》。中国 2001年正式成为世界贸易组织的成员国，为确保世界贸易组织各项规则的实施，中国修改了大批法律、法规。如《专利法》、《商标法》、《著作权法》、《外商独资企业法》等。

（四）优先适用国际条约，但声明保留的内容除外

中国现行的几十部重要法律都表明了条约优先的立场。例如《民法通则》第 142 条规定：中华人民共和国缔结或者参加的国际条约同中华人民共和国的民事法律有不同规定的，适用国际条约的规定，但中华人民共和国声明保留的条款除外。《民事诉讼法》也做了相同的规定。但是，一般认为中国司法实践中的条约优于国内法，是优先于宪法以外的法律，而不是优于宪法。国内宪法有高于一切法律的地位，全国人民代表大会常务委员会决定批准的条约或重要协定，不得与宪法抵触，也就是说宪法是优于我国缔结条约的。

本章练习

【思考题】

1. 国际法的特征和效力根据是什么？
2. 国际法有哪些直接渊源和辅助资料？
3. 国际法有哪些基本原则？
4. 如何正确认识和处理国际法与国内法的关系？

【综合训练】

为联合国服务而受伤害的赔偿案。1948 年 9 月 17 日，联合国派往中东调停阿以冲突的瑞典籍调解员贝纳多特和法国籍观察员塞洛在耶路撒冷以色列控制区遭暗杀，以色列警方事先疏于防范、事后行动迟缓而致使罪犯逃脱。联合国大会于该年 12 月 3 日作出决议，请求国际法院就以下问题发表咨询意见：第一，联合国的代表在执行职务受到伤害时，在涉及国家责任的情况下，联合国作为一个组织是否有能力对应负责的法律上或事实上的政府提出国际求偿。第二，联合国的求偿与受害者本国的求偿应如何协调。1949 年 4 月 11 日，国际法院作出了咨询意见，对于第一个问题，法院认为：联合国是一个国际人格者。这只意味着它是一个国际法主体并能够享有国际权利和义务以及它有能力提起国际求偿以维护其权利。对于第二个问题，法院认为：联合国与受害者本国之间可能发出冲突，这可以通过签订一般性公约或特别协定加以解决。联合国大会根据这个意见授权秘书长采取必要步骤实现联合国的损害赔偿请求。秘书长据此要求以色列道歉；逮捕人犯治罪；向联合国赔偿 54628 美元。1950 年 6 月，以色列政府表示接受上述要求。

分析：国际组织的国际法主体资格表现在哪些方面？国际组织为何是一种特殊的国际法主体？

【要点提示】

国际组织具有国际法主体资格。表现：其一，国际组织的发展形成了一种新型的国际关系，即国际组织与国家、国际组织之间的关系，它们独立于国家与国家的活动之外。其二，国际组织事实上已经具有了各种国际法上的权利能力和行为能力。国际组织作为国际法的主体具有特殊性。联合国的国际人格是其宪章及宗旨与职能所决定的。这表明国际组织的主体资格具有派生的性质，因为它们的组织章程不外乎是一种国家间的多边条约，所反映的是国家意志，其国际人格也是这种意志的产物。而且，说国际组织是国际法的主体，也不等于说它们是一个国家或具有国家所有的权利与义务，更不等于说它们是一种超国家的国际法主体。

第二章 国际法的主体

【知识目标】
掌握国家的基本权利和义务；国家和政府的承认、继承；国家责任。
【能力目标】
能够分析对国家承认和继承的实践；中国作为单一国际法主体问题。

第一节 概　述

一、国际法主体的概念

任何一种法律关系，都包含主体。即权利的享受者、义务的承担者。国际法主体指能够独立参加国际关系并具有直接享受国际法权利和承担国际法义务能力的实体。作为国际法主体，必须同时具备以下两个条件。

(一)具有独立参加国际关系的能力

国际法是调整国际关系的法律，作为参加国际法律关系的主体，必须具有独立参加这种法律关系的资格，其参与国际关系是完全自主的，不受其他主体制约或限制的。如果没有这种资格，就不具备成为国际法主体的前提条件。例如某国地方政府，未经中央政府授权，就不具有独立参加国际法律关系的能力。

(二)具有直接享受国际法权利和承担国际法义务的能力，即具有国际法上的权利能力和行为能力

国际法律关系的实质是国际法律主体之间的权利义务关系。作为国际法主体具有以自己的名义参与国际关系并直接承受国际法律关系中的权利和义务，而不需要通过或借助于其他主体来实现。国际法上的权利很多，如独立权、平等权、自保权、外交权、缔约权、求偿权等。国际法上的义务，如遵守国际法基本原则、履行国际条约等。例如某国地方政府，未经中央政府授权，就无缔结条约的能力，也就没有直接履行条约义务的能力。因此，它不能成为国际法主体。

二、国际法主体的范围

在国际社会中，谁具有国际法主体的资格，长期以来存在着争论。传统国际法认为，国际法是国家之间的法律，只有国家才具有承受国际法上的权利和义务的能力，所以国家是国际法的唯一主体。第一次世界大战后，西方国际法学界出现了另一种主张，承认国家是国际法主体的同时，认为个人也是国际法主体。少数学者甚至主张，只有个人才是国际

法主体。这种主张扩大了国际法主体的性质。第一次世界大战后，特别是第二次世界大战后，民族独立和解放运动的兴起，民族解放组织积极参与国际关系，国际组织迅速增加并对国际关系的发展起着越来越重要的作用。因此，现代国际法主体应当包括：国家、争取独立的民族和政府间的国际组织。但是它们在国际法中的地位是不能等同的。国家拥有完全的权利能力和行为能力，是国际法的基本主体。争取独立的民族和政府间的国际组织，只有部分权利能力和行为能力，只是在一定条件下和一定范围内才是国际法主体。

（一）国家是国际法的基本主体

国家是国际法的基本主体，是指国家在国际法律关系中处于一种主要的、基本的地位，是与争取独立的民族和政府间的国际组织这种基本主体相对而言。具体来说，是由以下三个原因决定的。

1. 国家在国际关系中的特殊重要性决定了国家的基本主体地位

国际法是在国际关系中产生和发展起来的。现代国际法律关系的构成，包括国家与国家之间的关系，国家与其他国际法主体之间的关系以及其他国际法主体之间的关系。而国家与国家之间的关系是国际法律关系的主要部分和基本形式。正是国家在国际关系中的这种特殊重要地位，决定了它是国际法的基本主体。

2. 国家的根本属性决定了国家的基本主体地位

国家主权是国家的根本属性，是国家固有的、独立自主地处理对内外事务的权利。由于国家具有主权，因此它在国际法上具有完全的权利能力和行为能力，这是争取独立的民族和政府间的国际组织所不具备的。

3. 国际法的特征决定了国家的基本主体地位

国际法主要是调整国家之间关系的原则、规则和制度，从传统的国际法部门，如外交关系法、海洋法、条约法等到国际法发展的新领域，调整对象主要是国家。而且，国际法律规范主要是国家通过协议的方式制定，国际法的强制实施也是依靠国家单独或集体力量。

（二）国际组织的国际法主体资格

国际组织，主要是政府间国际组织的国际法主体资格问题，是随着国际组织的产生和发展而出现的。第一次世界大战之前，由于国际组织数量甚少，因此，国际组织的法律地位问题并未引起人们的广泛关注。第一次世界大战后，国际联盟作为世界上第一个普遍性的政治组织宣告成立。第二次世界大战以后，新的政府间国际组织不断成立，国际组织的数量日益增加，特别是联合国及其专门机构在政治、经济、文化、教育、科技和社会等各个方面发挥着越来越重要的作用。国际组织的国际法主体资格获得国际社会公认。

国际组织的国际法主体资格得到了许多国际条约和其他国际文件的确认。《联合国宪章》第104条规定：本组织于每一会员国的领土内，应享受于执行其职务及达成其宗旨所必需的法律行为能力。宪章第105条第1项规定：本组织于第一会员国的领土内应享受于达成其宗旨所必需的特权及豁免。1949年4月11日国际法院在其就关于为联合国服务而受损害的赔偿问题发表的咨询意见中指出：鉴于联合国预期行使和享有且事实上正在行使和享有的职能和权利，只能在它具有大部分国际人格和国际行为能力的基础上得到解释，国际法院认为联合国是一个国际人格者。

国际组织虽然是国际法主体，但国际组织不同于作为国际法基本主体的国家。国家具有主权，因而具有完全的权利能力和行为能力。国际组织的权利能力和行为能力，不像国家那样自身具有的，而是其成员国通过组织约章赋予的，因而具有派生性。而且它参与国际关系和承受国际法上的权利和义务能力受其组织约章的限制，因而又是有限的。所以说国际组织是一种有限的、派生的国际法主体。

（三）争取独立的民族的国际法主体资格

争取独立的民族的国际法主体地位主要是在第二次世界大战以后随着民族独立运动的深入发展而逐步得到确认的。民族自决原则是争取独立的民族具有国际法主体资格的法律基础。第二次世界大战以后，《联合国宪章》第 1 条第 2 项，联合国通过的 1952 年《关于人民与民族自决权》的决议；1960 年《给予殖民地国家和人民独立宣言》；1970 年《国际法原则宣言》和 1974 年《各国经济权利和义务宪章》等都规定了人民和民族的自决权。这些争取独立的民族，虽然还处于争取独立的斗争阶段，尚未建立起自己的独立国家和对全国实行有效统治的政府，但它们建立了代表和领导本民族为争取独立而斗争的政治实体，这些政治实体不但代表和领导着本民族，而且具有国家的某些特征，如控制和管理着一定地区和居民，建立了某种形式的权力机构等。因此，它们具有一定的参与国际关系、享受国际法权利和承担国际法义务的能力。例如巴勒斯坦解放组织于 1964 年成立后，被阿拉伯联盟纳为正式成员。1974 年第二十九届联大通过决议邀请巴勒斯坦解放组织以常驻观察员身份参加联大会议和工作，并参加联合国其他机构和国际会议。

争取独立的民族，虽然拥有国际法主体资格，但与具有完全权利能力和行为能力的国家相比，实际上仍有一定局限性。争取独立的民族尚未建立起自己的独立国家，未能在全国范围内实行有效统治，行使管辖权的范围受到一定限制，也不可能履行所有的国际主权。反映了争取独立民族在过渡到民族独立国家的阶段上，具有国家特征但又不完全独立国家的特点。因此，争取独立的民族是一种有限的、过渡性的国际法主体。

第二节　国际法的基本主体——国家

一、国家的概念和要素

国际法意义上的国家指一定范围的领土之上的居民，在一个独立自主的政府之下组成的社会。现代国家，数以百计，其阶级本质不同，国家类型各异，但这些都不是构成国家的决定因素。从国际法的角度来看，成为国际法主体的国家必须具备以下四个基本要素。

（一）固定的居民

居民是国家的基本要素。只有具有一定数量固定的居民，才能形成社会并在此基础上产生国家。至于人口数量的多少以及他们是否属于同一民族，对居民作为国家的基本要素并不具有决定意义。如太平洋岛国瑙鲁共和国，全国人口只有 7200 人。但在法律上，都是平等的主权国家。

（二）确定的领土

领土是国家赖以存在的物质基础，也是国家主权活动的空间。有了确定的领土，居民才能聚居，生产赖以生存的物质资料，国家才能在它的领土上建立起来，并有效地行使国家主权，一个没有领土、漂泊不定的民族，是不能构成一个国家的。至于领土的大小和周围疆界是否完全划定，不是决定国家存在的条件。

（三）政权组织

政权组织是国家在组织上政治上的体现，是执行国家职能的机构，代表国家对内实行有效统治，对外进行交往。政权组织这一要素是国家区别于一切社会组织的根本特征。至于政权组织的性质和采取什么形式，对国家的形成并不重要，而是属于各国自己决定的内政问题。

（四）主权

主权作为国家区别于其他实体的固有属性，是国家独立自主地处理对内外事务的最高权力。在一个区域之内，尽管有政权组织，有固定的居民，但如果没有主权，还不能构成国家，只能是一个国家的地方行政区域或殖民地。

二、国家的类型

国家的类型很多，从不同的标准可进行不同的分类。按国家的结构形式，可分为单一国和复合国；按国家行使主权的状况，可分为独立国和附属国；按国家经济发展水平，可分为发达国家、发展中国家和不发达国家。此外，还有一种具有特殊地位的中立国。

（一）单一国和复合国

1. 单一国

单一国是由若干行政区域构成的单一主权的国家。它实行统一的中央集权，全国只有一个立法机关和一个中央政府，并有一个统一的宪法和国籍。在国家内部划分行政区域，各行政区域的地方政府都受中央政府的统一领导。在对外关系上，它是国际法主体，而各行政区域的地方政府都不是国际法主体。现代国家大多数是单一国。

2. 复合国

复合国是两个以上国家的联合体。目前，复合国形式可分为联邦和邦联。

联邦，又称联邦制国家。是两个以上的联邦成员单位组成的国家联合。联邦是复合国最主要的形式。如美国、加拿大、印度、德国等都是联邦国家，联邦的特点是有统一的宪法和法律，有统一的武装力量，并设有最高权力机关和最高行政机关，对联邦成员及其人民直接行使权力；根据联邦宪法划分联邦与其成员之间的权限，联邦成员各有自己相对独立的立法、司法和行政机关，在管理内部事务方面有较大的自主权；联邦所有成员的公民具有联邦的统一国籍，联邦本身是统一的国际法主体，外交权一般由联邦政府统一行使，联邦成员不具有国际法主体资格。

邦联。邦联是两个或两个以上的主权国家，为处理有关的共同事务或为了某种特定目的，而依条约组成的国家联合。其特点是邦联本身没有统一的中央权力机关和行政机关，也没有统一的立法、军队和财政预算，邦联成员国仍然是主权国家，各自拥有立法、外交、行政、国防等全部权力；各成员国只有本国国籍，而无联邦的共同国籍；在对外关系上，邦联本身不是国际法主体，而组成邦联的成员国才是国际法主体。历史上出现过的邦联有：1778年到1787年的美利坚合众国；1815年至1866年的德意志同盟；前苏联解体后，由 16 个前苏联加盟共和国根据条约成立的独立国家联合体，简称独联体，在性质上是与邦联类似的组织。

（二）永久中立国

永久中立国是指根据承认或国际条约在对外关系中承担永久中立义务的国家。严格说来，它并不是一种单独的国家类型，而是在对外关系上有某种特殊义务的独立主权国家。现今永久中立国有瑞士和奥地利。永久中立国承担的永久中立义务包括以下几个方面。

（1）除自卫外不得从事任何国际战争。

（2）不得缔结军事同盟条约、共同防御协定和保障条约等任何与其中立地位不符的条约。

（3）不得采取任何可能使其卷入战争的行动，或承担任何可能使其卷入战争的义务。例如不得允许交战国军队入境或出境，不得允许外国在其境内建立军事基地或出于军事或干涉的目的而利用其领土，也不得接受可能损害其中立地位的附有政治条件的援助。

永久中立国的永久中立地位还需由国际条约加以保证。瑞士的永久中立地位是在 1815 年维也纳公会上确立的。在公会上，英国、俄国、法国、奥地利、普鲁士、葡萄牙、西班牙、瑞典在宣言上签字，承认并集体保障瑞士的永久中立，这个宣言又经维也纳公会公约确认。瑞士被认为是世界上永久中立国的典型。由于担心永久中立义务可能与联合国会员国的某些义务存在抵触，瑞士自 1948 年起一直是联合国的观察员国，未加入联合国，直到 2002 年经全民公投加入联合国。奥地利的永久中立地位是 1955 年确立，由苏、美、英、法四国同奥地利签订《对奥合约》。规定奥地利不得同德国缔结任何形式的政治、经济同盟。同年奥地利宣布永久中立，并照会同它建交国之政府，各国政府先后复照予以承认，奥地利永久中立国地位从而确定。

永久中立国承担永久中立义务的结果，使永久中立国在与战争有关的权利方面受到一定限制，但不能因此而否定永久中立国的国际法主体的地位。因为永久中立国由于承担永久中立义务而放弃的权利是有限的、自愿的，并没有放弃国家的基本权利和义务。

三、国家的基本权利和义务

传统国际法把国家的权利分为基本权利和派生权利。基本权利是国家所固有的权利，是由国家主权直接引申出来的，是主权国家不可缺少的，一切主权国家所享有的基本权利是基本相同的。派生权利是从国家基本权利中引申出来，是运用国家主权或行使国家基本权利的结果，各国享有的派生权利是不完全相同的。国家的基本权利和基本义务是统一的。国家享有基本权利，同时又必须承担尊重他国基本权利的义务。一国享有的基本权利，正是他国承担的相应义务，反之亦然。在现代国际关系中，根据国家主权平等原则，不可能存在只享受权利不承担义务的国家，也不可能存在只承担义务不享受权利的国家。长期以来，国家究竟享有哪些基本权利，有各种不同主张。根据有关的国际文件和学者们的学说，以及国际实践进行综合归纳，国家主要享有独立权、平等权、自保权和管辖权四项基本权利。

（一）独立权

独立权是指国家按照自己的意志处理本国的对内对外事务而不受他国的控制和干涉的

权利，是国家主权在国家对外关系中的集中体现。根据这一权利，对内，国家可以按自己的意志选择自己的政治、经济制度，制定政策和法律，进行司法和行政活动；对外，国家可以独立自主地实行自己的对外政策，自由决定与他国建交、结盟。因此独立权包含两方面内容，一是国家行使权利的完全自主性。二是国家在主权范围内的处理事务时不受外来干涉的排他性。这两方面密切联系，独立自主就要求不受干涉。不受干涉是独立自主的保障。因此，国家的独立权成为国际法上不干涉原则的基础。独立权是国家主权的重要标志。国家的独立，既包括政治上的独立，也包括经济上的独立。政治独立是经济独立的前提，经济独立是政治独立的基础，国家独立是应是政治独立和经济独立的统一。

（二）平等权

平等权是指国家以平等的资格和身份参与国际关系，平等地享受国际法权利和承担国际法义务的权利。平等权是国家主权的直接体现。作为国家平等权的体现，每一国家不论大小强弱，也不论社会、政治、经济制度和发展水平如何都作为国际社会的平等成员而享有相同的基本权利。承担相同的基本义务，平等地出席国际会议，参加国际组织、缔结国际条约或进行其他形式的国际交往。虽然，国家平等权在近代历史上由于国家实力的不平等而经常遭到破坏，而且现代包括联合国在内的一些国际组织，采取的特殊表决形式也成为传统的平等投票权的例外。但是国家平等权在现代国际交往中基本得到尊重，而且有一定的发展。

（三）自保权

自保权是指国家保卫自己的生存和独立不受侵犯的权利。自保权包括防御权和自卫权两方面的内容。防御权是国家为防备可能来自外部的侵犯进行国防建设的权利，除非受本国承担条约义务的限制，国家有权建造和拥有保卫国家所必要的武器装备，参加区域性集体安全组织。自卫权是国家遭到外来侵犯时，单独或者与其他国家共同抵抗侵略的权利。按照《联合国宪章》的规定，国家行使自卫权应以遭到外国武力侵犯为条件，不得对他国造成威胁，更不得以自卫之名，行侵略之实。历史上，一些国家以自卫为借口侵犯他国独立、主权和领土完整的事例屡见不鲜，这种滥用国家自卫权的做法是现代国际法坚决反对的。

（四）管辖权

管辖权是国家对特定的人、物以及所发生的事件有权行使管辖的权利。管辖权是国家主权的具体体现，主要包括以下四个方面。

1. 属地管辖权

也称属地优越权或领域管辖权。它是指国家对其领土范围之内的一切不享有特权和豁免的人、物和事件进行管辖的权利。国家行使管辖权的依据是国家领土，这里所说的领土，包括一国的领陆、领海及其领空和底土。例如《中华人民共和国刑法》第 6 条规定：凡在中华人民共和国领域内犯罪，除法律特别规定的以外，都适用本法。凡在中华人民共和国船舶或航空器内犯罪，也适用本法。

属地管辖权的行使要受国际法的限制。例如对享有外交特权与豁免的外国人，外国国家行为和国家财产，不能根据领域管辖权行使司法管辖。不得利用其领土对他国进行威胁或侵犯。不应干预无害通过领海的外国商船。还需注意的是，国家的属地管辖权是专属的、排他的。国家在其领土内可以充分地、不受干扰地行使统治权，排除一切外来的参与、竞争和干涉，即使外国同时对同样的人和物有行使管辖的根据，但如果它行使管辖权的权利是与属地管辖权所属国家权利相冲突的，则该外国的权利就要受属地优越权的限制。

2. 属人管辖权

也称属人优越权或国籍管辖权。它是指国家对其领土范围之内或领土之外的，具有本国国籍的人进行管辖的权利。国家行使管辖的对象除自然人之外，还包括具有本国国籍的法人、船舶和航空器等。例如《中华人民共和国刑法》第 7 条规定：中华人民共和国公民在中华人民共和国领域外犯本国法规定的，适用本法。但是按本法规定的最高刑期为 3 年以下有期徒刑的，可以不予追究。中华人民共和国国家工作人员和军人在中华人民共和国领域外犯本法规定的，适用本法。

3. 保护性管辖

它是指国家对于外国人在该国领域外侵害该国的国家和公民的重大利益的犯罪行为有权行使管辖。例如《中华人民共和国刑法》第 8 条规定：外国人在中华人民共和国领域外对中华人民共和国国家或者公民的犯罪，而按本法规定的最低刑期为 3 年以上有期徒刑的，可以适用本法，但是按照犯罪的法律不受处罚的除外。为了避免国家滥用此原则，侵犯国家和公民的重大利益的犯罪行为是指诸如危害国家安全、领土完整、政治独立及其他重大政治、经济利益等世界各国所公认的罪行。

4. 普遍性管辖权

它是指根据国际法的规定，对于普遍危害国际和平与安全，以及全人类共同利益的某些特定国际犯罪行为。各国均有权进行管辖，而不问这些犯罪行为发生的地点和罪犯的国籍。已被公认为所有国家普遍管辖的对象主要有战争罪、危害和平罪、危害人类罪、灭绝种族、危害民航安全、进行恐怖活动等。现代世界上采取普遍性管辖权的国家很少。《中华人民共和国刑法》第 9 条规定：对于中华人民共和国缔结或者参加的国际条约所规定的罪行，中华人民共和国在所承担条约义务的范围内行使刑事管辖权的，适用本法。这一条规定对履行国际公约规定的国际义务提供了依据，但并不意味着我国刑法上也采取了普遍性管辖权，因为普遍性管辖权与履行国际义务的内含是不相同的。

四、国家管辖豁免

国家管辖豁免，又称国家及其财产的管辖豁免或国家主权豁免，也可称国家豁免或主权豁免，泛指一国不受他国的立法司法和行政管辖。主要是指不受他国的司法管辖，除非经过一国同意，他国司法机关不得受理针对该国或该国的行为和财产提起的诉讼，也不得对该国财产采取诉讼保全措施和强制执行。具体包括下列三个方面的内容。

第一，司法管辖的豁免，是指一国法院不得受理把其他国家作为被诉主体的诉讼或把其他国家的财产作为被诉标的诉讼。

第二，诉讼程序的豁免。指一国的法院在外国国家放弃司法管辖豁免、接受诉讼时，也不能认为所在国家的全部诉讼法规对它都适用，特别是不能要求外国国家提供诉讼担保和出庭作证，提供证据及其他诉讼行为，更不能以诉讼担保为由，扣押或查封外国国家财产。

第三，强制执行的豁免。指一国的法院在外国放弃司法管辖豁免，接受诉讼时，也不能根据法院的判决，对外国国家财产加以强制执行。

上述三个方面的内容是相互独立的，它们的含义各不相同。各自在民事诉讼中与不同的诉讼阶段相联系。当任何一个国家放弃某一方面的豁免时，并不等于它同时也放弃了其他方面的豁免权。同时，它们之间又是相互联系的，它们都来源于国家主权原则，共同构成国家及其财产豁免原则，其中司法管辖的豁免占主导地位。一国只有在他国享有管辖豁免，才当然在该国享有执行管辖豁免；一国只有在他国法院放弃了管辖豁免，才可能涉及后面诉讼程序的豁免和强制执行的豁免问题。

国家管辖豁免是一项确立已久并得到普遍承认的一般国际法原则。国家主权豁免是从平等者之间无管辖权这一重要的国际法原则引申出来的。国际法学家奥本海曾指出国家平等原则的效果之一是平等者之间无管权的规则，没有一个国家可以对另一国家行使自己的管辖。但是，对于国家豁免的范围和内容却存在着绝对豁免主义和限制豁免主义两种对立的理论和实践。

（一）绝对豁免理论

绝对豁免理论从国家主权平等原则出发，主张国家的行为和财产不论性质如何，除非国家同意放弃豁免，否则一律给予豁免。该理论在19世纪末以前被英、美等几乎所有西方国家的司法实践和学者支持。例如1812年交易号案，交易号原为美国私人商船，1810年在公海上被拿破仑的军舰拿捕没收，改充为军舰。1812年，该船因天气的关系驶入美国港口，原交易号的美国船方向法院提起对物诉讼，要求扣押该船。美国最高法院判称：与美国处于和平状态的外国军舰，在美国政府允许其入港的情况下，不受美国法院管辖。该理论在第一次世界大战和第二次世界大战之后又相继得到了前苏联、东欧国家以及一些发展中国家的理论和实践的肯定。

（二）限制豁免理论

限制豁免理论又称相对豁免理论。它强调维护个人和法人的利益，主张把国家行为根据其性质和目的划分为主权行为和非主权行为，把国家财产根据其用途分为用于政府事务的财产和用于商业目的的财产。对前者予以豁免，而对后者则行使管辖。在20世纪原先采取绝对豁免理论的西方国家均逐渐转向有限豁免的立场。1976年美国国会通过了《外国主权豁免法》，列举外国国家不能享受豁免的若干情况，标志着美国正式采取了限制豁免主义理论。

限制豁免主义的产生和发展是有深刻原因的。19世纪末期以前，国家基本上不参加国际商业活动，国家的行为几乎都是主权行为。所以，绝对豁免理论能够得到广泛接受。但是19世纪末开始，特别是第二次世界大战以后，国家从事国际贸易、国际投资、国际金融往业等方面的活动更加普遍。如果发生纠纷，作为当事人一方的国家若享有管辖豁免，则与其进行商业交易活动的个人或法人就会处于十分不利的地位，这违反了商业交易活动中的主体平等原则，也不利于国际经济关系的正常发展。尤其是社会主义国家的出现，西方国家认为社会主义国家的活动都是以国家名义进行的，给社会主义国家司法管辖豁免，造成了不公平。

虽然限制豁免理论随着国际经济关系的发展已基本形成一种趋势，但在我国实践中，我国政府主张国家主权绝对豁免理论。如 1949 年两航公司案、1979 年湖广铁路债券案，我国政府都坚持了绝对豁免理论，中国法院也不受理任何以外国国家或政府为被告的案件。但是，我国并不把国家主权绝对化，国家可以通过明示或默示的同意，在某些方面自愿接受外国法院管辖，或者通过协议采取双方同意的其他解决纠纷方法。我国主张国家主权豁免的范围主要是国家行为和国家财产，至于对具有独立法人资格的公司和企业不要求在外享有豁免权。

第三节　国际法上的承认

一、国际法上的承认概念

在世界发展的进程中，新国家和新政府是时有产生的，在新国家或新政府产生的情况下，就产生了国际法上的承认问题。国际法上的承认是指已有国家以某种形式对新国家、新政府的出现表示接受，并愿意与之建立正式外交关系的国家行为。按承认的对象不同，主要有国家承认和政府承认。承认作为国际法的一项制度，有如下特征。

（一）承认是已有国家对新国家或新政府所作的单方行为

已有国家对新国家或新政府是否承认，何时承认或以何种方式承认，完全是已有国家自由决定的事情。因此，承认具有任意的性质。已有国家没有必须承认新国家、新政府的义务。已有国家作出承认主要是出于其政治上的考虑或者是对外政策的需要。

（二）承认包含两个方面含义

一是指承认国对新国家或新政府出现这一事实的确认；二是指承认国表明它愿意与新国家或新政府建立正式外交关系。在承认新国家和新政府的情况下，承认往往导致双方建立或继续维持外交关系。但承认不同于建交，承认是承认国表示愿意与承认对象建立外交关系的单方行为，而建交则是双方意思表示一致的结果。例如，以色列于 1950 年宣布承认中华人民共和国，由于种种原因直到 1992 年以色列才与中国建立大使级外交关系。

（三）承认引起一定的法律效果

承认一经作出，即意味着在承认国与被承认对象之间奠定了进行交往的法律基础。所以说承认是一种法律行为。但是，承认的效果只及于承认国与被承认者之间。

二、国家承认

（一）国家承认的概念

国家承认即对新国家的承认，指已有国家确认新国家已具备国家的条件而具有国际法主体的资格，并表示愿意与之建立正式关系的行为。对新国家的承认主要有以下四种情况。

（1）合并。即两个或两个以上国家合并为一个新国家。原来的国家都不复存在。如 1964 年，坦噶尼喀和桑给巴尔合并，组成坦桑尼亚共和国。

（2）分离。即一个国家的一部分领土分离出去成立新国家。如 1903 年巴拿马从哥伦比亚分离出去。

（3）分立。即一国分裂为数个国家而母国不复存在。如 1991 年前苏联和 1992 年前南斯拉夫的解体。

（4）独立。即原来的殖民地、附庸国和被保护国摆脱外来统治成立新国家。

（二）国家承认的性质

关于国家承认的性质主要有两种学说，即构成说和宣告说。

构成说认为：新国家只有经过已有国家的承认，才能成为国际法主体，已有国家的承认具有构成或创造国际法主体资格的作用。这一学说在理论上是说不通的。

（1）新国家是先于并独立于外国的承认而实际存在的，并不是由于承认才创造出来的。

（2）新国家一经出现，就享有主权和由此而引申出来的基本权利，即具有国际法主体资格，而无须经过别国批准。

（3）按照构成说，就会出现一个新国家同时是国际法主体，又不是国际法主体的自相矛盾的情况。构成说盛行于 19 世纪，持这种观点的学者有奥本海、凯尔等。这种学说反映了当时欧洲国家的立场和实践，使能否得到已有国家的承认成为新国家、成为国际法主体的必要条件，从而把一些落后弱小的国家排除在国际法主体之外。

宣告说与构成说相反，这种学说认为，新国家的国际法主体资格取决于其成为国家的事实，不依赖于已有国家的承认。已有国家的承认只是确认新国家的存在并表示愿意视其为国际法主体进行交往的宣告性。宣告说经美国国际法学家惠顿于 19 世纪上半叶提出后，得到了近代和现代国际法学者的广泛支持，宣告说认为新国家的国际法主体资格不依赖于任何国家的承认，被现代国际实践所基本肯定。

（三）国家承认的条件

根据有关的国际习惯法规则，国家承认的法律条件有新国家必须具备国际法意义上的国家构成要素；新国家的建立必须符合公认的国际法原则，特别是不使用武力，不干涉民族自决等项原则。对于产生的新国家，原则上由已有国家根据有关事实自行决定。但是，不适当的过急承认或推迟承认，特别是涉及对因分离而产生的新国家的过急承认，有时会招致有关国家的指责或抗议，被认为构成干涉。但是，在由分离产生的新国家何时可以被认为已经确立和永久建立起来的问题上并没有严格的规则。

另外，虽然已有国家可以根据自己的外交政策自行决定是否承认一个具备了国家要素的社会国家。但是，如果有关形势的产生是由违反国际法的行为造成的，则已有国家应不给予承认。1931 年日本发动"九一八"事变侵占我国东北三省，并于 1932 年制造出"满洲国"。1932 年美国国务卿史汀生照会中日两国，声明不承认以违反《国际联盟盟约》和《巴黎非战公约》的方式造成的任何情势、条约或协定。照会中所表明的立场，被称为"史汀生不承认主义"，它构成了对于外国侵略或以其他非法行为造成的事态，无论其以新国家还是新政府的面目出现，国际社会均不得承认其为合法的国际法规则基础。第二次世界大战后，随着联合国的成立，国际社会普遍肯定了不承认主义。

（四）国家承认的方式

关于承认的方式，国际法没有统一和明确的要求，从不同的角度可以有不同的分类。

1. 从承认的表示方式可分为明示的承认和默示的承认

明示的承认是已有国家以一种直接的、明文表示对新国家或新政府的承认。其表示方法有：由承认国以照会、函电、声明通知被承认者；与新国家或新政府发表联合公报；数国签订议定书或国际条约，表示对新国家或新政府的承认等。默示的承认指已有国家以某种能够说明其承认意向的实际行动向新国家间接表示的承认。默示承认表示方法有：已有国家与新国家正式缔结条约，如通商航海条约；与被承认国建立外交关系或领事关系；另外倡议或投票赞成一个新国家加入，只对国家开放的国际组织行为，一般也被认为构成对新国家的默示承认。但是，已有国家与新国家共同参加某一国际条约或国际会议，或者就某些具体事务进行临时性的外交接触。如果没有明确表示承认，其事实本身不构成对新国家的默示承认。现今各国都采取明示承认，默示承认较为少见。

2. 从承认产生的法律效果可分为法律上的承认和事实上的承认

法律上的承认是正式的承认，能够带来完全的法律效果，而且是永久的，不可撤销的，这种承认一般适用于已有国家认为新国家完全具备了国家承认的法律条件，并且愿意与其进行全面交往的情形。事实上承认是一种非正式的承认，不会带来全面的法律效果，不会导致承认国与被承认国之间建立正式外交关系，而且是临时的，可撤销的。如果已有国家对新国家的地位是否巩固抱有怀疑态度，或者出于政治上的考虑不愿意给予法律上的承认，但又需要在经济、贸易、居民往业等方面进行交往，一般就会先给予事实上的承认。当然在条件成熟后，事实上的承认往往可以过渡到法律上的承认。

（五）国家承认的效果

承认一经作出，就会产生一系列的法律效果，但是法律上的承认与事实上的承认的效果有所不同。法律上的承认将产生全面的法律效果，主要有以下几个方面：

（1）两国关系正常化，双方可以建立正式外交关系和领事关系。

（2）双方可以缔结政治、经济、文化等各方面的条约或协定。

（3）承认被承认国的法律法令的效力和司法管辖权和行政管辖权。

（4）承认被承认国的国家财产的司法豁免权。

根据国际实践，一般认为承认具有溯及的效果。对新国家承认其效力可以追溯到新国家成立之时，因此，对新国家成立之时起所作的法律行为应承认为有效。

事实上承认的效果主要包括承认被承认国立法、司法和行政行为的效力；承认被承认国的司法豁免权；双方进行经济、贸易及文化科学等方面的往来并缔结有关协定；接受被承认国的领事和商务代表等。由于事实承认的效果不涉及双方政治和军事等方面的关系，所以不像法律承认的效果那样广泛。

三、政府承认

政府承认，即对新政府的承认，指一国承认他国的新政府具有代表其本国的正式资格，并表示愿意与其建立或继续保持正常关系的行为。由于政府承认与国家承认的对象不同，所以承认的条件、方式和效果都有一定的区别。政府承认的前提是政府的更迭，政府更迭包括两种情况：符合宪法程序的政府更迭和不符合宪法程序的政府更迭。根据宪法程序发生政府更迭时产生的新政府被视为前政府的合法接替者，其代表本国的资格因而无需他国确认，但以革命和以政变或内战等违反宪法程序的方式导致政府更迭的情况下，新政府作为本国代表的资格并不当然得到别国的认可，从而引发政府承认的问题。

（一）政府承认的条件

根据有关国际习惯法规则，政府承认的条件有两个：一是新政府必须在该国的全部或者大部分领土上独立和实际地建立了有效的统治，并且得到了该国全体或者大部分居民的惯常服从。二是新政府的建立必须符合公认的国际法原则。如果新政府的建立是外国侵略或干涉的产物，即使其符合有效统治的条件，其他国家也不得予以承认。如 1979 苏联入侵阿富汗后建立的卡尔迈勒政府，世界上绝大多数国家拒绝承认。至于一国在不受外来侵犯和干涉的情况下发生的政府更迭，即使不符合该国国内法的规定，在其满足了有效统治的条件，其他国家一般承认。

（二）政府承认的方式和效果

政府承认的方式与国家承认的方式基本相同。由于因非宪法程序发生的政府变更比新国家的产生更为频繁，而且政府承认比国家承认更为复杂和敏感。因此，实践中国家在承认新政府时更多地采用默示承认和事实承认的方式。

政府更迭并不导致一国丧失其国家地位的情况下，对新政府的承认与否并不影响该国在国际法上的地位及其承受的国家权利和义务，但会影响新政府代表其国家的资格和能力。一般认为，政府承认的法律效果与国家承认基本相似。同时，一国对他国新政府的承认意味着，撤销被新政府取代的旧政府的承认，旧政府不再具有代表其国家的合法资格，承认国家不得把该旧政府作为该国的事实上的政府而与其发展官方关系。

四、对中华人民共和国的承认

1949 年中华人民共和国成立之后，一些国家相继宣布承认中华人民共和国中央人民政府，或者是宣布承认中华人民共和国。从国际法的角度看，中华人民共和国中央人民政府取代中华民国政府，中华民国改名为中华人民共和国，并不影响中国的国际法主体资格的继续，对于中国这个一直存在着的国际法主体不发生任何影响。因此对中华人民共和国的承认实际上是对新政府的承认，应适用政府的规则。中华人民共和国政府坚持外国政府在作出承认决定时，必须承认中华人民共和国中央人民政府是中国的唯一合法政府，必须与台湾断绝一切官方关系的原则。此外在日本法院对光华寮案的审判中，中国政府对日本方面以司法裁判的方式制造两个中国或一中一台的行为予以坚决的反对。

第四节　国际法上的继承

一、国际法上的继承概念

国际法上的继承，是指国际法上的权利义务由一个承受者转移给另一个承受者所发生的法律关系。一个新国家、新政府或新的国际组织产生后，如何处理它们的前国家、前政府和前国际组织在国际法上的权利和义务，这就发生了新国家、新政府和新的国际组织的继承问题。国际法上的继承不同于国内法上的继承。它有以下特点：一是参与国际继承法律关系的主体，即继承者和被继承者，可以是国家或政府，还可以是国际组织，但不是个人。二是国际法上继承的对象，是国际上的权利义务，不是个人的权利义务。三是发生继承的原因是由于国家领土变更，不是自然人死亡。因此，国际法上的继承问题不能按国内法的规则处理。根据参加继承关系的主体不同，国际法上的继承可以分为国家继承、政府继承和国际组织的继承。

二、国家继承

国家继承是指由于领土变更的事实而引起的一国在国际法上的权利义务，被另一国所取代而发生的法律关系。引起国家继承的领土变更的情况主要有五种类型。

（1）部分领土变更。即一国将其领土的一部分移交给另一国而成为另一国的领土。如割让、赠与、买卖及交换领土等。

（2）合并。即两个或两个以上的国家合并组成一个新国家。

（3）分离。即一个国家的一部分分离出去成立新国家。

（4）分立。即一国分裂为数国。

（5）独立。即原来的殖民地、附庸国和被保护国成立新国家。

国家继承的客体是国际法上的权利和义务，国家的权利和义务分为基本权利义务和由基本权利义务引申出来的具体权利义务。国家的基本权利和义务是国家固有的，不存在继承义务。因此，国家继承的客体是由国家基本权利和义务派生出来的具体权利和义务。主要包括条约的继承、财产的继承、档案的继承以及债务的继承。

（一）关于条约的继承

条约继承的问题就是在发生国家继承的情况下，被继承国的条约对继承国是否有效。由于条约的适用范围主要是缔约国的领土范围，条约不仅使缔约国之间产生了法律关系，也建立了条约与缔约国领土间的法律联系。但这种联系并不足以使继承国继承，被继承国过去缔结的所有条约。对于人身性条约，即与被继承国的国际法主体资格密切相关，是以缔约的继续存在为前提的纯政治性条约。如同盟条约、共同防御条约、友好条约，一般不予继承。对于非人身性条约，即与所涉领土的边界、河流使用、水利灌溉、道路交通等有关的条约，一般是继承的。有关被继承国参加的通商条约、引渡条约及其他此类条约是否应该继承则是一个有争议的问题。

关于条约的继承，1978年联合国通过了《关于国家在条约方面继承的维也纳公约》，并已于1996年生效。根据该条约被继承国的领土变更情况不同，继承规则不同。

（1）部分领土转移。被继承国的条约自继承发生之日起对所涉领土自动停止生效，继承国的条约同时对该领土生效。

（2）合并。国家合并时，对任一被继承国有效的条约继续对继承国有效，但原则上只适用于该条约在继承发生之日对之有效的那一部分继承国领土。

（3）分离或分立。在国家发生分离或分立时，无论被继承国是否继续存在，原来对被继承国全部领土有效的条约，继续对其所有的继承国有效，而在继承发生之日只对成为某一继承国的那一部分被继承国领土有效的条约，原则上仍只对该继承国有效。

（4）独立。当殖民地及其他附属领土独立时，适用所谓的白板原则，即对于被继承国参加的、在继承发生之日对继承所涉领土有效的任何条约，新独立国家没有义务维持其效力或成为其当事国，但有权选择成为其当事国。对于一般的多边条约，新独立国家可发出继承通知，确立其作为该条约当事国的地位；对于需经全体当事国同意方可参加的多边条约，新独立国家只有获得此种同意后才能成为其当事国；至于双边条约，只有经另一当事国与新独立国家明示或默示同意，才能在双方之间发生效力。在国际实践中，被继承国和继承国经常签订移交协定，规定被继承国根据继承发生之日对继承所涉领土有效条约所承受的权利和义务移交给继承国，也有一些独立国家采取单方声明的方式，指出此类条约在一定时期内暂时适用，在此期间内再做出将来是否继续有效的决定。

（二）关于财产的继承

国家继承中财产是在继承发生时，按照被继承国国内法的规定为该国所拥有的财产、权利和利益。国家继承一般导致被继承国的财产无偿转移给继承国，从而引起被继承国对有关财产权利的消灭和继承国对有关财产权利的产生，国家财产继承只涉及继承国与被继承国之间的国家财产转属问题，而对第三国在被继承国领土内所拥有财产不发生影响。

国家财产分为不动产和动产，分别适用不同的继承原则。不动产适用随领土转移原则，即凡位于继承所涉领土内的被继承国的国家不动产，都应转属继承国。而动产具有流动性，因此，国家动产的继承不是单纯以该动产的地理位置为依据，而应适用所涉领土实际生存原则，即动产的继承与是否与所涉领土活动有关为依据，与所涉领土的活动有关的国家动产，就转属继承国。

关于财产的继承，1983年联合国通过了《关于国家对国家财产、档案和债务的继承的维也纳公约》，但尚未生效。根据公约的规定，国家财产继承的具体规则如下：

（1）部分领土转移。被继承国的部分领土转移给继承国时，财产的转属问题由双方协议解决；如无协议，位于继承所涉领土内的被继承国的不动产应转属继承国，即不动产随领土转移原则，与继承国对继承所涉领土的活动有关的被继承国的动产应转属继承国，即领土实际生存原则。

（2）合并。国家合并时，被继承国的动产和不动产全部转属继承国。

（3）分离或分立。国家财产的继承应由继承国和被继承国协议解决。如无协议，应适用不动产随领土转移原则和领土实际生存原则。此外，与继承所涉领土的活动无关的被继承国的动产应按公平比例转属继承国。如果国家解体，则位于被继承国领土以外的被继承国的不动产应转属其中的一个继承国，但该国须对其他继承国作出公平的补偿。

（4）独立。殖民地或者其他附属领土独立时，位于继承所涉领土上的被继承国的动产不动产应全部转属新独立国家。此外为体现公平，原来属于继承所涉领土所有但在领土附属期间成为被继承国财产的国家动产应转属新国家；附属领土曾为其创造作出过贡献的被继承国的其他动产也应按贡献的比例转属新独立国家。如果被继承国和继承国订有协议，则不得违反各国人民对其财富和自然资源享有永久主权的原则。

（三）关于国家债务的继承

国家债务是指一国对另一国、某一国际组织或任何其他国际法主体所负之任何财政义务。至于国家对外国企业、自然人所承担的义务，原则上不属国家继承的国家债务的范畴。从国家继承的意义上看，债务可分为三类：一类是整个国家所负的债务，称为国债；

另一类是以国家名义承担的，而事实上是用于国家领土某一部分的债务，称为地方化债务；还有一类是由地方当局承担并由该地方当局使用于该地区的债务，称为地方债务。按照国际法，国债和地方化债务都属于国家债务，地方债务则不属于国家债务的范围。不在继承之列的债务还有"恶债"，即从形式上看似乎是国家债务，但从债务的性质上看是由于违反国际法基本原则而承担的债务，如征服债务或战争债务等。

1983 年的《维也纳公约》规定了国家债务继承的部分领土转移、分离或分立的情况下，债务继承的问题应根据继承国和被继承国之间或全体继承国之间的协议解决。如没有协议，则应在考虑有关债务与继承所涉领土的关系，以及与继承国的国家财产之间联系等情况的基础上，将有关国家债务按公平比例转属继承国。国家合并时，被继承国的债务与其财产应一并转移给继承国。新独立国家的债务继承，实质上就是作为继承国的新独立国家是否承担前宗主国或殖民地国家的债务问题，原则上不应转属新国家，但并不排除有关双方依协议来合理解决债务的转属问题。但这种协议不应违反各国人民对其财富和自然资源享有永久主权的原则，其执行不应危害继承国的经济平衡和发展。

（四）关于国家档案的继承

国家档案是指属于被继承国所有，并由被继承国作为国家档案收藏的一切文件。国家档案为一个国家或民族的政治、经济、文化的发展提供了历史证据。可以说，档案是国家的重要财富，但它又不同于国家财产，档案一般不能分割，但可以复制，这是国家财产所不具有的特性。依据国际实践和 1983 年《维也纳公约》的规定，国家档案的继承，除了新独立国家为继承国这一特殊情况外，通常由被继承国和继承国之间通过协议来完成。如无协议，一般将与所涉领土有关的档案转属继承国。新独立国家的国家档案继承，强调原属被继承国所有，而在领土附属期间成为继承国国家档案的部分归还新独立国家。此外，被继承国与新独立国家签订的有关国家档案继承的有关协定，不应损害新独立国家的人民取得历史资料和文化遗产的权利。

三、政府继承

政府继承是指由于革命或政变而引起的政权更迭，旧政府的权利和义务转移给新政府的法律关系。政府的继承不同于国家的继承：一是发生继承的原因不同。国家的继承是由于领土变更的事实而引起，而政府的继承则是由于革命或政变而导致政权更迭而引起。二是参加继承关系的主体不同。国家继承关系的参加者是两个不同的国际法主体，而政府继承是同一个国际法主体继续存在的情况下的旧政府的国际权利和义务被新政府所取代。政府更迭是引起政府继承的原因，但一般只有在新政府以不符合宪法程序的方式取得政权并且与旧政府的政权性质及社会制度有根本区别时，才发生国际法上的政府继承问题。

关于政府继承问题，国际法尚没有形成明确统一的规则。一般认为，为保证国家在国际法上的权利义务的连续性和国际法律秩序的稳定性，新政府应该继续受旧政府所承受的权利义务的约束。但是如果新政府在本质上不同于旧政府，新政府则往往根据有关权利义务的性质及自身政策和利益的需要，而决定对有关权利义务的态度。例如 1917 年俄国十月革命后建立的苏维埃政府和 1949 年建立的中华人民共和国政府均采取这种实践。

1917 年，俄国十月革命后苏维埃政府的实践提供了有关政府继承的一些原则和规则。

对于条约的继承，苏维埃政权按照《和平法令》，立即无条件地废除了沙皇政府和资产阶级临时政府所缔结的条约。对于财产和债务继承，1918 年全俄中央执行委员会颁布法令，无条件地废除沙皇俄国和资产阶级临时政府所借的一切外债。同时，苏维埃政权则继承了俄国政府在国外一切财产和权益，包括在国外的动产和不动产，以及驻外代表机关的馆舍和财产等。

中华人民共和国的实践进一步丰富了政府继承的内容。

(一)条约的继承

中华人民共和国成立后对旧中国政府所签订的条约，采取了既不承认一切旧条约继续有效，也不认为一切旧条约当然失效，而是根据条约的内容和性质逐一审查，区别对待的原则。1949 年《中国人民政治协商会议共同纲领》第 55 条规定：对于国民党政府与外国政府所订立的各项条约和协定，中华人民共和国中央人民政府应加以审查，按其内容分别予以承认，或废除或修改或重订。其中，对于一切不平等条约，特别是有关割让领土和划分边界的条约原则上一概不予承认。

(二)关于财产的继承

中华人民共和国成立后曾在不同场合多次发表声明，宣告自中华人民共和国成立之日起，对当时属于中国所有的财产，无论动产还是不动产，也无论位于国内还是国外，一律由中华人民共和国继承。上述立场充分体现在中国政府 1949 年 12 月 20 日就香港两航公司案和 1950 年 3 月 18 日关于中国留在香港和新加坡的商船产权所发表的声明，以及 1953 年 10 月 10 日中国在国际复兴开发银行中的财产权益，致国际复兴开发银行的函电中。中国政府的上述立场是有充分的国际法上的依据。然而在光华寮案中日本大阪高等法院不仅在中日邦交正常化后继续允许台湾当局，以所谓"中华民国"的名义进行诉讼，并将光华寮判为台湾当局所有，日本法院的这一判决严重违反了国际法上的有关规则。

(三)关于债务的继承

中华人民共和国政府根据旧中国政府所负的外债的性质和情况分别处理。旧政府为进行内战、镇压革命而向外国政府借的债务属于恶债，当然不在继承范围之内。例如中国清朝政府 1911 年为镇压革命而举借的湖广铁路债券就是恶债，中国政府当然不予承认。然而，1979 年美国阿拉巴马州地方法院竟受理美国公民为要求中华人民共和国政府偿还湖广铁路债券而提出的诉讼。该法院于 1982 年作出缺席判决，要求中国偿还本息约 30 万美元。美国地方法院的这一判决显然是违背国际法的，不仅违反了恶债不继承这一国际法上的继承规则，而且侵犯了中国享有的司法豁免权。对于旧中国政府在平等基础上对外承担的合法债务，中国政府通过与有关国家的友好协商进行清理，以便获得公平合理地解决。

四、国际组织的继承

第二次世界大战以后，国际组织已在一定范围内成为国际法主体，承受着国际法上的权利义务。因此，当一个国际组织同其他国际组织合并，或者由于解散而不复存在，但按照国际协议或决议，而使其职能转移于另一国际组织时，就发生国际组织的继承问题。如欧洲煤钢联营与欧洲原子能联营于 1967 年并入欧洲经济共同体，国际卫生局被世界卫生组织所代替等。

关于国际组织继承的规则，在职能继承方面有其特殊性。由于各个国际组织的建立和职能的行使，都是按照缔约国所缔结的条约和组织章程的规定进行的。所以，即使会员国相同，或者国际组织的宗旨和职能相似，当一个国际组织解体时，也并不必然地将其职能自动移转于另一个新成立的国际组织。要实现新的国际组织对旧的国际组织的继承，原则上必须经过原缔约国签订国际协定，或者经过原国际组织作出决议，明确表示将其职能转移于另一新国际组织，才能使两者之间发生继承关系。国际组织的继承，除了职能方面的继承外，还有财产、债务或文书档案等方面的继承，也是依照特别协定或决议来解决。

第五节　国际法律责任

一、国际法律责任概念

国际法律责任，是指国际法主体对其国际不法行为或损害行为应承担的法律责任。国际法律责任是一项重要的习惯国际法规则。通过追究国际法律责任，对保证各国遵行国际法以及履行其国际义务，维护国际法律秩序起着重大作用。国际法律责任与其他法律责任相比，具有以下特征。

（1）国际法律责任的主体与国际法的主体是相同的。国际法主体是国际法权利和义务的承担者。国际法主体必然是违背国际义务的责任承担者。现代国际法主体除基本主体国家之外，还有政府间国际组织和争取独立的民族，因此国际责任主体除国家之外，还有政府间国际组织和争取独立的民族。国家责任是包含在国际责任范围内，国际法律责任的主体主要是国家。

（2）国际法律责任的根据是国际不当行为或损害行为。传统国际法主张国际不当行为是国际责任的唯一根据。在现代又确定了国际法不加禁止的行为所造成了损害结果的国际责任，这是国际法律责任制度的新发展。

（3）国际法律责任具有法律性。国际法律责任是一种以国际法原则、规则和规章制度为依据且具有强制性的法律后果。但是国际法的强制性不同于国内法，因此，国际法律责任得到执行还需要国际社会遵守国际法，真诚履行国际义务。任何国家均应对其国际不法行为承担责任，但对于国家责任的构成条件、内容、形式及执行等问题国际法上长期未能形成统一和明确的规则。1986年国际法委员会拟定出了《关于国家责任的条文草案》就国家责任的有关问题草拟了比较明确系统的规则，为传统国家责任规则的法典化奠定了基础。

二、国际不法行为的责任

国际不法行为是国际法律责任的根据和前提。国际不法行为是指国际法主体所作的违背其国际义务的行为，它包括一般国际不法行为和国际罪行。前者指违背一般国际义务的行为，如一国侵害了别国侨民的合法权益、侵犯了外交代表的特权和豁免、损坏了边界的界标等。后者指违背国际社会根本利益至关紧要的义务，以致整个国际社会公认违背该项义务是一种罪行。如从事侵略战争、破坏和平、违反人道、贩卖毒品、从事海盗活动等。国际不法行为必须具备主观要件和客观要件，国际法律责任才能成立。

（一）国际不法行为的主观要件

国际不法行为的主观要件是指某一不法行为可归因于国家而构成国家行为。其判断的标准只能按照国际法而不能按照国内法来判断。《关于国家责任的条文草案》第 5 条的规定：任何国家机关依该国国内法具有此种地位者，其行为依国际法视为该国的行为，但以该机关在有关事件中系以此种资格行事为限。

按照《关于国家责任的条文草案》，可归因于国家的不法行为的有以下几种。

（1）国家机关的行为。任何国家机关行使其国内法赋予的职权行为，根据国际法均应被视为该国国家的行为，而不论其是立法机关、司法机关、行政机关，不论担任国际性或国内性职务，也不论在国际组织中处于上级或下级地位。

（2）经授权行使政府权力的其他实体机关的不法行为。

（3）实际上代表国家行事的人的不法行为。

（4）别国或国际组织交由一国支配并行使支配国政府权力要素的机关的行为。

（5）叛乱或革命起义运动的问题。在一国领土或其管理下的任何其他领土内的叛乱或革命起义运动机关的行为不应视为该国的行为。但当叛乱或革命起义运动已成为一国新政府或导致成立一个新国家，应视为国家行为。

（6）非代表国家行事的人的行为。非代表国家行事的人的行为损害他国利益，也不应归责于国家，但如果国家纵容或唆使个人或一群人肆意侵犯外国的权益，则该国应负国际责任。

（7）一国牵连入他国的国际不法行为。主要有：一国对他国的援助或协助行为；一国在其受他国指挥或控制权力支配的活动领域内实行的国际不法行为；一国因受他国胁迫从事某项国际不法行为。

（二）构成国际不法行为的客观要件

国际不法行为的客观要件是指可以归因于一国的行为违反了该国承担的，有效的国际义务。违反国家承担的有效国际义务的行为包括作为和不作为，前者指国家以积极的行为直接地破坏了国际法的规定；后者指国家以消极的不法行为没有履行自己承担的国际义务，如不能有效地制止或补救，甚至纵容或唆使个人或团体的不法行为。

一国的行为被确定为国际不法行为后，是否当然产生国家责任，主要有两种学说：一是过失责任说；二是无过失责任说。过失责任说认为，只有在国家有过失或故意的主观因素下从事的不法行为，才承担责任。无过失责任是指虽非国际责任主体故意或过失，但有违反国际法的客观事实，并给其他国际法主体造成了损害，或从事不为国际法所禁止的高度危险活动而给其他国际法主体造成损害，就引起国家责任。在现代国际实践中，无过失责任一般认为比较合理。因为很难确定犯有不法行为的国家是否有故意或过失的主观因素，从而成为一些国家逃避责任的借口。

三、国际法律责任的免除

国际不法行为和国家责任之间存在直接因果关系。如果一国行为的不法性已被排除，该主体也就不会引起国际责任。在国际实践中,排除行为不法性的情况主要有以下几种。

(一)同意

同意是一国以有效同意他国实行某项与其所负义务不符的特定行为时,就排除了该行为的不法性,从而免除其国际法律责任。如一国获准他国在专属经济区内捕鱼或开发资源的行为。但是,作出此类同意决定的必须是一国的合法政府且经同意实施的行为,不得违反根据一般国际法强制规则所产生的义务,如侵犯别国主权、独立和领土完整。同意必须是国家自由意志的表示,不得有强迫或欺诈的因素。同意的决定必须是在行为前作出的,而不是在行为后追认的。

(二)对抗措施

对抗措施是指一国对他国的国际不法行为而采取的对抗行为。这种行为即使不符合原先他国承担的国际义务,但该行为是由于他国的国际不法行为所引起,因此该行为的不法性应予排除。对抗措施包括一般对抗措施和自卫行为。一般对抗措施是由于一般国际不法行为所引起,因此受害国应限于采取相应的非武力行为方式,如经济制裁、断交等。自卫行为则是在受到他国武力侵略和武装攻击时,受害国为了保卫国家主权和领土完整所采取的相应武力反击行为。

(三)不可抗力和偶然事故

国际法主体不符合国际义务的行为,起因于不可抗力和无法控制的外界事件,以致该国实际上不可能按照该义务行事或不可能知道其行为不符合该项义务,应排除其行为的不法性。如发生地震而使外国人的生命、财产受到损害,或者由于风暴而使航空器发生故障以致军用飞机进入他国领空等。

(四)危难与紧急状态

危难是指构成国家行为的行为人,在遭遇极端危难的情况下为了挽救其生命或受其监护之人的生命,迫不得已作出不符合该国国际义务的行为。紧急状态指一国遭遇到严重危及该国家生存和根本利益的紧急情况下,为了应付或消除这种严重紧急状况而采取的行为。但是如果极端危难情况的发生是由该国帮助造成或该行为可能造成同样或更大的灾难,则不应排除行为的不法性。

四、国际法律责任的形式

国家的国际不法行为一经确定,如果不涉及免除责任的情况,就会承担相应的法律后果。国际法对于国家责任尚未有明确的统一的规则。在国际实践中,国家责任形式有以下几种。

(一)停止不法行为

如果行为国的某一国际不法行为具有持续的性质,则该国的首要义务便是停止该行为,以保证被侵犯的国际法原则和规则能够得到有效地遵守。

(二)保证不重犯

保证不重犯是指为一国实施了国际不法行为时向受害国承诺并保证以后不再发生类似事件,即表示不再重犯。

(三)限制主权

限制主权是指全面或局部限制责任国行使主权的一种责任形式。限制主权属于最严重的责任形式，适用于进行武装侵略、破坏国际和平与安全、危害全人类利益并构成国际罪行的责任国。全面限制主权是在一定期间内对责任国实行军事占领或军事管制。例如第二次世界大战后，美、苏、英、法四国对德国的分区占领，共同行使德国的最高权力。局部限制主权是对责任国在一定期间对某些方面的权力进行限制或控制。例如1991年海湾战争结束以后，联合国安理会决议销毁和限制伊拉克的核武器和生化武器，使伊拉克承担了局部限制主权的责任方式。

(四)恢复原状

恢复原状是指在可能的情况下，行为国应采取措施使因其不法行为而遭受损害的有关事物或局面恢复到该不法行为实施之前的状态。例如归还非法没收或掠夺的财产，修复被非法毁坏的使馆馆舍或其他建筑物等。

(五)赔偿

国际法上的赔偿是指对受害国的物质损失和精神损害，付给其相应的货币或物质赔偿。赔偿是实践中广泛采用的一种责任形式。至于赔偿的限度，有两种主张：一种主张认为赔偿是惩罚性的，所以赔偿额应该大于实际损害额。另一种主张认为赔偿是补偿性的所以赔偿额应等于或小于实际损害额。实践中多数人认为赔偿额应根据有关国际不法行为的性质及实际造成的损害后果而定，原则以消除不法行为造成的损害后果为限。一国对进行侵略战争的国际罪行应承担国际责任，赔偿的范围包括对受害国国民的损害在内。日本侵华给中国国家和中国人民造成数千亿美元的损失。中华人民共和国与日本恢复外交关系以后，考虑到中日人民友好关系，声明放弃战争赔偿，但是并未声明放弃受害人民的损害赔偿，中国人民提出损害赔偿完全是正当的。按照国际法，日本国政府应承担日本侵略中国战争中造成的对中国人民的损害的国际责任。

(六)道歉

道歉是指国际不法行为的责任国对其不法行为给受害国造成的损害给予精神补偿的责任形式。道歉是一种广泛适用的责任形式，特别是经常适用于一国的国际不法行为给他国的尊严和荣誉造成损害的情形。道歉的方式多种多样，如国家领导人或政府致函或发表声明表示道歉、由国家代表向受害国的国旗或国徽行礼致敬或惩治肇事人员等。2001年中美撞机事件中，美国严重侵犯了中国主权，中国政府要求美国政府必须承担全部责任，正式公开向中国道歉赔偿损失并保证不再发生类似事件。美国在国际舆论的压力下对此事件致歉。

(七)补偿

补偿是受害国如未以恢复原状方式得到赔偿，有权要求实行国际不法行为的国家对其行为所造成的损害以补偿方式给予赔偿。所谓补偿包含受害国实际蒙受的，可从经济上加以估计的任何损失，可包括利息，并在适当情形下包括利润损失，补偿是恢复原状的一种补充形式。在国际关系实践中，应根据事件和行为的实际情况、程度及范围，可以只采用一种形式，也可同时采用几种形式。

第六节　中国的国际法主体问题

中华人民共和国是一个统一的多民族国家，属于单一国，在对外关系上，它是单一的国际法主体。它的省、自治区都不是国际法主体。根据《中华人民共和国宪法》设立的特别行政区，如回归后的香港和澳门，享有高度的自治权，可以行使一定的对外交往权，但仍然受辖于中华人民共和国中央人民政府，不具有国家那样的国际法主体资格。

有关台湾的全部事实和法律证明，台湾是中国领土不可分割的一部分，任何把台湾视为国家的言行，都是对中国主权的侵犯。1895年4月，日本通过甲午战争，强迫清朝政府签订不平等的《马关条约》霸占了台湾。1941年12月，中国政府在《中国对日宣战布告》中昭告各国，中国废止包括《马关条约》在内的一切涉及中日关系的条约、协定、合同，并将收复台湾。1943年12月，中美英三国政府发表的《开罗宣言》规定，日本应将所窃取于中国的包括东北、台湾、澎湖列岛等在内的土地，归还中国。1945年中美英三国共同签署、后来又有苏联参加的《波茨坦公告》规定：开罗宣言的条件必将实施。同年8月，日本宣布投降，并在《日本投降条款》中承诺：忠诚履行波茨坦公告各项规定的义务。10月25日，中国政府收复台湾、澎湖列岛，重新恢复对台湾行使主权。1949年10月1日，中华人民共和国中央人民政府宣告成立，取代中华民国政府成为全中国的唯一合法政府和在国际上的唯一合法代表。这是在同一国际法主体没有发生变化的情况下新政权取代旧政权，中国的主权和固有领土疆域并未由此而改变，中华人民共和国政府理所当然地完全享有和行使中国的主权，其中包括对台湾的主权。

从20世纪50年代中期以来，中国一直强调并致力于以和平方式解决台湾问题。从1979年元旦全国人大常委会发表《告台湾同胞书》中确立的争取和平统一的大政方针，后邓小平提出和平统一，一国两制的伟大构想。1992年11月大陆的两岸关系协会与台湾的海峡交流基金会在香港就解决两会事务性商谈中，表明坚持一个中国原则的态度问题所达成的，以口头方式表达的海峡两岸均坚持一个中国原则的共识，即"九二共识"①。

2005年3月14日中国全国人大通过的《反分裂国家法》为打击和遏制台湾分裂势力及活动提供了强有力的法律依据。《反分裂国家法》第二条明确表述，世界上只有一个中国，大陆和台湾同属一个中国，中国的主权和领土完整不容分割……台湾是中国的一部分，国家决不允许台独分裂势力以任何名义、任何方式把台湾从中国分裂出去。这一条的法理依据就是国际社会所广泛认同和接受的"一个中国原则"，是具有公认的国际法效力的。《反分裂国家法》成为中国反对国家分裂的充分法律依据。

台湾加入的一些重要国际组织，均是按照中国政府与国际组织和外国达成的协议，以协议确认的时间、方式、程序名义来进行。台湾已作为中国的一个地区，以中国台北的名

---

① 1990年11月21日台湾成立了得到官方授权的与大陆联系与协商的民间性中介机构——海峡交流基金会，出面处理台湾当局"不便与不能出面的两岸事务"。为便于与海基会接触、商谈，中共中央台办、国务院台办推动于1991年12月16日成立海峡两岸关系协会，并授权以坚持一个中国原则作为两会交往和事务性商谈的基础。

义，分别参加了亚洲开发银行和亚太经合组织等组织。又如加入世界贸易组织，是以中华人民共和国政府同世界贸易组织前身，即关税贸易总协定在 1992 年 9 月达成的协议办理的，即台湾地区以台澎金马单独关税区的名义加入；台湾以中国台北的名义参与国际奥林匹克委员会的活动也是基于同样的模式。

联合国只有主权国家才能成为会员的国际组，联合国大会 1971 年的 2758 号决议解决了中国合法代表权问题，中华人民共和国政府也正是据此恢复在联合国的合法代表权，承袭了中国名下的权利义务，并被明确为是中国在联合国的唯一合法代表，联合国及其所属的一切机构就已驱逐了台湾当局的代表。因此，中国在联合国的代表权问题早已从政治上、法律上和程序上得到了彻底解决。自 1993 年以来与"台湾建交"的国家提议所谓"台湾加入联合国"的提案，被联大多次否绝。

本 章 练 习

【思考题】

1. 国家有哪些基本义务和权利？

2. 国家承认和政府承认的条件是什么？

3. 如何认定国家责任？国家责任的内容和形式是什么？

【综合训练】

交易号案。交易号原是一艘美国私人船舶，于 1810 年在公海上被法国军队拿捕和没收，成为法国的一艘公船并编入法国舰队，改名巴拉乌号。1811 年，该船遇难被迫进入美国宾夕法尼亚州费城港。于是原船主在联邦地区法院起诉，要求法院将该船判归他们。法国没有派人出庭应诉，但宾州检察官代表美国政府到庭陈述，认为该船即便是从原告手中非法没收的，其所有权也已于没收当时转属法国，因此请求法院驳回原告起诉并释放该船。地区法院驳回了原告的请求。原告上诉到联邦巡回法院，巡回法院否定了地区法院的判决。宾州检察官遂上诉至联邦最高法院。联邦最高法院于 1812 年作出判决，撤销了巡回法院的判决，并确认了地区法院的判决。

结合该案，分析主权豁免的法律依据。

【要点提示】

国际法上经典判例，对主权豁免原则的确立有开创性作用。国家行为和财产不受外国法院的管辖。军舰是直接或间接在主权者领导下活动的，是为国家目的从事活动。当军舰允许进入国家的港口时，应被视为国家的同意而免受其管辖。因此，巴拉乌号作为一艘外国军舰，被允许进入了对它开放的美国港口，必须认为是得到许可，应该享受管辖的豁免。

第三章　国际法上的居民

【知识目标】

掌握国际法上居民国籍制度；外国人的法律地位；引渡和庇护制度；难民的国际保护。

【能力目标】

能分析国籍、引渡、庇护和难民问题以及中国的相关问题。

第一节　国　　籍

一、国籍的概念及意义

居民是构成国家不可缺少的条件。国际法上的居民是指居住在一国境内，并受法律管辖自然人的总和。这些自然人包括本国人、外国人和无国籍人等。区别这些人的标志是看这些人的国籍。因此，研究国际法上的居民问题，特别是研究外国人的法律地位问题，必须首先研究国籍问题。国籍是指个人作为某一主权国家国民或公民的法律资格和身份。这种身份表明这个人与该特定国家之间存在着一种法律上的权利义务关系，个人合法持有的护照通常成为持照人具有签发国国籍的证明。国籍对个人和国家都具有重大意义。

（一）国籍是一个国家确定某人为其国民或公民的根据

一国依法赋予某人以该国国籍，这个人就成为该国的国民或公民。某些国家，国民与公民的含义不同。例如美国法律规定，凡是出生于美国本土并受美国管辖的人，是美国的公民；凡是出生于美国的海外属地的人则是美国的国民而非公民。但是，这种区别无实际意义，从国际法的观点来看，一个人只要具有一国国籍他就和该国发生法律上的联系。

（二）国籍是确定一个人的法律地位的一个重要依据

国籍是区别本国人和外国人依据。本国公民享有本国公民权利如选举权和被选举权、入境居留权、特定职业的从业权等。同时承担本国公民的义务，如服兵役的义务、纳税义务和效忠义务等。国家对于不具有本国国籍的外国人或无国籍，既无权予以外交保护，也无义务接纳其入境。

（三）国籍对于国家行使管辖权具有重要意义

国家管辖权包括属地管辖、属人管辖、保护性管辖和普遍性管辖四个方面。行使前三种管辖权，都必须根据国籍区分外国人和本国人。对本国人和外国人的属地管辖权是不同的，如出入境方面对外国人是依《中华人民共和国外国人入境出境管理法》进行管理，国家只能对具有本国国籍的人行使管辖权。而保护性管辖权的对象是外国人。

国籍法属于国内法的一部分。因为决定一个人是否取得、丧失或恢复特定国家的国籍，应属该国的国内管辖事项。一国有权决定谁是它的国民，只要不与国际条约、国际习惯和普遍承认的国籍法律原则相冲突，这是国际法的一项原则。关于国籍的国内立法，大致采取宪法或单行法两种形式，如我国1980年《国籍法》。国籍法属于国内法，并不意味着与国际法无关。首先，据1930年的《关于国籍冲突的海牙公约》的规定：违反国际法的国籍立法而取得的国籍，其他国家没有义务承认。其次，各国历史传统、文化习惯、民族、宗教、经济、人口等存在着差异，所以有关国籍立法的方式和采用的原则及内容有很大的差别，因而造成国籍抵触，引起国家间在管辖方面的争执。为此，国家间缔结了一系列有关国籍问题的国际条约。普遍性的国际公约，如1930年的《海牙公约》、1913年的《关于无国籍人地位的公约》、1957年的《已婚妇女国籍公约》、1962年的《关于减少无国籍状态的公约》等。

二、国籍的取得

国籍的取得是指一个人取得某一特定国家的国民或公民的身份和资格，这纯属该国的国内事项，依据各国的国籍立法，取得国籍基本分为出生和加入两类。

(一)由于出生而得国籍，又称原始国籍

这种方式是指一个人因出生这一法律事实而取得某一国家的国籍，国籍的出生取得是国籍取得的最主要的方式。因为对于绝大多数人来说，因出生而取得的国籍不仅是其具有的第一个国籍，而且通常成为其一生中唯一国籍。但世界各国在根据出生赋予国籍的立法原则上，又分别采用不同的标准。大致有以下三种。

1. 血统主义原则

血统主义原则，即指一个人以出生时其父母的国籍为其国籍，而不论出生于何地。依照这一原则，凡是本国公民的子女，不论在何地出生，都当然具有本国国籍，成为本国国民。血统主义原则又分为单系血统主义原则和双系血统主义原则。单系血统主义原则是指仅以父亲的国籍决定子女的国籍，故亦称父系血统主义。这一原则反映了对妇女的歧视，是男女平等在国籍问题上的表现。如日本国籍法曾规定：子女出生时其父为日本人者则为日本人，生于父死后其父死时为日本人者亦同；父无可考或无国籍，其母为日本人者，其子则为日本人。清政府1909年的《大清国籍条例》及中华民国政府1914年的《修正国籍法》和1929年《修订国籍法》均采用了单系血统主义。双系血统主义指父母任何一方的国籍都可以用来确定出生子女的国籍。例如匈牙利1957年国籍法第1条规定：父母任何一方属于匈牙利国籍者，其子女是匈牙利人。双系血统主义是现代民主的产物，目前绝大多数国家倾向于采取双系血统主义原则来决定子女的国籍。由于血统主义以亲子关系为基础，历史上，向外移民较多的国家大多采用血统主义原则，如中国、日本、意大利等。

2. 出生地主义原则

出生地主义原则，即指一个人的国籍的取得决定于他出生的地方，而不论其父母的国籍如何。历史上，大量移民进入的国家，为了尽量吸收外来人口，一般采取出生地原则，例如墨西哥、秘鲁、澳大利亚、新西兰等国。

3. 混合主义原则

混合主义原则，即指在一个国家的国籍法中将血统主义和出生地主义原则都规定为确定原始国籍的根据。采取这种混合主义的国家，在立法上又有不同情况，有的国家平衡地采用血统主义原则和出生地主义原则；有的国家则以血统主义原则为主，兼采出生地主义原则；有的国家却是以出生地主义原则为主，兼采血统主义原则。由于单纯地采用血统主义或出生地主义容易引起国籍的冲突，现在绝大多数国家都采用了混合主义原则。

(二)因加入而取得国籍

因加入而取得国籍，是指一个人由于加入某国国籍而取得该国国籍。以加入这种方式获得国籍相对于原始国籍又被称为继有国籍。根据加入的原因和事实的不同，可以分为以下两类。

1. 自愿申请入籍，也称归化

自愿申请入籍，也称归化，即依照被申请国的规定，由申请人提出申请并由被申请国批准而取得被申请国的国籍。虽然《世界人权宣言》第15条规定：人人都有取得国籍的权利，但赋予一个人国籍是一项国家的权利，个人没有绝对的入籍权。各国有关申请入籍的条件和资格方面的规定不应违背有关国际条约和习惯国际法的原则。例如一国不应在入籍条件方面因申请者的原国籍、种族、宗教、性别的不同而采取差别待遇。但美国在建国初期的法律只准许外国白人申请入籍。后由于美国南北战争的结果，导致美国1870年修改法律，规定外国人无论白色人种、黑色人种或其子女得为归化。1882年美国国会颁布法律禁止批准华人、日本人和马来西亚人加入美国国籍，直到1952年，美国才以新的法令取消了入籍方面的种族歧视。

多数国家都规定入籍必须具备一定的条件。例如美国现行国籍法就规定入籍者必须符合下列条件：年满18岁；在美国连续居住至少满5年；道德品质良好；有一般阅读与写作英语的能力；理解和拥护美国政府体制和美国宪法上的各项原则。在入籍的程序方面，一般要经过申请、审查和批准几个步骤。我国国籍法对于自愿加入中国国籍的，也要求当事人申请，由我国公安部批准。

2. 由于法律的规定而入籍

此种入籍不是出于当事人主动的意见表示，而是由于发生法律规定的事实，依法产生了入籍的效果。这些法律事实有。

(1)婚姻。许多国家的法律规定了外国人和本国人结婚即取得本国国籍的制度。因此对此类国家来说，结婚便成为妇女入籍的一种方式。例如1987年《海地国籍法》规定：同海地男子结婚的外国女子依从其丈夫的地位。妇女因结婚而改随丈夫国籍反映了男女不平等现象，而且此类规定易导致已婚妇女的国籍冲突现象。因此，目前绝大多数国家的立法和有关国际公约在婚姻与入籍的关系上采用了妇女国籍独立的原则，规定婚姻并不当然影响妇女国籍。例如1957年的《已婚妇女国籍公约》第1条规定：缔约国同意其本国人与外国人结婚者，不因婚姻关系之成立或消灭，或婚姻关系存续中夫之国籍变更，而当然影响妻之国籍。

(2)收养。因收养而取得国籍是指一国国民收养无国籍或外国人为子女，使得被收养人取得收养者的国籍。例如1950年的《英国收养法》规定，只要收养人是英国或其殖民地公民，或男性收养人是英国或其殖民地公民，被收养人就应是英国或其殖民地公民。但目前许多国家的国籍立法不采取因收养关系或收养事实而自动取得国籍的做法，而是将收养关系作为被收养者自愿申请取得收养者国籍的优先条件。

（3）认领。是指有些国家的国籍法规定，非婚生子女，出生时从其母亲国籍，后由于其父和其母的结婚而取得准婚生地位，而从取得这种地位之日起，才取得其父亲的国家的国籍。

（4）国家继承。主要是指因国家领土的合并、独立、分立等国家继承事由导致有关领土上的居民取得新的国籍。此种情况下的入籍不以当事人自愿或选择为条件，而是基于领土变更的法律或条约规定而自动加入。

三、国籍的丧失与恢复

国籍的丧失又称出籍，指一个人由于某种原因而丧失某一特定国家的国籍。国籍的丧失可分为自愿丧失和非自愿丧失两种。自愿丧失国籍是以当事人明确的意愿表示为基础的丧失。有两种情况：一是本人自愿申请退籍，经批准后丧失本国国籍。例如瑞士 1952 年《国籍法》规定：任何瑞士国民，如果并不居住在瑞士境内，年龄至少已满二十岁，且已取得或保证能够取得一个外国国籍者，经过申请，得被解除其国籍。二是自愿选择某一国籍，因而也发生丧失国籍的情况。例如在一个人具有双重国籍的情况下，他根据有关国家的协议，自愿放弃某一国籍，即丧失该国国籍。非自愿丧失国籍是指由于法定原因而非由于本人自愿而丧失本国国籍。主要有两种情况：一是发生法律规定的事实，因而自动地丧失原有的国籍。如婚姻、收养、认领、国家继承以及自愿取得外国国籍者，都可能导致丧失原有国籍。二是作为一种惩罚措施由主管机关依法剥夺国籍。关于被剥夺国籍的理由主要有危害国家安全与独立、对本国不忠、逃避兵役、战争中为敌国服务等。例如巴拉圭 1940 年《宪法》规定：巴拉圭公民直接或参与侵害共和国的独立和安全未遂者，应终止为巴拉圭公民。由于剥夺国籍会导致无国籍现象发生，国际法学界反对剥夺国籍。

国籍的恢复，指已丧失某国国籍的人重新取得该国国籍。恢复国籍条件，各国规定不同。有的规定恢复国籍只限于具有本国原始国籍而丧失者，对继有国籍而丧失者不适用，有的则不限。国籍的恢复程序有两种：一种是履行登记或声明手续即可。另一种是采用入籍的一般程序，由当事人向主管机关申请，经过审查批准后取得原来的国籍。

四、国籍的抵触

国籍的抵触指一个人同时具有一个以上的国籍或不具有任何国籍的状态。一个人同时具有两个或两个以上的国籍状态称为国籍的积极冲突或积极抵触；一个人不具有任何国籍的状态称为国籍的消极冲突或消极抵触或无国籍。一般来说，每一个人都应具有国籍，而且只有一个国籍。但是，由于国籍的取得、丧失主要由各国国内规定，就出现了个人不具有任何国家的国籍或同时具有一个以上国家国籍的不正常情况。

（一）国籍的积极抵触

国籍的积极抵触产生的原因从根本来讲是由于各国国籍立法对国籍取得、丧失的规定不同。具体的原因大致分为两类：一是由于出生。采取血统主义原则国家的国民在采取出生地主义原则的国家所生的子女，即出生而具有双重国籍。二是基于出生以外的事由导致产生双重国籍。例如婚姻与国籍的关系上，丈夫国籍法律规定，外国女子与本国男子结婚即取得本国国籍，而妻子原国籍国未规定本国女子与外国男子结婚丧失本国国籍，该妻子则为双重国籍。

双重国籍的产生和存在无论对相关个人还是有关国家来说，都是法律上的不利因素。根据国内法，双重国籍人虽然能以国籍国国民的身份享受各该国国内法规定的权利并受其保护，但同时也受到国籍国的管辖并履行义务，特别是效忠的义务。在两个国籍国处于敌对状态下，或被两个国籍国分别视为敌国公民，或因其为一国国籍服务而另一国籍视为叛国行为，从而处于两难境地。而两个国籍国均将该双重国籍人视为自己的国民而产生管辖权的抵触，发生国际纠纷。例如1812年英国坚持其所谓永远效忠原则，强迫从美国船上捉去已在美国入籍的英国人当兵，结果成为英美当年引发战争的原因之一。另外，双重国籍给第三国对外国人的管理带来不便。如最惠国待遇给予，刑事民事案件的处理等。从目前的国际实践来看，解决这个问题一般通过国际公约、双边条约和国内法来解决。

1. 国际公约

为了解决双重国籍问题，国际上签订了一些国际公约。例如1930年的《关于国籍冲突的海牙公约》、1937年《关于双重国籍情况下的兵役义务的议定书》、1957年的《已婚妇女国籍公约》等。这些公约就防止和减少双重国籍问题做了若干规定。通过国际公约解决国籍的积极抵触虽是最理想的方法，但是各国国情不同，因而欲求得一致往往是很困难的，这也是国际公约批准加入的国家数量不多的原因之一。

2. 双边条约

有关国籍问题的双边条约可以在一定范围内，统一当事国关于国籍取得或丧失，因而有助于当事国之间减少、消除和防止国籍抵触状态。如1955年中国与印尼签订的《关于双重国籍问题的条约》有效地消除在印尼的华侨双重国籍问题，同时在两国之间有效地避免了新的双重国籍问题的出现，可见这是一种较为有效的方法。

3. 国内立法

因为国籍抵触原因，在各国国内立法不同，要消除国籍抵触现象，最有效的方法是通过国内立法以防止国籍的抵触。各国可以规定加入外国国籍的本国人，自动丧失本国国籍；加入本国国籍的外国人以退出其外国国籍为条件。

(二) 国籍的消极抵触

国籍的消极抵触也是由于各国国籍法的不同规定而产生。一是由于出生。一对无国籍的夫妇在采取纯血统主义的国家所生的子女，或者一对采取出生地主义国家的夫妇，在采取纯血统主义国家所生的子女，就是无国籍人。二是基于出生以外的事由导致无国籍。例如被收养人的国家法律规定，本国人被外国人所收养丧失本国国籍，而收养人的国家法律规定，本国人收养外国人，不因收养而自动取得本国国籍，被收养人就会成为无国籍。

无国籍处于一种不利状态。无国籍人不具有任何国家的国籍，当他的利益遭到侵害时，他不能请求任何国家给予外交保护，而任何国家也不会给予外交保护。依国际惯例，无国籍人的居住国应将其作为外国人对待，但是无国籍人是不能享受根据互惠原则给予某些特定国家的公民的优惠待遇的。解决无国籍问题，通常采取国际公约或国内立法的两种方式。

1. 国际公约

通过制定国际公约来规定减少和消除无国籍状态的办法，并对无国籍人的法律保护和待遇给予相应的规定。例如 1954 年《关于无国籍人地位的公约》赋予无国籍人以与本国人同等的法律保护。1961 年的《减少无国籍状态的公约》规定：缔约国对在其领土内出生，非取得该国国籍(无国籍者)，应给予国籍，这些规定有助于防止无国籍状态的发生。

2. 国内立法

通过国内立法来减少和消除无国籍现象，是解决无国籍问题的基本方法。现在许多国家的法律规定，无国籍人可以通过法定手续入籍。采取混合主义原则赋予原始国籍的国内立法，具有防止国籍抵触的效果。

五、中华人民共和国国籍法

从中国国籍立法的历史发展来看，1909 年清政府颁布的《大清国籍条例》是中国历史上第一部关于国籍方面的专门立法。1914 年袁世凯政府颁布《民国三年修正国籍法》，1929 年颁布《民国十八年修订国籍法》。1980 年颁布的《中华人民共和国国籍法》是我国现行国籍法。另外，中华人民共和国先后与一些国家签订许多有关国籍问题的条约。

(一)中国国籍法的主要内容

1. 中国国籍的取得因出生而取得中国国籍

(1)父母双方或一方为中国公民，本人出生在中国，具有中国国籍(第 4 条)。

(2)父母双方或一方为中国公民，本人出生在外国，具有中国国籍；但父母双方或一方为中国公民并定居在外国，本人出生时具有外国国籍的不具有中国国籍(第 5 条)。

(3)父母无国籍或国籍不明，定居在中国，本人出生在中国，具有中国国籍(第 6 条)。自愿申请入籍而取得中国国籍。外国人或无国籍人愿意遵守中国宪法和法律，并具有下列条件之一者，可经申请并获得批准而取得中国国籍。

①中国人的近亲属。

②定居在中国。

③有其他正当理由的。但因此而取得中国国籍的，不得再保留外国国籍(第 7 条、第 8 条)。《国籍法》对中国国籍的加入取得只确认了自愿申请入籍这一种加入取得方式。

2. 中国国籍的丧失

(1)申请退籍。凡中国公民具有下列条件之一者，可经申请并获批准退出中国国籍。

①外国人的近亲属。

②定居在外国。

③有其他正当理由的(第 10 条、第 11 条)。但国家工作人员和现役军人，不得退出中国国籍(第 12 条)。

(2)自动丧失。定居外国的中国公民，自愿加入或取得外国国籍的，即自动丧失中国国籍(第 9 条)。

3. 中国国籍的恢复

曾有过中国国籍的外国人，具有正当理由，可以申请恢复中国国籍；被批准恢复中国国籍，不得再保留外国国籍(第 13 条)。

加入、退出和恢复国籍的程序。受理国籍申请的机关执行，在国内为当地市、县公安局，在国外为中国外交代表机关和领事机关(第15条)。加入、退出和恢复中国国籍的申请，由公安部审批。经批准的，由公安部发给证书。

(二)中国国籍法的基本原则

1. 以血统主义为主并兼采出生地主义的混合原则

这一原则被具体规定在第4条、第5条、第6条之中。在中国依血统主义取得中国国籍，除本人出生时具有外国国籍因而不具有中国国籍外，一般不受限制。而依出生地主义取得中国国籍必须具备特殊的条件。

(1)父母无国籍或国籍不明。

(2)定居在中国。

(3)本人出生在中国。

2. 不承认双重国籍原则

《国籍法》规定：不承认中国公民具有双重国籍(第3条)。根据这一原则，《国籍法》第5条、第9条、第11条的规定：避免中国公民在取得外国国籍的同时，又具有中国国籍。《国籍法》第8条、第13条的规定是为了避免外国人在取得中国国籍的同时，又具有外国国籍。

3. 减少和消除无国籍状态原则

中国《国籍法》第6条规定：父母无国籍或国籍不明，定居在中国，只要他们的子女在中国出生，其子女即具有中国国籍。同时《国籍法》第7条规定：无国籍人只要愿意遵守中国宪法和法律，具备一定条件并经本人申请，主管机关审查批准，可以加入中国国籍。

4. 平等原则

中国国籍立法充分体现了民族、种族、宗教、信仰的平等，男女平等，婚生子女与非婚生子女的平等。中国《国籍法》在国籍方面未对种族和宗教信仰做出不平等的限制。男女平等方面体现在采取了双血统主义原则和妇女国籍独立原则。另外，在国籍的取得和丧失方面未区分婚生子女与非婚生子女的不同地位，而是平等对待。

第二节　外国人的法律地位

一、外国人法律地位概述

从广义上讲，外国人是指在一国境内，不具有所在国国籍而具有外国国籍的人，包括自然人和法人。为了便于管理并与本国人相区别，无国籍人也往往归入外国人的范畴。中国将外国国民和无国籍人均视为外国人。《中华人民共和国外国人入境出境管理法》第31条规定：本法所称外国人是指依照《中华人民共和国国籍法》不具有中国国籍的人。

根据外国人是否受到国际法的特殊保护，又可分为一般外国人和享有特殊地位的外国人。后者享有特权与豁免的外交或领事机关的成员以及有关政府间国际组织的外国人，还有取得难民身份和地位的外国人。而本节关于外国人法律地位的论述仅限于一般外国人的法律地位问题。外国人的法律地位，也可称为外国人的法律待遇，是指外国人在一国境内入境、居留和出境时所承受的权利和义务。根据国际法、国家对居住在其境内的外国人享有属地管辖权，国家可以自主地规定外国人法律地位和待遇，原则上是属于国内管辖事项。但是，国家对外国人的管辖与对本国人的管辖有很大的不同，因为外国人在受所在国管辖的同时，还受其本国的属人管辖。因此，国家对外国人行使管辖权应不违背国际法的基本原则、规则及本国承担的国际业务，同时还应顾及外国人本国的属人管辖权。例如外国人被召回其本国服兵役，所在国不得阻止。

二、确定外国人法律地位的一般原则

国际法未规定关于外国人法律地位的一般规则。各国在不违背国际法的基本原则的基础上，有权自行确定外国人的法律地位。于是各国国内立法和条约中对外国人法律地位的规定不同，但通常依据一定的标准或原则，从而在实践中形成了一些确定外国人法律地位的一般标准或原则。大致有以下几项标准。

（一）国民待遇原则

国民待遇原则是指国家对一国境内的外国人在一定事项上给予本国国民同等的待遇。这一原则的目的是使外国人与所在国国民处于平等地位，既不享有特权，也不受到歧视。这一原则最初被法国民法典所确认。目前，各国通常在互惠的基础上通过国内立法或国际条约来确定具体的适用范围，但是外国人所享有的这种国民待遇，并不是在所有方面都与本国人绝对相同。首先，国民待遇只是一种民事和诉讼方面的待遇，不包括政治待遇，如选举权与被选举权，担任公职的权利，以及服兵役的义务。其次，民事权利也只是在一定范围和程度之内，有的国家禁止外国人从事医生、引航员等行业，禁止沿海贸易、内河航运等。我国就不允许外国人在我国法院作为律师出庭。

（二）最惠国待遇原则

最惠国待遇原则，是一国（施惠国）给予某外国（受惠国）的国民待遇不低于他现在或将来给予任何第三国国民的待遇。最惠国待遇最早出现在 14、15 世纪的欧洲，到 18、19 世纪被广泛采用，要求最惠国待遇的目的，在于防止本国自然人和法人在外国或在与外国经济交往中处于不利地位，使本国的国民和法人与第三国国民和法人相比处于不受歧视地位。目前，各国一般通过双边或多边条约中的专门条款，称之为最惠国条款，来规定最惠国待遇。不过，这一原则一般不适用于施惠国为方便边境贸易而给予邻国国民的优惠；地区性经济组织，如关税同盟、自由贸易区和经济共同体成员相互给予的优惠；发达国家给予发展中国家的普遍优惠及有关条约中明确规定不适用最惠国待遇的其他任何优惠。

（三）互惠待遇原则

互惠待遇原则是指一国给予外国国民和法人某种权利、利益或优惠以该外国给予本国国民和法人同等的权利、利益或优惠为前提。确立这一原则的目的在于避免外国人在本国片面获得某些权利和利益，同时防止本国自然人和法人在外国受歧视。实践中，各国一般都是在互惠基础上给予对方国民和法人以某种权利、利益和优惠，包括上述国民待遇和最惠国待遇。片面的优惠待遇，除非经过有关国家的自愿同意，原则上是为现代国际法所禁止的。

（四）普遍优惠制待遇原则

普遍优惠制原则又称普惠制，它是国际经济新秩序的一个主要制度，它是指发展中国家的产品进入发达国家，享受减免关税的优惠，而发达国家的产品进入发展中国家，则不享受相应的优惠，这是一种非互惠待遇。普惠制是第二次世界大战后，经过发展中国家努力和斗争逐步确定的，其目的在于加强国际合作以谋求整个国际社会的真正繁荣和发展，我国已在十几个发达国家享受这种待遇。

三、外国人的入境、居留和出境

对外国人入境、居留和出境方面的管理不仅是国家对外国人行使属地管辖权的重要体现，同时也是外国人法律地位和待遇的主要内容之一。

（一）外国人入境

外国人入境，是指非本国公民或国民经一国政府主管机关批准，持有合法有效的证件、签证，从一国对外开放或指定的口岸进入该国领土。根据国际法，国家依其主权，可以自由决定是否准许外国人入境以及在什么条件下准许外国人入境，国家没有准许外国人入境的一般义务，外国人也不享有要求他国准许其入境的权利。因此，除非一国承担了条约方面的特别义务，原则上可以自行决定外国人入境的条件和程序。目前，各国都普遍允许外国人的合法入境。实践上，外国人入境一般要经过两个程序：一是申请取得所要进入的国家的入境签证。本国与入境国互相免签证的除外；大多数西方国家之间都采用了互免签证的做法。欧洲《申根协定》的缔约国之间，在其中之一国家办理了签证或入境手续，到其他缔约国就无需办理。二是在该国入境口岸接受安全、卫生及其他有关事项的检查。对于入境可能危害本国安全、社会秩序和国民健康的外国人，如精神病和传染病患者、吸毒者、刑事罪犯和从事不正当职业者，国家有权禁止其入境。对于未经许可而进入本国境内的外国人，所在国除非事后赋予其居留权，或者受本国负担的有关保护难民的国际义务的约束，有权加以必要的处罚，必要时可将其驱逐出境。

（二）外国人的居留

外国人的居留，是指外国人在履行了所在国法律规定的批准手续后，在该国停留或居住的行为。关于外国人居留的国际法原则，与上述外国人入境的国际法原则基本一致，除非承担了条约方面的特别义务，一国可以自由决定是否准许外国人居留及居留的期限，并为此规定外国人在本国居留的条件和手续。例如规定外国人事先取得本国的居留许可，在入境后办理居留证件，在获得准许的地点和期限内居留等。对于非法居留的外国人，所在国有权加以必要的处罚，必要时也可将其驱逐出境。

（三）外国人出境

外国人出境，是指居住或停留在一国境内的非本国公民或国民，依照该国法律的规定，从该国口岸离境的行为。根据国际法，一国不能禁止本国境内的外国人合法出境，但有权将属于某种情况的外国人驱逐出境。所谓合法离境，一般指外国人在所在国交清了税款，了结了债务，并无任何未了结的诉讼而离境。对于违反本国法律，危害本国国家安全、社会秩序、公共道德，或其他利益的外国人，所在国主管机关可依法判定将其驱逐出境。但是，国家不得滥用驱逐权，1966年的《公民权利和政治权利公约》第13条对国家驱逐外国人的权利做了限制；必须经过依法判决，非遇紧急情况，应准许外国人申诉并进行复判。如果滥用，将招致当事人本国的抗议或报复，引起国际责任。

四、外交保护

外交保护是国家属人管辖权和外国人法律地位相关的一项国际法律制度。本国国民的合法人身和财产权益，在外国可能会因为外国国家的行为而受到侵害，如歧视性地驱逐出境，司法程序中被司法拒绝、财产被没收等，国家可以通过本国的外交机关给予适当的保护，这是国家属人管辖权的重要体现。外交保护泛指一国通过外交或法律途径对在国外的本国国民的合法权益所进行的保护。虽然在历史上外交保护起过消极作用，成为西方国家对弱小国家干涉的理由，但是不能否认外交保护对保护外国人的合法权益起到积极作用。

由于外交保护权属于国家而不属于任何人，是否行使外交保护权，属于国家自行决定的事项。但是，根据国际法，国家在行使外交保护权和决定采取外交保护措施时，其行为应符合下列条件和规则。

（1）被保护的外国人合法利益和地位受到侵害，而且此种侵害是由可归属于所在国国家并应由国家承担责任的行为所致。外交保护的前提是国家责任，如果是外国私人行为所致，如果该国有关机关对此疏于防范、制止或惩治，则国家应承担国家责任。

（2）被保护的外国人从受害时起至实施外交保护结束的期间内，持续拥有保护国的国籍，这也称为外交保护中的国籍连续原则。因为外交保护权源出于属人管辖权。因此，受害人被侵害时虽有本国国籍，但以后丧失了本国国籍，或者受侵害时不具有本国国籍，以后又取得了本国国籍的情况下，该国均不得对其行使外交保护权。任何国家无权为他国国民提供外交保护，也无权对无国籍人提供外交保护。

（3）被保护的外国人已用尽所在国的一切行政和司法手段及程序仍无法获得救济。这也称为用尽当地救济原则。外国人受到非法侵害后，在未用尽所有可能的救济手段之前，所在国的国家责任还没有构成。因此，未用尽当地救济往往会引起所在国的抗辩。这是由国家主权原则、属地管辖权原则决定的，有利于防止外交保护权的滥用。

五、外国人在中国的法律地位

中华人民共和国成立后，全面废除了外国列强与旧中国缔结的不平等条约，在平等互惠的基础上对外国人的合法权益进行保护。

（一）有关外国人法律地位的立法

中华人民共和国成立后，制定了一系列有关外国人在中国法律地位的法律和法规。1982年《宪法》第32条规定：中华人民共和国保护在中国境内的外国人的合法权利和利益，在中国境内的外国人必须遵守中华人民共和国的法律。《宪法》第18条还规定：中华人民共和国允许外国的企业和其他经济组织或个人依照中华人民共和国法律的规定在中国投资，同中国的企业和其他经济组织进行各种形式的经济合作……必须遵守中华人民共和国的法律。他的合法权利和利益受中华人民共和国法律的保护。这两条是我国规定外国人法律地位的原则，体现了我国的主权。以此为依据制定了专门规定外国人权利和义务的法律，如《外国人入境出境法》、《外资企业法》，还在一些法律中对外国人的权利义务也予以涉及和规定，如《民事诉讼法》等。除国内立法外，中国还与有关国家缔结了大量的关于贸易投资保护、避免双重征税及知识产权保护的国际条约和协定，这些成为外国人在中国法律地位的重要国际法依据。

（二）有关外国人出入境的管理

中国于1985年通过了《中华人民共和国外国人入境出境管理法》，并于1986年生效。2012年通过了《中华人民共和国出境入境管理法》第93条决定，废止《中华人民共和国外国人入境出境管理法》，建立中国完整的出入境管理制度。

1. 外国人的入境

除非依其本国与中国签订的有关协议可免除签证外，均应当向中国的外交机关、领事机关或者外交部授权的其他驻外机关申请办理签证。如果外国政府有对中国公民入境过境有专门规定的，中国政府主管机关可以根据情况采取相应措施。被处驱逐出境或者被决定遣送出境，未满不准入境规定年限的；患有严重精神障碍、传染性肺结核病或者有可能对公共卫生造成重大危害的其他传染病的；可能危害中国国家安全和利益、破坏社会公共秩序或者从事其他违法犯罪活动的；在申请签证过程中弄虚作假或者不能保障在中国境内期间所需费用的不准入境。

2. 外国人的居留

外国人在中国居留，应在规定的时间内到当地公安机关缴验证件，如变更居住地点，必须按规定办理迁移手续。对于不遵守中国法律的外国人，中国主管机关可以缩短其在中国居留的期限或者取消其在中国居留的资格。

3. 外国人的出境

只要持有效护照或其他有效证件，在签证准予停留的期限内或居留证的有效期内，可以自由出境，不予限制。但是，刑事案件的被告人和公安机关或者人民检察院或者人民法院认定的犯罪嫌疑人；人民法院通知有未了结民事案件不能离境的；有其他违反中国法律的行为尚未处理，经有关主管机关认定需要追究的不准出境。拖欠劳动者工资外国人也不准出境。

2004年公安部、外交部发布《外国人在中国永久居留审批管理办法》规定，对在中国有关单位任职的外国籍高层次人才，在中国有较高数额直接投资的外国籍投资者、对中国有重大突出贡献或国家特别需要的人员以及夫妻团聚、未成年人投靠父母、老年人投靠亲属等家庭团聚人员，可以授予外国人永久居留证，即中国"绿卡"。绿卡是外国人在中国境内居留的合法身份证件，可以单独使用，凭有效护照和绿卡出入中国国境，在中国居留期限不受限制。审批外国人在中国永久居留申请的机关是公安部。绿卡有效期为五年或者十年，在证件有效期满前一个月以内申请换发。据数据统计，自2004年中国实行绿卡制度至2011年底，持有绿卡的外国人4752人，年均发放量248张。中国保持着极低的绿卡发放率。

第三节 引渡和庇护

一、引渡

引渡是指一国家应外国的请求，把正在自己领土之内而受到该外国通缉或判刑的人，移交给该外国审判或处罚的行为。引渡早在古代就已存在，如古罗马时代就曾设立过"二十人法庭"，专门负责处理外国提出的以及罗马向外国提出的引渡请求。古代的引渡一般不以条约为依据，而只是君主之间的政治交易，并且引渡的对象一般为政治或宗教犯，随着欧洲资产阶级革命的胜利以及罪刑法定、无罪推定等进步刑法原则的确立，现代引渡制度逐渐形成。1833 年比利时颁布了世界第一部引渡法《引渡法大纲》，首先将政治罪和与政治罪有关的行为排除在可以引渡的罪行之外。英国也于 1870 年颁布引渡法，明确规定了严格的引渡程序，此后，各国之间缔结了大量的引渡条约，也有大量的引渡实践。

（一）引渡的目的

引渡是请求国的管辖权与罪犯所在国的属地管辖权的协调，以防止罪犯逃脱应受到的处罚。根据国家主权平等原则，一国不经他国同意不得在他国境内行使本国的管辖权，因此，一国如果要对其有权管辖但位于他国境内的有关个人进行审判或处罚，首先必须请求该人所在的国家将该人移交本国。而对于被请求国而言，一方面为了有效制裁犯罪和维护有关国家和个人的合法权益，也需要将在本国境内而本国不能或不便管辖的罪犯移交其有管辖权的国家进行审判或处罚。另一方面被请求国同样不愿意使本国的罪犯在他国逍遥法外。由此可见，引渡是一种现代国际刑事司法协助制度。

（二）引渡的法律依据

虽然各国确有要求他国引渡之需要和愿望，但是在国际法上，国家却无引渡的一般法律义务。所以国家间进行互相引渡必须遵循适当的途径来确立相互引渡的法律依据。在长期的国际实践中，国家间相互引渡罪犯的法律依据主要有以下几种。

1. 国际条约

关于引渡问题的国际条约大致可以分为以下三类：第一类是双边的引渡条约或含有引渡规定的刑事司法协助条约。这是引渡最主要的国际法依据。例如 1971 年美国和加拿大之间签订的引渡条约。第二类是区域性的引渡公约，如 1982 年签订的《美洲国家引渡公约》，1952 年签订的《阿拉伯联盟引渡协定》。第三类是规定有引渡条款的普遍性国际公约。如 1970 年签订的《关于制止非法劫持航空器的公约》（简称《海牙公约》）第 7 条和第 8 条，这些条款只涉及个别领域问题，普遍性的引渡公约至今尚未订立。

2. 国内法

有些国家规定不以相互间订有引渡条约作为引渡的前提条件，而且也没有互惠要求，只要求满足本国国内法规定的具体条件。例如 1927 年法国引渡法明确规定，无条约存在时，本法同样适用，而且没有附加互惠这一前提条件。

3. 依据互惠

在没有引渡条约的情况下，尽管不存在引渡义务，但国家间依据礼让和互惠的原则彼此引渡罪犯的例子也是常有的。例如中华人民共和国成立后，就从苏联引渡了一些日本战犯。

（三）引渡的主体

引渡的主体只能是国家，包括请求国和被请求国。意味着基于私人目的不得从事引渡行为。被请求国一般是罪犯所在国。请求国一般是对罪犯主张管辖权的犯罪地国，以及享有保护性管辖权的受害国。他们请求引渡，就是要实现对罪犯的管辖，如果几个享有管辖权的国家同时提出对某一罪犯的引渡请求时，原则上被请求国有权决定接受哪一国的要求。国际条约的一般规则和国际公法学者的倾向是犯罪地国享有优先权。1933 年的《泛美引渡公约》第 7 条规定：如果有几个国家为同一罪行请求引渡时，犯罪地国有优先权；如果这个人犯了几项罪行而被要求引渡时，依被请求国国内法罪行最严重的犯罪地国有优先权；如果各项罪行被请求国视为严重性相同，则最先提出请求的国家有优先权。

（四）引渡的对象

引渡的对象是普通刑事罪犯。包括提起刑事诉讼或执行刑事判决。但是，证人及民事诉讼和判决的当事人均不得被引渡。引渡罪犯的国籍可以是请求引渡的国家的国民，也可以是被请求引渡国家的国民，还可以是第三国的国民。但是按照各国实践，大陆法系的国家基于维护本国的属人优越权，不允许向外国引渡本国国民，这是本国国民不引渡原则。而英美法系的少数国家，一般认同刑罚属地主义的法律传统，允许引渡本国国民，但现代英美法系国家的实践表明，引渡本国国民的做法一般建立在互惠的基础上。

关于引渡何种性质的犯罪，通常只引渡普通刑事罪犯，政治犯不引渡。这最早见于1793 年《法国宪法》的规定："法国给予为了争取自由而从本国流亡到法国的外国人加以庇护。"至今已经是一条得到普遍承认的习惯规则了，但何谓政治犯，国际上并无统一的定义，因为政治犯本身是一个政治色彩很浓的概念，与各国的政治体制、法律制度、文化传统和价值观念有着很深的渊源。再加之，由于属地管辖权，被请求国可以自由决定是否引渡，因而决定一项行为是否政治犯罪的权利由被请求国掌握，这容易造成对政治犯不引渡原则的滥用。因此，正面给政治犯罪下定义极其困难，但又希望消除政治犯罪不确定性所导致的混乱，国际上通过多边公约形式规定某些罪行不得视为政治犯罪。主要有：①战争罪、反和平罪与反人类罪；②空中劫机罪；③犯有灭绝种族及有关行为的罪行；④侵害受国际保护人员包括外交人员的罪行。这些国际罪行侵犯了国际社会和人类的根本利益，背离了政治犯的本意，不能视为政治犯罪，即这些国际罪行不得以"政治犯不引渡"而拒绝引渡。

另外，根据现有的条约和国家实践，军事犯、宗教犯往往涉及复杂的背景，因此，国际上的一般做法也是不予引渡。

（五）引渡的条件

双重犯罪原则是指被请求引渡的行为依据请求国和被请求国的法律均认为是犯罪，并可以起诉时方能被引渡。世界各国存在诸多差异，在认定犯罪问题的标准上也就不可能完全同一。因此，为了避免法律规定的冲突，确定了双重归罪的原则，表明请求国和被请求国之间互相尊重各自对方的法律，不将一方的标准强加于另一方。同时，有助于各国认真审查引渡请求是否合法，保障引渡秩序的顺利进行。

罪名特定原则，指请求国在将被引渡的人引渡回国后，必须以请求引渡时所持罪名审判或惩处，不得以不同于引渡罪名的其他罪行进行审判或惩处。这项原则是为防止某些国家将从事政治犯罪的人以普通刑事犯罪为名引渡回国，然后以其他名义任意处罚。

（六）引渡的程序

引渡的程序通常在引渡条约或有关引渡的国内立法中加以规定。引渡罪犯的请求与回复，一般通过外交途径办理。先由被请求国应请求国的要求对罪犯临时逮捕，请求国正式提出引渡请求和提供有关文件。被请求国司法部门对请求文件中的情况进行审查并作出决定，交由行政机关批准，被请求国按约定的时间、地点和方式将罪犯送交请求国代表。

上述程序是引渡一般必须经过的正常程序，但在实践中，一些国家常常不经过正常的引渡程序，而通过将被请求人驱逐至请求国可以行使管辖权的领域来达到引渡的效果，这种做法称为变相（伪装）引渡，它较为灵活，但不利于保护被请求人的合法权益。

（七）中国的引渡制度

中国已经与十几个国家缔结了引渡条约，并参加了一些包括引渡条款的国际公约。2000 年 12 月，我国颁布了《中华人民共和国引渡法》，以专门立法的方式建立了我国的引渡制度。具体内容如下。

1. 引渡的依据

该法第 15 条规定：在没有引渡条约的情况下，请求国应当作出互惠的承诺。根据该条，我国应外国的引渡请求而引渡的依据有两种情况：一是与请求国的引渡条约。二是与请求国的互惠关系，这种互惠关系包括已经存在的事实上的互惠，还包括不存在事实上的互惠关系的情况下，请求国的互惠承诺。

2. 不引渡本国人原则

根据该法第 8 条，如被请求人依中国法律具有中国国籍，则应当拒绝引渡。这也是我国缔结的引渡条约中常见的条款。

3. 政治犯不引渡原则

根据该法第 8 条，拒绝引渡因政治犯罪而请求引渡的，或已在中华人民共和国得到庇护的，或军事犯，或者因种族、宗教、国籍、性别、政治见解或者身份等方面原因被追诉的被请求人。

4. 双重犯罪和双重可罚性原则

根据该法第 7 条，引渡请求所指的犯罪，依照中华人民共和国法律和请求国法律均构成犯罪。而且，根据请求国和我国法律，引渡请求所指的犯罪均可判处 1 年以上有期徒刑或更重的刑罚。如果为执行刑罚的目的而提出引渡的，在提出引渡请求时，被请求人尚未服完的刑期至少为 6 个月，在引渡请求所指数项犯罪的情况下，只要其中有一项犯罪符合上述条件即可满足双重犯罪和双重可罚性要求。

5. 时效原则

根据该法第 8 条，在收到引渡请求时，根据我国法律，犯罪已过诉讼时效期或者被请求引渡人已被赦免等原因，不应当追究被请求引渡人刑事责任的，可以拒绝引渡。

6. 人道主义原则

根据该法第 8 条和第 9 条，被请求引渡人在请求国曾经遭受或者可能遭受酷刑或者其他残忍、不人道或者有辱人格的待遇或者处罚的，应当拒绝引渡。由于被请求引渡人的年龄、健康等原因而不宜引渡的，可以拒绝引渡。

7. 被请求国程序优先原则

根据该法第 8 条，在收到引渡请求时，我国司法机关已对引渡请求所指的犯罪作出生效判决，或已经终止刑事诉讼程序的，应当拒绝引渡。根据该法第 9 条，我国对引渡请求所指的犯罪具有刑事管辖权，或正在对被请求引渡人进行刑事诉讼或准备提请刑事诉讼的，可以拒绝引渡。

8. 主权原则

根据该法第 3 条。引渡合作不得损害我国的主权、安全和公共秩序。第 50 条规定：在外国提出引渡请求时，只有在不损害我国主权、安全和公共利益的原则下，才能向被请求国做出承诺。

9. 引渡的机关

外交部负有接收外国的引渡请求和程序上审查引渡请求，并代表我国向外国提出引渡请求。最高人民法院对引渡请求的实质性条件进行审查，并对高级人民法院的有关裁定进行复核，以及在被请求引渡人不服高级人民法院的裁定时，向高级人民法院提出意见。最高人民检察院负责对引渡请求所指的犯罪或被请求引渡人的其他犯罪，是否应由我国追诉进行审查，如果应由我国追诉，则将其意见分别告知外交部和最高人民法院。公安机关负责为引渡采取强制措施，并负责引渡的执行。在最高人民法院做出符合引渡条件的裁定后，决定是否引渡的权力由国务院行使。

二、庇护

(一)庇护的概念

庇护的历史，可以追溯到古代的宗教避难所。古希腊和古罗马时代，受到世俗权力追诉或迫害的人，往往逃入寺庙，因为当时的规则是地方政府不进入寺庙。现代庇护制度的发展则起源于 18、19 世纪的欧洲资产阶级革命，一些进步的资产阶级革命家，因反对欧洲封建的专制统治而常常遭到那些封建君主国政府的迫害，因而逃往其他国家避难。这种情况促使一些国家在国内立法上对政治避难作出规定，如 1793 年法国宪法明确宣布，法国对于为争取自由而从其本国流亡到法国的外国人给予庇护，但对专制者则不给予庇护。随之，在国际上出现了有关庇护的法律制度。庇护是指国家允许因政治原因受外国追诉或迫害而前来请求避难的外国人在本国入境、居留并对之加以保护的行为。国家对外国人的庇护通常是在本国领域内的庇护，但不排除条约规定的域外庇护。

(二)庇护的法律依据

庇护权是以国家属地管辖权为依据而派生的一项国家权利，是庇护国国家主权的一种具体体现。庇护权属于给予庇护的国家，而不是个人的权利，是国家行使属地管辖权的结果。迄今为止，国际上尚无一项关于庇护的普遍性国际公约，只有地区性的国际公约，如 1928 年的《美洲国家间关于庇护的公约》。目前有关庇护的依据，主要是各国的国内法如宪法和引渡法。如 1946 年法国宪法在序文中宣布：凡因争取自由之行动而受迫害者，在共和国领域内享有受庇护之权利。

（三）庇护的对象

庇护的对象，主要是政治犯，是指那些不具有庇护国国籍并因从事政治活动而被某一外国追诉或迫害的人。因此，也叫政治避难，但可以指出的是，对请求庇护者是否属于政治犯的识别和判定权在习惯国际法上归庇护国享有。庇护国的这种裁量同引渡一样，不得违反其参加的有关条约和习惯国际法中所包含的某些不得视为政治犯的罪行，如战争罪、劫机犯罪、灭绝种族犯罪、侵害受国际保护人员包括外交人员的犯罪等。

（四）庇护的效果

国家一旦给予政治避难者以庇护，就产生两个效果。第一国家只有积极作为的义务，即应当给予受庇护的外国人以合法居留权，并加以保护。至于避难者的国籍，只要他未加入庇护国国籍，一般与普通外国人相同。但庇护国应当注意防止受庇护人进行反对其本国或其他国家的活动。第二个效果是消极作为，即拒绝引渡。庇护与政治犯不引渡的区别，在于上述第一个效果。国家可以在拒绝引渡政治犯的同时要求其离境。例如在伊朗前国王巴列维的政权被推翻后，巴列维逃往美国，美国政府在拒绝伊朗新政府的引渡要求后，又要求巴列维离境。

（五）域外庇护

从广义上讲，凡其国家对请求避难的外国人给予保护的行为，都属于庇护，既包括领土内的保护，也包括领土外的保护。而狭义的庇护，则专指国家在自己领域内对外国人的保护，称之为领域庇护。域外庇护不同于狭义的庇护，它是指一国在位于其境外的本国使馆、领馆、军舰、军用飞机或军事基地内对请求避难的外国人给予保护的行为。其中，一国在其驻外使领馆中对外国人给予保护的行为，又称为外交庇护。

域外庇护的情况在实践中屡有发生，其中尤以外交庇护最为常见。但是，根据现代国际法的原则和规则，国家行使庇护权的依据是属地管辖权，国家的庇护只能在领土范围内进行。国家利用使馆进行庇护，实际上是利用外交豁免权作为庇护的保障，这与享有外交特权和豁免的职能和目的是完全不相符的，由于外交庇护违反了使领馆所在地国的属地管辖权，因此遭到许多国家反对。目前，仅拉美国家存在着外交庇护的做法。

（六）中国的庇护制度

中国1982年宪法第32条规定：中华人民共和国对于因为政治原因要求避难的外国人，可以给予受庇护的权利。1985年《中华人民共和国外国人入境出境管理法》第15条进一步规定：对于因为政治原因要求避难的外国人，经中国政府主管机关批准，准许在中国境内居留。2000年《中华人民共和国引渡法》第8条规定：在外国向中国提出引渡请求的情况下，如果中国已给予被请求引渡人以受庇护的权利，则中国应当拒绝外国的引渡请求。以上规定一方面确认了中国依国际法享有的领土庇护权，为中国国内机关处理庇护问题提供了国内法依据。另一方面使中国负担了不引渡已在中国享受庇护的人的义务，从而为受庇护人提供了重要的法律保障。对于域外庇护，中国既不实行，也反对外国在中国境内进行域外庇护，特别是外交庇护。

第四节 难 民

一、难民的概念

难民问题在历史上早已出现，但直到第一次世界大战结束以后才开始引起国际社会的普遍关注。1921 年，国际联盟设立了难民事务高级专员，由挪威人弗里德约夫·南森担任高级专员，为了争取各国支持难民事务高级专员的工作并承认他所颁发的旅行证件"南森护照"，国际上出现一些关于颁发难民证件的专门协定，在这些协定中出现了难民定义。1951 年联合国通过了《关于难民地位的公约》。该公约在历史上第一次比较全面、准确地归纳了普遍性的难民定义。所谓难民是由于 1951 年 1 月 1 日以前发生的事情并因正当理由畏惧由于种族、宗教、国籍，属于某一社会团体或具有某种政治见解的原因遭受迫害而留在其本国之外，并且由于此项畏惧而不能或不愿受该国保护的人，或者不具有国籍并由于上述事情留在他以前经常居住的国家以外，而现在不能或由于上述畏惧不愿返回该国的人。1967 年联合国的《关于难民地位的议定书》完全取消了 1951 年公约中的时间限制，原则取消了该公约中的地域限制。

二、难民身份的确定

根据国际法，获得难民地位的人可以享受到国际上的特定的保护与援助，但是难民身份的确定是前提。确定难民身份的标准和程序，国际法并未作出任何统一而明确的规定，原则上应由有关个人所在国或负责难民保护和援救的国际机构依据难民国际公约的有关规定作出决定。从上述 1951 年公约和 1967 年议定书的规定来看，在确定或识别难民身份时，应遵循以下几个条件。

(1) 迁移或滞留于境外。这一条件对具有国籍者来说是指该人已迁移或滞留于国籍国之外的国家，对于无国籍人而言则是指经常居住的国家之外的其他国家。若曾经符合难民条件的人一旦回到他离开的本国或经常居住国境内自动定居下来的，该人便不再享有难民身份。

(2) 有正当理由畏惧因种族、宗教、国籍，属于某一社会团体或具有某种政治见解等原因而受到迫害。这里只要求有正当理由畏惧受到迫害，并不要求对某人迫害已经发生。而迫害本身的含义应是包括刑事追诉在内的各种危害个人人身安全和自由，以及基本人权的情形。并且此种迫害应有客观的正当理由加以证明，也就是说毫无正当理由或客观事实的畏惧不构成法定的畏惧。产生迫害的原因是由于种族、宗教、国籍、属于某一社会团体或具有某种政治见解五种政治原因，所以这里的迫害又称为政治迫害，而难民有时也被叫做国际政治难民。这也是国际法上的难民与广义国际难民中的灾害难民、战争难民和其他难民的主要区别。但在实践中，国际难民救援机构，特别是联合国难民署对大规模人口流动中的寻求庇护者均伸出援助之手。

(3) 不能或不愿接受国籍国保护，对于无国籍人是不能或者由于上述畏惧不愿返回经常居住国。"不能"是指难民个人意愿之外的原因造成他丧失国籍国的保护或无法返回其经常居住国，例如被剥夺基本生活条件，受到刑事追诉等。"不愿"则是指难民基于个人意愿拒绝接受国籍国的保护或拒绝返回以前经常居住国。这一条件是在上述两项条件的基础上衡量难民个人与其本国或经常居住国的相互关系受到破坏或无法维持时才能成为难民。难民与无国籍是两个不同的概念，只有个人国籍的丧失是由于国家基于政治原因主动剥夺造成时，这种无国籍人不等于难民。1951 年公约也明确规定：曾符合难民条件的人，已自动接受基本国保护的人；已取得新的国籍并受其新国籍国保护的人；丧失国籍后又自动重新取得原国籍的人不具有难民身份。

（4）未从事某些犯罪行为。1951 年公约还规定了排除条款，凡存在重大理由足以认定有下列事情的任何人不享有难民身份和地位：犯有国际文件中已作出规定的破坏和平罪、战争罪或危害人类罪；在以难民身份进入避难国以前，曾在避难国以外犯有严重的非政治罪行；曾有违反联合国宗旨和原则的行为并经认为有罪的人。

三、难民的待遇

难民待遇最主要的核心是不推回原则。即任何缔约国不得以任何方式将难民驱逐或送回至其生命或自由因为他的种族、宗教、国籍、参加某一社会团体或具有某种政治见解而受威胁的领土边界。一旦难民被强行送回其遭受迫害的国家，对他的任何保护与援助便无从谈起。因此，奉行不推回原则是保护难民的基本前提，也是难民所享有的最起码的待遇。另外，难民在避难国享有和承担权利义务方面，1951 年公约作出了全面和具体的规定。

一切难民均负有遵守所在国法律和规章以及该国为维持公共秩序所采取措施的基本义务。公约要求缔约国在以下权益方面给予难民以国民待遇，其中包括：宗教自由、知识产权保护、初等教育、法院诉讼、短缺商品供应、公共救济和救助、捐税或费用征收、劳动立法和社会安全等。公约对以下权益规定了不歧视待遇，其中包括：动产与不动产的取得及相关权利、初等教育以外的教育、从事自由职业、住房、行动自由等。此外，公约还就缔约国境内的难民的个人身份、资产转移、入籍和同化、身份证件以及缔约国境内合法居留的难民的旅行证件等问题分别做了规定。

联合国难民署 2014 年《全球趋势报告》称世界范围内流离失所的难民总数已经达到5950 万人。报告显示 2014 年全球主要难民接收国分别为土耳其（159 万人）、巴基斯坦（151 万人）、黎巴嫩（115 万人）、伊朗（98.2 万人）、埃塞俄比亚（65.95 万人）、约旦（65.41 万人）。据国际移民组织报告 2015 年约有 100 万难民从中东涌出，欧洲面临着"二战"以来最严重的难民潮。此次难民潮是几个因素叠加的结果：美国入侵伊拉克、利比亚造成的乱局持续发酵，"阿拉伯之春""颜色革命"恶果再加之叙利亚内战和恐怖组织"伊斯兰国"（ISIS）等。大量难民选择进入欧洲，主要原因在于：欧洲与中东、北非等战乱地区比较接近，相对于贫穷落后或者经济被战争击垮的国家，欧洲拥有较好的工作机会和经济收入，此外欧洲部分国家签署的《申根协定》，给难民提供了在所有申根区成员国境内自由流动的条件等。难民造成就业压力、社会福利竞争、文化差异、社会矛盾等，导致和加剧了欧洲国家系列突发性事件，人道主义危机事件频发，对于欧洲的申根协议确定的开放边界政策也造成冲击。

联合国难民署 2014 年《全球趋势报告》显示难民安置主要出路：(1) 当难民国家安全恢复后，难民可以自愿回到自己的国家。(2) 难民转移到另一个同意接纳他们为难民并最终给予他们永久居留权的国家。(3) 难民就地融入，取得当地国身份。难民问题是全球面临的人道挑战，如何彻底解决难民潮，必须重新对世界秩序进行深刻反思，同时发挥以联合国体系为代表的国际社会作用。1954 年和 1981 年诺贝尔委员会两次把和平奖授予了联合国难民署，任何单一国家都无力独自解决难民问题。

第五节　中国国际法上的居民问题

一、中国国籍法在特别行政区的贯彻实施

由于英国和葡萄牙国籍法都承认双重国籍，许多香港或澳门居民具有中英或中葡双重国籍。1990 年英国政府借口香港人的信心危机，推出所谓居英权计划单方面决定赋予 5 万个家庭的约 22.5 万香港中国居民以英国公民身份，使香港居民的国籍问题更加复杂。全国人民代表大会常务委员会先后通过《关于〈中华人民共和国国籍法〉在香港特别行政区实施的几个问题的解释》、《关于〈中华人民共和国国籍法〉在澳门特别行政区实施的几个问题的解释》，这两个解释坚持了我国国际法的基本原则，又务实的解决了港澳居民国籍问题。其主要内容有以下几项。

(1) 凡具有中国血统的香港居民，本人出生在中国领土(含香港)者以及其他符合《中华人民共和国国籍法》规定的具有中国国籍的条件者，都是中国公民。这符合中国国籍法以血统原则为主以出生地原则为辅的基本原则，能够简便确定香港或澳门居民的中国居民身份。

(2) 所有香港中国同胞，不论其是否持有英国属土公民护照或者英国国民(海外)护照，都是中国公民。自 1997 年 7 月 1 日起，上述中国公民可继续使用英国政府签发的有效旅行证件去其他国家或地区旅行，但在香港特别行政区和中华人民共和国其他地区不得因持有上述英国旅行证件而享有英国的领事保护的权利。

(3) 任何在香港的中国公民，因英国政府的居英权计划而获得的英国公民身份，根据《中华人民共和国国籍法》不予承认。这类人仍为中国公民，在香港特别行政区和中华人民共和国其他地区不得享有英国领事保护的权利。

(4) 在外国有居留权的香港特别行政区的中国公民，可使用外国政府签发的有关证件去其他国家或地区旅行，但在香港特别行政区和中华人民共和国其他地区不得因持有上述证件而享有外国领事保护的权利。这既方便港澳居民出入境，又体现了我国国籍法不承认双重国籍的基本原则。

二、中国引渡实践

目前中国主要通过引渡、国际刑警组织进行缉捕、开展刑事司法协助三个途径缉捕外逃贪官。据外交部条约法律司的统计数据，截至 2006 年 2 月，中国自 1987 年以来与 40 多个国家缔结了 50 项司法协助协定并和 25 个国家缔结了引渡条约。1993 年 8 月，中国与

泰国签订引渡条约。这是我国与国外签订的第一个引渡条约。中国是国际刑警组织成员国，国际刑警组织发出红色通缉令，181 个成员国就应协助其他成员国抓捕逃犯。签订司法协助也是引渡罪犯的一个过渡性的途径，例如虽然我国和美国之间没有引渡协议，2001 年 11 月中美签署了《中美刑事司法协助协定》，可以根据此协定进行引渡。

但是死刑犯不引渡成了目前最受关注的焦点问题。世界范围内约有 141 个国家先后通过法律或者司法实践先后废除了死刑。死刑犯不引渡已是国际惯例。2015 年刑法修正案（九）后《中华人民共和国刑法》仍保留着 55 个死刑罪名。而在除美国之外的发达国家大多已废除死刑，在这些国家的国内法中，有死刑犯和政治犯不引渡的规定，而这一项也逐渐成为国际司法合作的准则之一。由于这个原因以及其他的政治偏见，目前中国与西方国家签署引渡条约很少，截至 2016 年与中国签署引渡条约的西方发达国家有法国、西班牙、葡萄牙、意大利、澳大利亚。因此，中国外逃贪官大多数逃到了美国、加拿大、英国等发达国家。由于缺乏引渡条约，给中国的追查工作带来非常大的困难。

因此，中国政府在对外逃贪官的问题上试图在中国法律与这些国家的法律间寻找一种各方都可接受的解决办法。这有可能会在某些案件中出现同罪不同刑的问题。例如远华走私案主犯赖昌星，经过中国最高法院的审判委员会讨论决定承诺不判处赖昌星死刑，包括不判处立即执行和缓期执行，但也要看到，如果由于拒绝作出承诺而使引渡无法实现，就会使外逃犯罪分子逍遥法外，只有将犯罪嫌疑人引渡回国接受中国法律的审判，才能使我国的司法主权得以实现，才能有利于震慑犯罪分子，使国家利益得到维护。

2003 年，中国先后加入《联合国打击跨国有组织犯罪公约》以及《联合国反腐败公约》，它对各中国的反腐败事业正在朝着加强多边合作的方向而努力。2014 年中国展开的"猎狐行动"已成为中国开展国际追逃工作的形象标志。但是，追赃的工作难度比追逃复杂很多，因为各国家执法机构对于追缴赃款的法律规定和具体操作的规定各不相同，几乎每一个案件的追赃工作都要研究相关规定。《联合国打击跨国有组织犯罪公约》第 14 条第 3 款明确规定了赃款的返还规则，请求国与被请求国可以通过缔结条约或协议，分享犯罪所得或变卖这类犯罪所得所获款项。例如在美国，分享被没收资产的比例取决于美国司法机构在执法合作中作出的"贡献"。中国正在开始尝试没收资产的处置分享。

三、中国难民问题

中国自 1971 年恢复联合国合法席位以来，积极开展难民救助工作。1979 年中国恢复联合国难民署执行委员会的活动。1982 年 9 月 24 日，中国分别加入 1951 年《关于难民地位的公约》（同年 12 月 23 日生效）和 1967 年《难民地位议定书》（加入当日生效）。到 1978 年底为止，中国一共接受了 26.5 万名越南难民到中国避难，其中不少为中国侨民。中国政府奉行为每一个来到中国的越南难民提供永久性难民庇护的承诺，在联合国救助难民史上绝无仅有。据有关统计，由于中国允许这些难民在中国永久避难，所以他们在庇护中心短暂休整后，就被中国南方的云南、广西、广东、福建和江西等省份的 263 个国营农场接收了。在 20 世纪 80 年代初，中国还接受了数千名老挝和柬埔寨难民。我们称以上的三个难民群体为印支难民。这种安置与其他国家安置难民截然不同之处在于：不仅仅是为难民提供足够的粮食、干净的水源、基本的医疗卫生条件和教育设施，而是从安置开始就考虑到如何让难民融入当地社会发展中。联合国难民署非常看重与中国政府的合作，并高度赞赏中国为安置印支难民作出的贡献。

本 章 练 习

【思考题】

1. 国籍对于国家和个人来说有什么意义？
2. 国籍取得和丧失的方式主要有哪些？
3. 国家如何对位于外国的本国人进行外交保护？
4. 引渡有哪些条件？

【综合训练】

藤森引渡案。藤森是在秘鲁的日本裔人，1990 年至 2000 年连续 3 次当选秘鲁总统。2000 年 9 月，藤森任职期间涉嫌贪污、贿选、洗钱等腐败问题。秘鲁国家检察机关进行调查，秘鲁发生全国政治危机。11 月 19 日，藤森利用出席文莱亚太经合组织会议之机，出人意料地出走日本，并在东京宣布辞职。三天后，秘鲁国会以不能胜任为由，拒绝了他的辞职申请并将其罢免，秘鲁国会认为藤森出走日本是国家耻辱而集体辞职。随后，秘鲁向日本提出引渡请求，日本严格拒绝，其理由就是本国国民不引渡。藤森一出生，其父母就在日本驻秘鲁大使馆注册了他的出生证明。日本政府指出：第一，藤森父母的出生地——九州岛熊本县存有藤森的户籍；第二，藤森没有办理过脱离日本国籍的手续；第三，秘鲁法律中也允许双重国籍。所以，藤森实际上拥有日本国籍，可以自由选择无限期地在日本居留。藤森本人也已经明确表示将使用日本国籍。秘鲁甚至通过国际刑警组织发出多份通缉令，还向国际法院递交过申请。2005 年 11 月，流亡日本 5 年之久的藤森造访秘鲁邻国智利，要准备回秘鲁参加选举。秘鲁以藤森腐败、违宪等 20 多项指控为理由，要求智利将藤森引渡回秘鲁接受审判。智利最高法院作出终审判决，批准将被软禁在圣地亚哥的藤森引渡回秘鲁。藤森于 2007 年 9 月 22 日被引渡回秘鲁。

分析：

1. 什么是本国国民不引渡原则？
2. 秘鲁将藤森从智利引渡回国的主要国际法依据？

【要点提示】

引渡的各国实践，大陆法系的国家基于维护本国的属人优越权，不允许向外国引渡本国国民，这叫做本国国民不引渡原则。而英美等极少数国家，可允许引渡本国国民，但一般建立在互惠的基础上。秘鲁政府从智利将藤森引渡回国的主要国际法律依据则是 1981 年美洲国家组织的成员国在委内瑞拉的加拉加斯签订的《美洲引渡公约》。秘鲁和智利都是美洲国家组织的重要成员。

第四章 国 家 领 土

【知识目标】

　　掌握国家领土与领土主权基本制度；国家领土的组成及变更的方式；国家的边界和边境制度。

【能力目标】

　　能分析国际法的案例及中国的领土和边界问题。

第一节 概 述

一、领土的概念

　　领土主要指国家主权支配下的地球特定部分，即国家领土。确定的领土是国际法上形成国家所必须具备的四个要素之一，是人民取得物质生活资料的源泉，是国家行使主权的空间范围，也是国家生存的物质基础。领土是国家行使主权的对象。国家对本国领土具有完全的、排他的主权，这种主权在国际法上称为国家的领土主权。领土主权的基本含义是国家对其领土本身及领土内的人和物所具有的最高权力，包括国家对其领土具有排他的所有权和管辖权。领土所有权是指国家对本国领土的占有、使用、收益和处分的权力。国家对领土的管辖权是指国家的属地管辖权，即国家对其领土范围内的一切人、物和发生的事件进行管辖的权利。可见，所有权和管辖权是不可分割的，前者是后者的基础，后者是前者的体现。领土主权和领土完整是国家独立的重要标志，是从国家主权原则产生出来的。尊重一个国家的领土主权，就必须尊重一个国家的领土完整。

二、领土的构成

　　国家领土包括国家主权管辖下的领陆、领水、领陆和领水的底土以及领陆和领水的上空。

　　(一) 领陆

　　领陆是指一国疆界以内的全部陆地，包括大陆和岛屿。领陆是国家领土最基本和最重要的部分，领水和领空是陆地领土的附属部分，不能独立于陆地领土之外。因此，领陆是国家领土必须的构成部分。国家的领土主权主要是对陆地的主权，国家的管辖权主要是对陆地管辖权。

　　岩礁及人工岛屿均不具有岛屿的法律地位。例如日本的冲之鸟礁。冲之鸟礁是位于日本南部一组珊瑚环礁，有非常重要的军事战略地位。日本主张冲之鸟礁是岛屿，并以此为依据主张冲之鸟礁 47 万平方公里的专属经济区和约 25.5 万平方公里的外大陆架。日本自 1987 年开始围礁造岛，筑起混凝土墙等，通过不断努力，使这个不足 10 平方米的礁石成为人工"岛屿"。据《联合国海洋法公约》规定，岛屿是在涨潮时露出水面的、自然形成的陆地区域，不应把不能维持人类生活的岩礁列入其中，也不应有专属经济区和大陆架。2012 年 5 月联合国大陆架界限委员会未认可日本对冲之鸟礁的主张。

（二）领水

领水是指在国家主权之下的，位于陆地疆界以内或与陆地疆界连接的一定宽度水域，包括内水和领海两个部分。内水包括一国境内河流、湖泊、运河、河口、港口、内海湾、内海峡，以及领海基线以内的海域。领海是沿国家海岸一定宽度的海域。内水和领海是不同的，在内水中，未经许可的外国船舶一般不得进入。而在领海内，外国船舶有无害通过权。

（三）领空

领空是指一国领陆和领水之上的处于国家主权管辖之下的一定高度的空间。每一个国家对其领土之上的空间具有完全的、排他的主权。但其领空的高度问题，迄今尚未完全解决。

（四）底土

底土是领陆和领水的底土，是国家领土的组成部分。国家对其底土及底土中的资源开发、利用和科研活动行使完全的主权管辖。

三、内陆水

领陆范围内的一切水域包括河流、湖泊、运河等都是内陆水，本章只介绍内陆水的地位，关于与陆地相连接的海域的地位将于下一章中讲述。内陆水的法律地位同领陆一样，国家对其行使完全的主权和排他的管辖权。

（一）河流

河流按其所处位置和流经国家的不同，它们可分为国内河流、界河、多国河流和国际河流。

1. 国内河流

国内河流也称为内河，是指从河源至河口全部位于一国境内的河流，如我国的长江、黄河等。国内河流完全处于一国的主权之下。国家对内河的管理和使用享有完全的、排他的权利。非经一国同意，他国船舶不得在其内河上航行。内河是否对外国船舶开放是一国的主权，长期以来，我国的内河是不对外开放的。随着改革开放的逐步深入，中国政府陆续开放了一些长江沿岸的港口，外国商船可以航行到这些港口从事商业贸易活动。

2. 界河

界河是指分隔两个国家的国界河流。如鸭绿江、图们江是中朝两国的界河。界河的法律地位是分属于沿岸国家的内水。按照习惯，该河流的划分，如果是可航行的则以河流的主航道的中心线为界，不可航行的则以河流的中心线为界。对界河分界线两的水域由沿岸国行使管辖权，沿岸国的船舶可以在界河的航道上自由航行。界河一般不对非沿岸国开放。关于河水的使用、捕鱼以及河道的管理与维护等事宜，通过沿岸国家之间的协议解决。

3. 多国河流

多国河流是指流经两个或两个以上国家领土的河流。如我国的元江、澜沧江等。各沿岸国家对流经其境内的河段具有主权。对该河的航行问题，普遍的实践是，应对所有沿岸国开放，但禁止非沿岸国船舶航行。沿岸国有权利用河流，必须顾及其他流经国的利益。

4. 国际河流

国际河流是流经数国并通往海洋，根据国际条约或其他形式规定向所有国家开放的河流。国际河流实行自由航行的原则，由沿岸国组成的国际委员会管理，但这种河流的主权分别属于各河段沿岸国。如多瑙河、莱茵河、亚马逊河等。

(二) 运河

运河是指人工开凿的河流。内陆运河属于沿岸国领土的一部分，国家享有完全的、排他的管辖权。但对于有些连接海洋，构成国际交通要道的通洋运河，如苏伊士运河、巴拿马运河等在国际航行中具有特别重要的意义，向所有国家的船舶开放，属于国际运河。

1. 苏伊士运河

苏伊士运河位于埃及境内，全长 172.5 公里，是沟通地中海和红海、连接欧洲和亚洲的最短海上通道。英国于 1888 年发起召开了君士坦丁堡会议，会议签订《君士坦丁堡公约》确定了苏伊士运河的法律地位和通航制度，主要内容有两项：一是在苏伊士运河实行自由航行制度。二是在苏伊士运河实行中立化。根据《君士坦丁堡》公约的规定，苏伊士运河无论在平时或者战时，不管悬挂何国国旗，对所有商船和军舰永远是自由和开放的。在战争期间，即使交战国的军舰也享有自由通过运河的权利。1956 年 7 月埃及政府宣布将苏伊士运河收归国有，并决定自行担负保证运河正常通航的责任，从而结束了苏伊士运河被外国控制的历史。1957 年埃及政府郑重宣告，将尊重 1888 年《君士坦丁堡公约》所规定的有关运河自由航行的原则。

2. 巴拿马运河

巴拿马运河位于巴拿马共和国境内，全长 81 公里，连接大西洋和太平洋，有"世界桥梁"和"美洲十字路口"之称。1901 年 11 月，英国和美国缔结了《海—庞斯福条约》，美国有单独开凿和控制运河的权利，并利用大体上与《苏伊士运河公约》相同的原则作为运河中立化的基础。美国享有为了获得对巴拿马运河的控制权，挑动巴拿马从哥伦比亚分离出来，并于 1903 年与新成立的巴拿马共和国签订协议，美国修造和经营运河的权利，使美国对巴拿马运河享有永久占领与控制权。1914 年巴拿马运河由美国建成并开放使用。巴拿马人民为收回巴拿马运河的主权进行了长期的斗争。1977 年 9 月美国与巴拿马签订了《巴拿马运河条约》和《关于巴拿马运河的永久中立和运河营运条约》，按照新条约的规定，巴拿马共和国拥有运河区的主权，但美国仍有经营管理运河和驻军的特权，直到 2000 年巴拿马共和国完全控制运河和运河区。

(三) 湖泊

湖泊是陆地环绕的水域。湖泊如果完全为一国陆地所包围，则属于该国领土的一部分，国家对此湖泊享有排他的主权，不对外国开放。湖泊如果为两个或两个以上国家的陆地所包围，除国际协议另有规定外，原则上以湖的中心为界，分别属各沿岸国所有和管辖。如瑞士和法国之间的日内瓦湖泊。湖泊如果有狭窄的水道通向海洋并且湖泊或其水道有两个或两个以上沿岸国时，其法律地位应根据全体沿岸国的协议决定。

第二节 领土的变更

领土的变更是指由于领土的取得或丧失而导致的国家领土面积的变化。在国家长期的历史发展过程中，其领土往往可能发生变化，有些国家通过各种方式取得新的领土，有些国家由于各种原因部分地甚至全部地丧失了原有领土。在传统国际法上，由于国家领土曾属于君主的个人财产，君主可以随意处置，关于领土的变更和取得便采用了罗马法上的财产得失概念，同时由于承认国家的战争权，战争的结局亦被认为是国家取得和变更领土的合法依据。

在现代国际法上，传统国际法的某些领土变更方式失去了存在的合法性，一些新的符合国家主权原则、民族自决原则的领土变更方式应运而生。但现在还需要对传统的变化方式作出说明，因为这一方面有助于认识其中某些方式的不合理性。另一方面有助于了解特定国家领土的形成以及某些国家领土争端产生的缘由。在某些情况下，对领土争端的解决也有帮助。

一、传统国际法上的领土取得方式

传统国际法上的领土取得方式有五种。即先占、添附、时效、割让和征服。随着历史的发展，这五种方式有的已经失去其存在的合法性，有的仍为现代国际法所承认。

（一）先占

先占是一个国家有意识地取得当时不在任何其他国家主权之下土地主权的一种占取行为。先占必须具备三个条件：首先，先占的主体必须是国家，而先占行为则必是一种国家行为，必须是为国家而实行的，或者必须在实行后由国家予以承认。其次，先占的客体必须是不属于任何国家的土地，这种土地或者完全没有人居住，或者虽然有土著居民，但该土著社会不被认为是一个国家。如果一块地曾经一度属于一个国家而后来被放弃，它就成为其他国家占领的客体。但是，现代国际法认为，具有社会政治组织的土著部落居住的土地不能视为无主土地了。最后，占领必须是真正的占领，即有效地占领。有效地占领必须具备两个因素：一是国家正式表示占有该无主地的意思，这种意思表示以国家发表宣言、宣告声明的方式，或以国内立法、行政措施等方式，表示对已占领的这块无主土地有永久控制的意思，或已把该区域划入自己国家的版图。二是国家在该地区适当行使或表现主权，即通过立法、司法或行政措施对该地区实行有效地占领或控制。如设立居民点、悬挂国旗、建立行政机构等。单纯的发现不构成对该地区的有效占领。如 1938 年常设国际仲裁法院法官马克斯·胡伯在珀尔马斯岛的仲裁裁决中支持了这一观点，他说，国家发现某一无主地而取得的只是一种不完全的权利，这种权利可以由于后来未对该地区实行有效统治而丧失。

先占作为国家取得领土的方式已成历史的陈迹。从 15 世纪到 19 世纪，殖民国家从非洲、美洲、澳洲以先占的名义，占有大片殖民地。但现在已不存在无主地了，因此，国家以先占的方式取得领土已没有现实意义，但先占这一方式，有助于解决某些历史遗留下来的领土争端。如我国的钓鱼岛、南海诸岛等是我国最早发现和实行有效占领的，一直构成我国领土的一部分，这是有历史证据的。因此，其他国家对这些地方采取任何侵占行动都是侵犯我国的领土完整，是要承担国际责任的。

（二）时效

国际法上的时效制度，来自罗马法中物权取得时效。即一国的部分领土原先是不正当或非法地占有的，只要经过相当长的时期继续并安稳地占有，不再被他国反对，这个国家就取得了该土地的主权。时效与先占的相同点是二者都要求基于对所占领土的有效控制而取得主权。所不同的是，时效是取得属于另一国的领土，而先占则是取得无主地。国际法的时效不同于国内法的时效。国内法物权取得时效只限于善意的占有，并有确定的期限。而国际法上通过时效取得领土并不以善意占有为前提，并且没有确定的期限，也没有公认的规则与实践，格老秀斯主张一百年为限，奥本海则认为应视不同情况而定。所以时效在国际法上没有成为一致公认的制度，也没有一个判例是适用时效原则作出裁决的。现国际实践中，没有任何国家情愿将本国的部分领土置于别国管辖下，也没有任何国家在本国部分领土被别国占有之后不提出抗议或者不主张自己的权利。因此，在现代国际法上，时效作为国家领土取得的方式已没有现实意义。

（三）添附

添附是指由于自然或人为的作用形成新的土地而扩大了原有的国家领土。添附有自然添附和人为添附两种。自然添附是自然力所致，如由于河水泥沙的冲积，在河口形成三角洲，或在领海内出现了新的岛屿等。人为的添附有建筑堤堰、围海造田等。无论是自然还是人为添附，新增加的土地一般会影响领海基线的划法，使领海相应地向外扩展，从而导致国家领土范围的扩大。但是人为添附必须在不影响他国利益的条件下才会得到国际社会的认可。如一国未经对岸国家的同意，不应在界河本国一侧筑堤或者围滩造田，因为这样势必会使河水冲刷对方的堤岸，使界河中原来的分界线发生变化。但如果由于自然力的作用河流发生偏移或者河岸出现涨滩，致使一国领土逐渐增加和另一国领土相应减少，则属合法的领土变更。添附使得领土增加的国家，无需采取宣告或者其他法律行为，也无需其他国家的承认。不过，由于添附导致领土变更的情况很少，因此，虽然现代国际法承认它是合法的领土变更方式之一，但在国际实践中的意义却不大。

（四）割让

割让是一国根据条约把部分领土转移给另一国家。割让在国际法上分为两种方式，一种是非强制的割让，即有关国家在平等自愿的基础上和平谈判的结果，如赠送、买卖等。如美国1867年从俄国手中买下阿拉斯加州。另一种是一国通过使用武力以签订条约的形式迫使他国将其领土转移给自己。这种割让通常是战争或战争胁迫的结果。例如1871年法国在普法战争中战败后，根据《法兰克福和约》将阿尔萨斯和洛林地区割让给普鲁士。1895年甲午战争后根据《马关条约》，中国曾被迫将台湾割让给日本。由此可以看出，强制割让实际上是帝国主义掠夺别国领土的一种方式。第二次世界大战后，根据《联合国宪章》及《维也纳条约法公约》的规定，各国负有不得侵犯别国领土完整的义务，通过使用武力威胁而缔结的条约是无效的，所以从现代国际法来说，强制割让作为领土变更的方式，是违反国际法的。

（五）征服

征服是国家使用武力占领他国领土的部分或全部，进而加以吞并取得该领土的主权。征服与强制性割让不同，虽然它们都是以武力占领他国领土，但强制性的割让以条约为根据而征服并不需要缔结条约，仅由战胜国单方面将其占领的他国领土的部分或者全部予以战后予以占领。征服与交战国临时占领也不同，战争法明确规定交战占领者并不享有主权。传统国际法承认征服是国家取得领土的方式之一，需要满足两个条件：其一是征服国有征服之意并宣告之。其二是如果兼并的是敌国的部分领土，战败国应有放弃收复失地之意；如果兼并的是全部领土，则征服用的权力必须遍及被征服的全部领土，战败国及其盟国的一切反抗必须停止。

征服在漫长的人类历史中，曾经是最经常采用的一种领土取得方式，因为在第一次世界大战前，战争作为解决国家之间争端的手段是合法的。现代国际法废止战争作为推行国家政策的工具，第二次世界大战后所通过的一系列国际公约，都宣布用战争或用武力取得的领土是非法的，国际社会对征服所取得领土不但不予承认，而且应对其实行制裁。这就从法律上根本否定征服作为领土取得方式的合法性。

二、现代国际法承认的领土变更方式

现代国际实践中，除继续承认先占、添附、自愿割让等传统的领土变更方式外，还经常采用民族自决、全民投票、交换领土和收复失地这几种新的领土变更方式。

（一）民族自决

民族自决是指一个民族从殖民国家或宗主国脱离出来成立独立主权国家或加入他国而发生的领土变更。民族自决是同殖民地人民反对帝国主义、殖民主义，争取民族彻底解放和独立分不开的，因而这种方式是符合国际法规范的行为。据不完全统计，从第二次世界大战结束至今，世界上共有九十多个殖民地获得政治上的独立，成为主权国家。如芬兰是从沙皇俄国的版图中独立出来的，巴基斯坦、缅甸等国是同英国统治者进行了长期的斗争才获得独立的。

（二）全民投票

全民投票又称全民公决，它是指某领土上的居民自主地参加投票来决定领土的归属。如根据 1919 年《凡尔赛和约》的规定，德国萨尔区行政的管理由国际联盟负责，为期 15 年，期满后以全民投票的方式来决定该地区的最后归属。在 1935 年进行的全民投票中，根据绝大多数居民的投票结果，萨尔区并入德国。全民投票这种方式考虑到居民民族成分而变更国家某一部分领土，符合民族自决原则，被国际法和国际实践所承认，但是必须是当地居民意愿真正自由地表达。如果居民实际上是在胁迫或武力威胁下进行投票的，引起的领土变更也是无效的。如 1939 年希特勒在奥地利举行所谓的公民投票把奥地利合并。

克里米亚的全民投票加剧了俄罗斯与西方的矛盾。克里米亚自治共和国在 1954 年被俄罗斯划给乌克兰，作为俄乌合并 300 年的献礼，成为乌克兰唯一的一个自治共和国。2014 年乌克兰政局动荡不安，2014 年 3 月 16 日克里米亚自治共和国举行了全民公投，

95%以上的民众要求加入俄罗斯，但美国等国家不同意其公投结果。3 月 18 日，普京与克里米亚、塞瓦斯托波尔市领导人签署了克里米亚成为俄罗斯一部分的条约，加入俄罗斯联邦。乌克兰宣布退出独联体。3 月 27 日第 68 届联合国大会投票通过有关乌克兰问题决议，宣布克里米亚公投无效。

（三）交换领土

交换领土是指相邻国家之间依据平等自愿的原则，在协议的基础上交换一部分领土，这是符合国际法的。如 1960 年我国同缅甸签订的边界条约中规定，我国同意将 220 平方公里的土地移交给缅甸，成为它的领土的一部分；缅甸将 189 平方公里的两个部落划归我国。这是在平等自愿的基础上交换领土的典型事例。

（四）收复失地

收复失地是指一个国家为恢复其历史性权利而收复先前被别国侵占的领土。现代国际法禁止以武力或武力威胁的方式侵犯别国的领土完整，否认以武力或武力相威胁获取他国领土的合法性。因此，允许国家在适当条件下，以一定的方式恢复其以前被他国强占的领土的主权。收复失地可以采取和平方式。如中国于 1997 年 7 月 1 日起对香港地区恢复行使主权，于 1999 年 12 月 20 日对澳门恢复行使主权。收复失地可以采取武力方式，1961年印度在谈判建议遭到拒绝后，采取单方面行动，派遣军队将 16 世纪被葡萄牙占领的果阿的领土主权收回，当时大多数国家支持印度的观点，联合国大会和安理会均未遣责印度的行为。

三、领土主权的限制

国家对其全部领土具有排他的主权，国家领土完整不容侵犯，这已成为国际法的一项基本原则。但是国家的领土主权并不是绝对主权，并不排除国际法或国际条约对领土主权加以若干限制。

（一）一般限制

一般限制是适用于一切国家或者大多数国家的一般性限制，这种限制是各国旨在促进建立友好平等关系和巩固相互和平合作而自愿承担的。如关于外国商船享有无害通过一国领海的权利，外交官在接受国内享有外交特权与豁免，国家在其领土上的活动不得损害邻国的利益。

（二）特殊限制

特殊限制是指依条约对特定国家的领土主权所施加的，仅适用于该特定国家的限制，这种对领土主权的限制合法与否，主要取决于其据以产生的条约是否合法，根据条约对国家领土主权的特殊限制，主要有下列几种形式：

1. 共管

共管是指两个或两个以上国家对同一领土共同行使主权。这是有关国家对该领土主权互相限制。如第一次世界大战后英国、澳大利亚和新西兰对瑙鲁岛的共管。第二次世界大战结束时，苏、美、英、法四国于 1945 年签署了《关于德国占领区的声明》和《关于德国管制机构的声明》，决定对德国分区占领，承担德国的最高权力，这并不取得对领土的主权，只是对被统治地国家的领土主权的一种限制而已。

2. 租借

租借是指一国根据条约将领土的一部分租借给他国，并在租借规定的期限内用于条约所规定的目的。租借如果是基于承租国与租借国双方的自愿和平等，通过租借条约进行的领土租借，则是符合国际法的。如 1941 年英国将百慕大的小块领土租借给美国作为军事基地，为期 99 年。但在历史上，租借大多是根据不平等条约产生的，是大国对弱小国家领土主权的非法限制，这是违反国家主权平等原则的。如 19 世纪，中国清政府被迫与帝国主义列强订立条约，将胶州湾租与美国，旅顺和大连租与俄国，广州湾租与法国，威海卫和九龙租与英国等，这些领土都已经由中国恢复行使主权。

(三) 势力范围

势力范围是指根据不平等条约，一国承允在其某一部分领土内行使主权时必须符合某外国的意志和利益。19 世纪，欧洲殖民者强占非洲，建立殖民地，为了避免冲突，它们以订立国际条约的方式来确定各自管辖的区域范围。殖民者要求对这种区域或领土享有次于领土主权的权利。由于这种权利尚未达到对殖民地或附属国所享有的权利的程度，由此就产生了势力范围这一概念。后来，这一做法逐步扩展，并用于其他主权国家。如 19 世纪末，中国广东、广西及云南被划为法国的势力范围，福建被划为日本的势力范围，扬子江流域被划为英国的势力范围，山东则先后被划为德国和日本的势力范围。由于划分势力范围这一做法严重地侵犯了国家的主权，与国际法的国家主权原则相违背，现已被国际社会所摒弃。

(四) 国际地役

国际地役是指一国根据条约将其特定领土，在一定范围内提供给他国为某种目的而永久使用。国际地役常分为积极和消极两种。前者如一国依条约而允许他国在其领土上通行，或允许他国在本国领海内捕鱼。后者根据条约同意为另一国的利益不在其国境上的特定地区设防或建立军事要塞。地役的概念来自罗马法，但国际法上的地役与国内法上的地役有性质的不同：第一，国际法上的地役往往是基于不平等条约产生的，而国内法上的地役则是基于双方自愿的意思表示。第二，国内法上的地役以土地相邻为必要条件，而国际地役则不完全如此。国际地役这一概念在国际法理论上一直存在着分歧，而且在实践中也有各种不同的解释。

第三节　边界和边境制度

一、边界

边界也称国家边界，是确定国家领土范围的界限，是划分一国领土与他国领土、一国领土与专属经济区或公海以及一国领空与外层空间的界限，是维护一个国家领土主权的屏障。根据边界不同的地理位置，边界可分为陆地边界、水域边界、空中边界和地下层边界。国家边界具有十分重要的法律意义。边界标示着国家领土的范围和国家行使领土主权的界限，国家边界对维护国家的领土主权和政治独立也是非常重要的。

各国边界各有不同。例如：欧洲申根成员国之间国境线开放，货物和居民自由往来，没有军队驻守和通行限制。1985 年《申根协议》即《关于逐步取消共同边界检查》协定，由德国、法国等五国卢森堡边境小镇申根签署。申根公约的成员国亦称"申根国家"或者"申根公约国"，截至 2011 年，申根的成员国增加到 26 个。又如，苏联解体成 15 个独立国家，除波罗的海三国外的独联体国家，在边界问题上现在都采取一种维持现状、分而不裂、相对模糊的做法。独联体国家的居民可以不受边界的约束，自由来往。

（一）边界的形成

国家边界并不是自然地存在于一国与他国的领土之间，其形成主要有三种情况。

1. 因传统习惯形成的边界

这种边界也称为历史边界，它是指在长期的历史过程中，根据相邻国家行政管理范围确定的边界。它是相邻国家相互间的一种默示协议。中国与缅甸、尼泊尔、巴基斯坦等国缔结边界条约之前，都是遵循历史上形成的边界。

2. 因条约形成的边界

这种边界是指相邻国家间通过协议和实地勘察，以签订条约的形式来划定的边界。通过条约划定的边界不仅明确，而且具有长期的稳定性。因此，条约边界在国家边界中十分普遍。事实上，条约边界往往是在历史边界的基础上划定的，二者有着一定的联系。

3. 因继承形成的边界

这种边界是指从原国家领土界线或者原国家国内行政管辖范围继承而来的边界，主要指新国家的边界。例如苏联发生解体，它们的边界线则是按照原各加盟共和国的行政管辖范围来确定的。

（二）划界的方法

国家之间划分边界线一般有三种方法：几何学划界法、天文学划界法和自然划界法。

1. 几何学划界法

它是按两个固定点之间的直线来划分边界线。如埃及与苏丹、阿尔及利亚与马里等非洲国家之间的边界很多是几何边界。殖民主义入侵和瓜分之前，非洲是没有国界的，这是因为非洲地广人稀，主要是游牧民族，部落经常迁移。殖民主义入侵后，非洲被瓜分的支离破碎，后产生了 50 个国家。在 1885 年的柏林会议上，英、法、德等殖民大国在谈判桌上，用红铅笔以几何方法划分非洲边界，直线边界无情地穿过许多部族的聚居区，他们根本未考虑非洲众多部族、宗教、语言、传统习惯及复杂的部族矛盾。据统计，非洲国家边界的 44% 是按经线或纬线划分的；30% 的边界是用直线或曲线的几何方法划分的；仅有 26% 的边界是由河流、山脉等构成的自然边界线。

2. 天文学划界法

它是以经纬度划定边界线。1812 年美英战争结束后美国与加拿大（当时属英国政府管辖）画分国界，将界线设定在北纬 49 度。由于美加关系良好，这条边界线已成为全球最长的不设防边界，两国公民不需要任何外交部门签发的证件，可在对方的国家逗留 3 个月。

3. 自然划界法

也称地形划界法，它是根据边界地区的自然地形特点来确定边界线的方法。如以山脉、河流、湖泊、丘陵、海峡等的走向来划定国家之间的边界。除因特殊情况或条约另有规定外，其划界具体适用的原则是：

（1）以山脉为界。边界线一般选在分水岭上。也可以根据协议把边界线定在山脉的山脊或某一边山麓。

（2）以河流为界。如果是可以航行的河流，以主航道的中心线为界；如果是不可航行的河流，则以河流的中心线为界；如果界河上有桥梁，一般以桥梁的中心线为界。

（3）以湖泊为界。若有湖泊分隔两个或两个以上国家的领土，除另有协议规定外，边界线一般通过湖的中心。

（三）划界的程序

通过双边条约划定边界通常经过两个阶段：定界和标界。定界是指有关国家经过边界谈判，将其双方达成一致意见的两国边界主要位置和基本走向载入两国签订的双边条约。边界条约中还要规定处理各种具体情况的原则和规划，它是确定有关国家边界的基本法律文件。标界是指条约签订后，缔约双方按规定各派代表组成划界委员会，然后根据条约以及相关文件，进行实地勘察，详细划定边界线的位置、走向，并树立界桩、界碑，最后制定边界议定书和边界地图。划界过程中产生的各种文件应在内容上保持严格一致。若有误差，除有特别约定外，则通常按以下原则处理：界标位置与议定书和地图不符时，以议定书和地图为准；地图与议定书和边界条约不符时，以议定书和边界条约为准；议定书与边界条约不符时，以边界条约为准。

二、边境制度

边境也称边境地区，是指边界线两边的一定区域。为保护国家安全、维护边界线和便利当地居民的生活，国家通常需要在边境地区建立边境制度。边境制度的内容一方面由国家制定国内法规，另一方面由相邻国家签订双边协定加以规定。因为某些边境问题的调整需要相邻国家的合作。例如维护界标、利用界水、边境居民的相互往来等。

（一）界标的维护

界标是国家主权的象征，因而相邻国家对界标的维护负有共同责任。使界标的位置、外貌、形状、型号、大小和颜色等符合有关边界文件中规定的一切要求，并有义务采取必要的措施，防止界标遭受移动、损坏或毁灭。若发现界标有被移动、毁坏的情况，应尽快通知另一方，于双方代表在场的情况下，对界标予以恢复，修建或重建，并对有关责任人员依法予以惩处。另外，陆地上的界标和边界线应保持其易于识别的状态。

（二）界河与边境土地的利用

界河河水的利用不得损害邻国利益，不得使河水污染。在界河上，双方船舶均可在主航道上自由航行，沿岸国有权在分界线的一方水域内捕鱼，但对界河生物资源的养护负有共同责任。对于因界河自然改道而引起的界线变化及岛屿归属问题，一般通过协议解决。边境陆地领土的利用不得危及邻国的安全。例如双方均不得在边境的一定范围内设置靶场或武器试验场，彼此不得污染邻国边境的空气和环境。

（三）方便地方居民的来往

为了便利边境居民的生活和生产，相邻国家通常根据传统习惯，对边境居民从事航运、小额贸易、进香朝圣为目的的出入国境，提供特殊便利，无需护照、签证或许可证，不受有关出入国境的正规手续的限制。

（四）边境争端的处理

为了处理边境争端，邻国双方可以通过条约，设立边界委员会或其他机构，处理边境事故和一般事端。特别严重的争端则通过外交途径解决。

第四节　南极与北极

一、南极及其法律地位

南极洲位于地球的最南端，包括南极圈以内的大陆及附近的岛屿，总面积约 1400 万平方公里，是至今尚无固定居民的唯一大陆。南极地区的概念与南极洲有所不同，南极地区是指地球南纬 60°以南的地区，包括南极大陆以及附近的岛屿和周围的海岸。南极地区的自然资源十分丰富，不仅有丰富的矿藏，还有丰富的水生物资源，是世界主要的产鲸地区。磷虾资源也十分丰富，南极地区的战略地位十分重要，是联系非洲、大洋洲和南美洲的最短航线。正因为南极洲具有重要的经济价值和战略意义，一些国家先后提出了对南极地区的主权要求。1908 年英国以扇形理论对南极提出领土要求，随后法国、南非、澳大利亚、新西兰纷纷仿效。挪威、智利和阿根廷则以发现和先占为由先后对南极提出领土要求。这些国家所主张的领土范围互相重叠，因此不断发生争执。为了协调各国对南极的权利主张和促进在南极地区进行科学考察的国际合作，1955 年 7 月，美、前苏联、英、法、日等 12 国在巴黎召开了首次南极会议。1958 年，在华盛顿召开了美国、前苏联、挪威、英国、比利时、日本、阿根廷、智利、南非、法国、澳大利亚、新西兰 12 国参加的南极会议。1959 年上述 12 国签订了《南极条约》。1961 年《南极条约》正式生效，有效期为 30 年。1972 年和 1980 年在各协商国的倡议下，先后制定了《保护南极海豹公约》和《保护南极海洋生物资源公约》。这两个公约连同《南极条约》，以及南极条约的协商会议，构成南极条约体系。其主要内容有：

（一）南极只能用于和平目的

为了全人类的利益，南极应永远用于和平的目的，不应成为国际纷争的场所和对象，禁止一切具有军事性质的措施，如建立军事基地、进行军事演习；禁止在南极地区进行任何核实验和处置放射性尘埃等。

（二）国际合作和科研自由

在南极实行科学考察自由并进行国际合作，在各国考察队和考察站之间，交换调查成果与科学人员，以保证用最经济的方法获得最大的科研效果。

（三）冻结领土要求

对以往各国对南极领土的要求不置可否地予以冻结，在条约生效期间，各国不能提出新的领土要求。

（四）定期举行南极协商会议制度

原来参加南极条约及会议的 12 个原始缔约国是协商会议的协商国，其他加入国只有在南极具有"全年站"的国家才有资格成为协商国。其他非协商国没有表决权。协商国不仅具有表决权，而且具有否决权。协商会议每两年举行一次。

1991年，在《南极条约》达30年有效期的情况下，有关国家在西班牙马德里召开了会议，共同商定：《南极条约》所确定的法律制度仍然有效，继续保持南极地区现存的法律地位50年不变。

中国政府十分重视对南极的科学研究与和平利用。1981年5月，我国成立了国家南极考察委员会，负责对南极考察工作的统一领导。自1984年以来，每年派遣科学考察人员到南极地区开展活动，并在南极地区建立了"长城"、"中山"两个常年考察站。中山站已有各种建筑15座，实施完备，建筑面积达2700平方米。1983年6月8日，中国代表向《南极条约》的保存国美国交存了加入书，正式成为《南极条约》的缔约国。1985年《南极条约》协商国在布鲁塞尔举行会议，批准接纳中国为协商会议成员国。

二、北极地区

北极地区是指北极圈以内的区域，除美国、加拿大、俄罗斯、芬兰、丹麦、挪威和瑞典的部分领土外，北极的主要部分是北冰洋。北极地区具有丰富的自然资源以及很大的地缘战略价值。北冰洋面积1500多万平方公里。根据一般国际法规则，北极地区除有关国家的陆地领土和领海外，其余部分应为公海。国家可以按照《联合国海洋法公约》的规定，在北冰洋享有航行、飞越、捕鱼、科学研究等项的自由。到目前为止，国际社会尚不存在专门规定北极地区法律地位的公约。1926年，苏联根据扇形理论宣布对北冰洋的大片海域拥有主权。所谓扇形原则是指以有关国家的海岸线为底线，以极点为顶点，以底线两端的线为腰所形成的扇形区域为该国的管辖范围。但扇形原则并未得到多数国家的支持，没有成为独立的法律原则。

近年来，我国多次派遣考察队赴北极进行科学考察活动。随着中国的发展和"一带一路"战略的实施，北极地区的自然资源和地缘战略价值对中国的巨大意义也日益凸显，中国也越来越重视北极地区积极参与北极地区事务，并于2013年5月成为北极理事会观察员国。

第五节 中国的领土与边界问题

一、中国的领土与边界概述

中国位于欧亚大陆东部，陆地边界长1.5万多公里，与朝鲜、俄罗斯、蒙古、哈萨克斯坦、吉尔吉斯斯坦、塔吉克斯坦、阿富汗、巴基斯坦、印度、尼泊尔、不丹、缅甸、老挝、越南等15个国家领土接壤。海岸线长1.8万多公里，隔黄海与朝鲜、韩国相向；隔东海与日本相向；隔南海与菲律宾、印度尼西亚、马来西亚、文莱等国相向。由于我国边界线长，毗邻的国家多，边界问题十分复杂。为解决这些边界问题，中国政府一贯主张本着平等互利、友好协商的精神，通过直接谈判，以签订条约的方式和平解决。1960年与缅甸正式缔结了《中缅边界条约》。此后，先后与尼泊尔、巴基斯坦、阿富汗、蒙古、老挝等国签订了边界条约，划定了边界。

中国政府奉行独立自主的和平外交政策，边界问题也是在这一政策和睦邻友好外交方针的指引下，通过与邻国的平等协商解决的。我国的边界问题是历史遗留问题，情况错综复杂。同时，边界问题关系到国家主权和领土完整，也关系着我国能否与邻国和平相处、能否有一个稳定的周边环境，非常敏感。为使边界问题获得圆满解决，既照顾历史背景，又考虑已经形成的现实情况。按照国际法的一般原则对待历史上的旧界约，遵循国际惯例划界和勘界。实现"与邻为善、以邻为伴"外交方针与最大限度维护国家利益的有机协调。

中国和越南两国山水相连，睦邻友好源远流长。中国人民对越南人民的抗法、抗美救国战争曾提供了无私的巨大援助，为越南人民争取独立解放斗争的胜利作出过重大付出。20世纪70年代中叶，越南结束抗美战争、实现国家统一后，把中国视为头号敌人，不断制造事端侵犯中国领土。在此情况下，从1979年2月17日起，中国人民解放军边防部队在广西、云南开始对越南进行有限度的自卫还击作战。1979年3月16日，中国边防部队在自卫还击作战的预期目的达到后，全部撤回中国境内，为中国赢得一个相对安定的边界。近年来中越两国经过共同努力，于1999年在河内正式签署《中越陆地边界条约》。2008年中越完成全部陆界勘界工作。2000年两国在北京正式签署中越《关于在北部湾领海、专属经济区和大陆架的划界协定》和中越《北部湾渔业合作协定》。2005年协定生效。中越北部湾边界线也是中国第一条海上边界线。

中国与前苏联的边界问题是长期遗留的历史问题。1991年5月16日，《中苏国界东段协定》签署。在苏联解体后，俄罗斯宣布继承该协定，在1992年与我国完成了互换批准书手续。1994年9月3日，《中俄国界西段协定》签署，该协定于1999年生效。2004年6月中国和俄罗斯互换《中俄国界东段补充协定》。2005年6月2日，协定在双方互换批准书后正式生效。这标志着4300多公里的中俄边界全部确定，彻底解决了所有历史遗留的边界问题，消除了两国关系中的障碍和隐患。

我国和相邻的几个独联体国家之间也以和平谈判的方式，基本上解决了相关的边界问题。这样，历史遗留的中苏边界问题绝大部分都得到解决，并以法律的形式确定下来。截至2004年底，我国已与12个邻国签订了边界条约或协定，划定的边界约占中国陆地边界线总长度的90%。

二、中印领土和边界问题

中印边界纠纷是历史遗留问题。中印两国从未正式划定过边界，但根据两国历史上的行政管辖范围，早已形成一条传统习惯线。中国与印度的边界全长约2000公里，分东段、中段和西段。其中争议最大的是东段地区，所涉面积约9万平方公里。1913年英国、中国及中国西藏地方当局的代表为解决西藏问题，在印度北部西姆拉召开会议。英国代表在中国代表拒签并声明协定无效的情况下，与无缔约权的西藏地方当局单独草签了所谓的"西姆拉条约"，后又以换文的方式，划定了一条非法的"麦克马洪线"。由此，中印东段边界从喜马拉雅山的分水岭上，将属于中国的9万多平方公里的土地划归东属印度。由于它是非法、无效的，就连英国政府在与西藏地方当局秘密换文后的相当长时期内，也未敢把所谓"麦克马洪线"画在地图上，而且长期未敢越过传统习惯线。直到第二次世界大战后期，英国才越界侵占了中国西藏的小块地区。

1947年印度独立后，印度政府不仅继承了英国殖民者侵占的中国领土，而且继续向北扩张。到1953年，印度政府终于控制了"麦克马洪线"以南的全部地区。1959年，印度政府向中国提出全面的领土要求，总面积为12.5万平方公里。此后，印度军队不断越过实际控制线，在中国领土上设立据点，进行武装挑衅，多次制造流血事件。1962年10月，印度军队向中国发动大规模进攻，中国边防部队被迫进行自卫，迫使入侵中国领土的印军全线溃逃。此后，在战场全胜的情况下，中国军队单方面撤回到实际控制线我方20公里以内地区，证明中方希望通过谈判，而并不以军事占领来达到自己的领土要求。1987年2月，印度在其控制的"麦克马洪线"以南地区成立了所谓的"阿鲁纳恰尔邦"，为中印两国边界问题的和平解决设置了障碍。

2003年6月，中印共同签署了《中印关系原则和全面合作的宣言》，重申通过平等协商，寻求公正合理以及双方都能接受的边界问题解决方案。并在最终解决之前，共同努力保持边境地区的和平与安宁。

三、钓鱼岛问题

钓鱼岛位于中国台湾东北100海里处，由钓鱼岛、黄尾屿、赤尾屿、南小岛、北小岛和一些礁石组成。其中钓鱼岛面积最大约5平方公里，虽然不大，但周围石油储量30亿至70亿吨，年捕鱼量15万吨，并占东海大陆架一半以及20多万平方公里的东海洋面，军事上也有着极为重要的地位，也是中国东南沿海及台湾地区渔民的重要渔场和船只航行途中的避风港。钓鱼岛自古以来就是中国领土的一部分，早在明代它们就被作为台湾的附属岛屿纳入中国的海防区域。日本于1895年非法占据了这些岛屿，第二次世界大战后，1951年9月美国依据非法的单独对日和约，以将钓鱼岛置于联合国托管之下为名占领该岛。1971年美国与日本签订《归还冲绳协定大纲》，将钓鱼岛等岛屿划入归还范围。日本政府即以此为依据，声称对这些岛屿拥有主权，并且把日本航空自卫队的防空识别区扩大到这一地区。对此，中国政府多次发表声明，钓鱼岛等岛屿是中国台湾岛的附属岛屿，这些岛屿周围的海域和邻近中国的海域的海底资源都属于中国所有，任何其他国家不得染指。1972年中日邦交正常化，从中日友好的大局出发，两国政府同意将钓鱼岛问题留待将来解决。

但自1979年以来，日本却派船运载人员和器材在钓鱼岛修建临时飞机场，其后向钓鱼岛附近海域派出了调查团和测量船。中国政府不承认日本的行为具有任何法律价值。近年来，日右翼分子在钓鱼岛问题上不断制造事端。中国均通过外交途径向日方提出了严正交涉。1992年颁布的《中华人民共和国领海及毗连区法》规定：中华人民共和国的陆地领土包括中国大陆及其沿海岛屿、台湾及其包括钓鱼岛在内的附属各岛……以及其他一切属于中国的岛屿。

钓鱼岛问题不仅关系到中日两国的国家利益，而且牵涉到两国的国民情绪、民族感情等方面的问题。20世纪70年代开始的华人社会民间保钓运动引起国际社会关注。1971年1月美国华人留学生首次发起反对美军把中国钓鱼岛施政权交给日本的全球华人保钓运动。1996年9月，针对日本右翼分子钓鱼岛上的非法行为，香港青年陈毓祥率一艘租来的"保钓号"轮船前往钓鱼岛宣示中国的主权，陈毓祥不幸遇难。2003年6月23日，中国大陆民间组织了首次出航保钓运动，这些对于钓鱼岛问题的最终解决具有重要意义。

2012年4月，日本东京都知事石原慎太郎，将要以东京都的名义向所谓的"土地所有者栗原家族'购买'钓鱼岛"。2012年9月10日，日本政府宣布"购买"钓鱼岛及其附属的南小岛和北小岛，实施所谓"国有化"。日本政府以约20.5亿日元(约合1.66亿元人民币)就"购岛"达成"协议"，购岛后对于钓鱼岛"行使维护和管理权"的将不再是现在的冲绳县石垣市，而是日本海上保安厅。日本在钓鱼岛问题上的行径，实质是对《开罗宣言》和《波茨坦公告》等国际法律文件所确定的战后对日安排和亚太地区秩序的否定和挑战。钓鱼岛被日本"国有化"以来，中国对钓鱼岛巡航常态化。

本章练习

【思考题】

1. 传统国际法领土取得方式有哪些？为什么还有现实意义？
2. 如何理解国家领土主权的含义？
3. 《南极条约》规定的南极法律制度有哪些？

【综合训练】

帕尔马斯岛仲裁案。帕尔马斯岛位于菲律宾棉兰老岛与印度尼西亚纳努萨岛之间。西班牙在16世纪首先发现了帕尔马斯岛，但它没有对该岛实行有效占领，也没有行使主权的表现。1898年12月结束美西战争的《巴黎和约》规定：西班牙将菲律宾和帕尔马斯岛割让给美国。1899年美国将此条约通知荷兰时，荷兰对割让没有表示反对。1906年美国驻棉兰老岛司令视察帕尔马斯岛时发现岛上飘扬着荷兰国旗。美荷在进行外交接触后于1925年1月签订仲裁协议，将该岛主权归属问题交海牙常设仲裁法院解决。

美国认为，西班牙以发现取得该岛的主权，主权一经取得，根据国际法就不会失去，而不在乎有没有实际行使主权。因此，该岛以《巴黎合约》通过割让转移给了美国。美国以西班牙权利继承者的身份，取得了该岛的主权。荷兰则认为，西班牙发现该岛的事实尚没有足够证据，也没有任何取得主权的形式。荷兰自17世纪以来就在该岛行使主权，并从1700年该岛成为荷属东印度的一部分。海牙常设仲裁法院院长胡伯作为独任仲裁员于1928年4月4日作出裁决，裁定帕尔马斯岛完全构成荷兰领土的一部分。

分析：国际法上领土取得先占规则？

【要点提示】

该案是对领土主权、发现、有效占领及占领的经典案例。占领必须是有效的，有效占领才能产生领土主权。发现的这种权利必须在一个合理期间内通过对所发现土地的有效占领来完成。所谓有效占领就是能对在该地区上的该国及该国国民的权利给以最低限度保护。西班牙虽然在16世纪首先发现了帕尔马斯岛，但它没有对该岛实行有效占领，自1677年起，荷兰一直持续和平稳地对该岛行使国家权力。西班牙没有取得该岛的主权。在美西《巴黎和约》签订和生效或争端发生时，该岛一直是荷兰的领土。西班牙无权把它所没有的权利割让给美国，美国作为西班牙权利的继承国也无权以该和约的割让而取得该岛的主权。荷兰对《巴黎合约》没有反对，这对真正的领土主权来说，不会产生什么影响，它不构成荷兰对此割让的默认。

第五章 海 洋 法

【知识目标】
　　掌握内水、领海、毗连区、群岛水域、用于国际航行的海峡、专属经济区、大陆架、公海、国际海底区域的位置和法律地位。

【能力目标】
　　能分析国际及中国的海洋争端问题。

第一节　概　　述

一、海洋法的发展

　　海洋约占地球表面的71%，总面积为3.6亿平方公里。海洋蕴藏着丰富的自然资源，而且是人类航行和海洋上空飞越的重要通道，人类海洋捕鱼、航行、开发资源、铺设海底电缆和管道、进行科学研究等，就必然形成一定的法律关系和行为规则，这对于更好地利用海洋为人类造福也是十分重要的。这些海洋规则已发展成为国际法相对独立的一个部门——海洋法。海洋法是确定各种海域及其法律地位和调整各国在各种海域从事航行、资源开发和利用、科学研究及海洋环境保护的原则、规则和规章制度的总称。按照《联合国海洋法公约》的规定：海洋法包括有关内海、领海、毗连区、专属经济区、大陆架、群岛国的群岛水域、公海、国际海底区域、用于国际航行海峡等海域的法律地位及一系列法律制度。海洋法的发展经过了一个漫长的历史过程。古罗马法认为海洋与空气一样，是"大家共有之物"，而不属于任何人、任何国家所有。这一观点是由罗马法从国内法的角度予以确认的，还不是海洋自由的国际法概念。海洋法在这一时期还只是处于萌芽阶段。

　　中世纪，随着欧洲封建制度的确立，君主对土地的所有权开始向海洋方面扩展，把海洋视为无主物，哪一国占有，就属于哪一国所有。自10世纪起，英国国王自称"海洋之王"，北欧的瑞典控制了波罗的海，威尼斯共和国控制了亚得利亚海，葡萄牙主张印度洋和摩洛哥以南的大西洋的主权，西班牙主张太平洋和墨西哥湾的主权。中世纪末期，航海事业的发展和地理大发现更引起了瓜分海洋的欲望和斗争。1454年罗马教皇不得不发布教令，把非洲西岸的土地给了西班牙。1493年，罗马教皇颁发两道谕旨，将大西洋分给西班牙和葡萄牙。海洋权利的主张和划分打破了古代的海洋共有状态。

　　17世纪以后，欧洲资本主义进入发展阶段，后起的海洋国家纷纷反对少数国家对海洋的分割和垄断，法学家们也提出各种理论。1609年荷兰法学家格老秀斯发表了《海洋自由论》一书，提出了海洋自由理论。他说："流荡不定的海水，必是自由的，不能为任何国家所占有。"这一理论遭到了当时坚持海洋主权的一些国家和学者的反对，其中英国的反对最强烈，英国法学家塞尔顿于 1618 年发表《闭海论》提出英国有权占有其周围海洋。直到 19 世纪，随着自由资本主义的巩固，海洋自由论才获得普遍承认，并成为传统国际法的一项原则。最初的领海概念就是由这一时期的意大利法学家贞提利斯首先提出的，他在《西班牙辩论》中指出沿岸水是其所冲洗的海岸所属国家的领土的一部分，他还将毗连的海称为领水。格老秀斯在主张海洋自由的同时，也承认可以从岸上控制的那部分海面属于沿岸国所有。1702 年荷兰法学家宾克舒克发表《海洋领土论》，把海洋区域划分为公海和领海两部分，并提出了确定领海宽度的方法：国家控制权以其炮火射程所及的范围为限，即所谓"大炮射程说"。根据 18 世纪大炮射程，提出了三海里为沿海国所控制的海域的宽度。这一学说对后来国家宣布领海宽度产生了重要影响。到了 19 世纪，主要包括领海和公海为内容的海洋法逐渐形成。

二、海洋法的编纂

第一次世界大战后，关于海洋法的编纂活动也逐渐开展起来。1930 年，在国际联盟的主持下，就领海、毗连区和历史性海湾等问题举行了海牙国际法编纂会议，但最后只通过了《领海法律地（草案）》作为会议最后议定书的附件通知给各国政府，请他们继续研究领海宽度和其他问题。

第二次世界大战后，在联合国的主持下召开了三次海洋法会议，对海洋法的编纂和发展起了重要作用。第一次海洋法会议于 1958 年 2 月 24 日到 4 月 27 日在日内瓦举行。参加会议的有 86 个国家，会议通过了《领海及毗连区公约》、《公海公约》、《公海捕鱼及生物资源养护公约》和《大陆架公约》。但由于当时许多亚非国家尚未独立而未参加会议，这些公约没有反映广大发展中国家的要求。由于第一次海洋法会议对领海的宽度和捕鱼区的界限未达成协议，故 1960 年 3 月 17 日在日内瓦举行了第二次海洋法会议，试图解决这个问题，由于分歧太大，此次会议未获任何结果而告终。第二次海洋法会议之后，发展中国家反对海洋霸权，维护自己海洋权的斗争日趋尖锐和复杂。联合国第三次海洋法会议自 1973 年 12 月 3 日在纽约正式开幕，到 1982 年 12 月 10 日联合国《海洋法公约》正式签字，历时 9 年，共召开 11 期 16 次会议，与会国达 167 个，并有 50 多个未独立领土、民族解放组织和国际组织的观察员参加了会议，该会议创造了以往国际关系史上参加国最多、规模最大、时间最长的 3 个之"最"。会议最后签订了《联合国海洋法公约》。该公约共 17 部分，320 条，另有 9 个附件，内容包括海洋法的各个方面，成为当代第一部国际海洋法典，也是国际法编纂史上所拟公约条文最多的一次。公约在 1994 年 11 月 16 日正式生效，中国是制定《海洋法公约》的积极参加者，于 1982 年 12 月 10 日在公约上签字，于 1996 年 5 月 15 日批准加入。截至 2010 年 11 月 30 日，已有 161 个国家或实体批准了公约。美国基于自身利益至今未加入该公约。

第二节 海域的划分

一、概述

在古代和中世纪，在一望无际的汪洋大海上，没有任何海域之分。18世纪以后，随着领海和公海的法律地位逐渐得以确立，海洋分为领海和公海两个海域。沿海国为了在其领海的外围行使海关、财政、移民、卫生等权力，产生了由沿海国执行上述规章的毗连区。20世纪60年代以后，大陆架权利的确认，二百海里海洋权及维护人类共同继承财产的主张，促使海洋秩序发生重大变化。在《海洋法公约》中把海洋划分为9个不同的海域，领海基线向陆地一面的海域，称为内水，基线向海一面的海洋因法律地位不同而分为领海、毗连区、专属经济区、大陆架、用于国际航行海峡、群岛水域、公海和国际海底区域8个海域。这些海域在法律地位、性质和制度方面都不相同，各国在这些海域的权利和义务以及所从事的活动都受海洋法的原则、规则和规章制度调整，即海洋法的调整。

二、领海基线

领海基线是陆地和内水同领海的分界线。是划定领海、毗连区、专属经济区和大陆架宽度的起算线。《海洋法公约》以正常基线法和直线基线法确认划定基线。

（一）正常基线

正常基线，也叫低潮线，即以海水退潮时离海岸最远的那条线为领海的基线，是沿海国官方承认的大比例尺海图所标明的沿岸低潮线，是一条沿着海岸线的曲线。在正常情况下，这是最容易确定的与海岸绝对平行的一条线，故称为正常基线。采用正常基线多适用于沿海国的海岸比较平直，陆海界限明显的情况。

（二）直线基线

直线基线，即连接海岸或近海岛屿上的最外缘的各适当点的直线，是由各条直线基线构成的沿着海岸的折线。采取直线基线，通常是在海岸比较曲折，沿岸多岛礁的情形。因为在这种情况下，正常基线就不容易确定了。挪威因西部沿岸石垒密布，而最早使用直线确定其领海基线，这种做法受到英国反对。1951年国际法院肯定挪威的直线基线是符合国际法的。《领海与毗连区公约》和《海洋法公约》均肯定这种基线，但各国采用直线基线划定不应在明显程度上偏离海岸的一般方向，而且基线的海域必须充分接近陆地领土，使其受内水制度的支配。除在低潮高地上筑有永久高于海平面的灯塔或类似设施，或以这种高地作为划定基线的起讫点已获得国际一般承认者外，直线基线的划定不应以低潮高地为起始点。一国不得采用直线基线制度，致使另一国的领海同公海或专属经济区隔断。

公约还规定沿岸的河口、海湾、海港和低潮高地划出直线基线时应遵循的规则。河口两岸低潮点连接的线是河口基线。海湾口不超过24海里的，其基线是连接两岸低潮标之间的封口线，如湾口超过24海里，其基线则划在湾内。海港最外部的永久海港工程（如防波堤）可作为直线基线的基点。低潮高地如与大陆或岛屿的距离不超过领海宽度，其低潮线可作为基线。

《海洋法公约》规定沿海国为适应不同情况，可交替使用以上各条规定的任何方法以确定基线，采用正常基线和直线基线的混合基线。如丹麦、哥伦比亚、索马里等国。

第三节 内 水

一、内水的概念和地位

内水的概念具有广、狭两种含义。狭义的内水指依《海洋法公约》规定除群岛国的情形外，领海基线向陆地一面的海域。在许多国际法著作中，把这部分海域称做内海。广义的内水不仅包括海洋法上的内水，而且包括陆地领土内的河流、湖泊、运河等，则称为内陆水。内海一词现已很少采用。我国 1992 年通过的《中华人民共和国领海及毗连区法》中，也称我国领海基线向陆地一侧的水域为中华人民共和国的内水。

内水包括一国港口、海湾和海峡以及领海基线与海岸之间的海域。内水与国家的陆地领土具有相同的法律地位，国家对其享有完全的、排他的主权。所有外国的船舶非经许可不得在一国的内水航行。外国商船可遵照沿海国的法律、规章驶入该国开放的海港。外国军用船舶进入内水必须经过外交途径办理一定的手续。对于遇难船舶，沿海国一般都允许驶入，但应绝对遵守沿海国的一切规章、制度。内水和领海虽然都是沿海国领土的组成部分，但二者是有区别的。其主要区别是外国船舶在领海中享有无害通过的权利。公约规定如果采用直线基线的方法使原来并未认为是内水的海域被包围成为内水时，外国船舶在此种水域应享有公约所规定的无害通过权。

二、海湾

根据《海洋法公约》第 10 条的规定：海湾是指海洋深入陆地形成的明显水曲，只有与水曲的面积大于或等于以湾口宽度为直径划成的半圆的面积时，才能视为海湾。如果海湾沿岸属于两个或两个以上的国家时，如法国与西班牙的比斯开湾，中国与越南的北部湾。这类海湾的法律地位和分界，尚未形成统一的国际法规则，一般由有关国家通过协议解决。公约所指的海湾仅涉及海岸属于一国的情况，而湾内水域的法律地位通常取决于湾口的宽度。如果海湾天然入口两端的低潮标之间的距离不超过 24 海里，则可在这两个低潮标之间划出一条封口线，该线所包围的水域应视为内水，这种海湾通常称之为内海湾。如果海湾天然入口两端的低潮标之间的距离超过 24 海里，则 24 海里的直线基线应划在海湾内，基线以内的水域才是内水。但公约规定，上述规定不适用于历史性海湾和采用直线基线法的任何情况。

历史性海湾是指那些沿岸属一国，其湾口虽然超过 24 海里，但历史上一向被承认是沿海国内水的海湾，如加拿大的哈德逊湾(湾口为 50 海里)，俄罗斯的大彼得湾(湾口为 110 海里)，中国的渤海湾(湾口宽度为 45 海里)。《海洋法公约》没有对历史性海湾的概念作出相关规定。

三、港口

港口是指具有天然条件和人工设备、便于船舶停泊和上下客货的海湾称为港口。港口的范围从它深入海面最远处的永久性建筑物算起，包括水域，即港口所占之水面及水下与出入港的航道以及陆域，即码头、仓库、船坞、灯塔等。

关于海港制度，其中最主要的是 1923 年的《国际海港制度公约》和《国际海港制度规则》，但公约没有得到较多国家批准，每个国家有权根据本国的情况参照国际上的惯例来制定自己的港口制度。我国 1979 年颁布《中华人民共和国对外国籍船舶管理规则》，对外国船舶进出港和航行、停泊做了具体规定：到港前一星期办理进港申请手续；进出港或在港口航行、停泊，必须由港务监督派引航员引航；封存船上的武器弹药，限制无线电发报器的使用，不得危及港口安全秩序等。沿岸国根据领土主权原则，对其港口内的外国船舶拥有刑事管辖权。但在实践中，一般国家都是在不干涉船舶内部事务的基础上，采用沿岸国与船旗国管辖相结合的原则。只有遇到扰乱港口安宁、案情重大，沿岸国为受害方或应船旗国请求管辖时，沿岸国才予以管辖。对于港内外国船舶上的民事案件，只有当涉及船舶以外的因素，或涉及船舶本身在港口内航行或停留期间的权利义务时，沿岸国才予以管辖，如果纯属于船舶内部管理、工资、或者涉及个人和财产权利等事项，各国通常都不行使管辖权。外国军舰和政府公务船在一国港口内享有司法豁免权。

四、海峡

海峡是连接两个海洋的一个狭窄的天然水道。海峡按法律地位来区分，可分为内海海峡、领海海峡和非领海海峡。

（1）内海海峡，即处于一国领海基线以内的海峡。这种海峡如同基线以内的其他水域一样，构成该国内水的一部分，该国享有完全的、排他的主权，外国船舶未经许可不得驶入。例如我国的琼州海峡，1958 年我国领海声明确定依直线基线方法划定基线，琼州海峡是基线以内的海峡，属于中国的内海。

（2）领海海峡，简称领峡，即两岸同属一国且两岸之间距离不超过领海宽度两倍的海峡，适用该国的领海制度，外国船舶可以实行无害通过。如果两岸分属不同国家，该海峡的划分、使用、通航办法由有关国家商定。

（3）非领海海峡，又称非领峡，指宽度超过两岸领海宽度两倍的海峡。这种海峡不论两岸属同一国家或分属于不同国家，领海外部界限以内的海域属于沿岸国邻海，适用邻海制度。邻海外部界限以外的海域依海域的地位不同，分别为毗连区、或为专属经济区、公海，适用公约规定的法律制度。如中国的台湾海峡，除两岸领海外中间还有一个可由各国自由航行的水道。如果海峡是两端连接公海而且用于国际航行者，称之为用于国际航行的海峡，公约专为此种海峡创设了过境通行制度。

第四节 领海和毗连区

一、领海

领海制度可追溯到 9 世纪，当时因海盗猖獗，许多沿海国在其沿海划出一定宽度的范围，在这个范围内行使国家管辖权利，领海制度就逐渐形成了，但领海制度的正式确立是直到 19 世纪才获得普遍承认的。公约规定沿海国的主权及于其陆地领土及其内水以外邻接的一带海域，在群岛国的情况下则及于群岛水域以外领接的一带海域，称为领海。此项主权不仅及于领海，也及于领海的上空及海床和底土。

(一)领海的宽度与界限

1. 领海的宽度

领海宽度是指领海基线与领海外部界限之间的垂直距离。历史上各国法学家曾有过不同主张，早期法学家巴尔图斯和博丹曾主张以两天航程的距离作为领海宽度，约为 30 海里，即航程说。中世纪，欧洲北部流行视力说，即以视力所及的范围作为领海的宽度。17世纪，荷兰法学家宾克舒克主张以大炮射程作为沿海国家控制权力的范围，当时大炮射程约为 3 海里，被称为大炮射程说。英美国家实行的 3 海里规则是与该主张一致。19 世纪以后，各国实践极不统一。直到第三次海洋法会议经过反复讨论，才在《海洋法公约》中规定：每一国家有权确定其领海宽度，直至从领海基线量起不超过 12 海里的界限为止。

2. 领海的外部界限领海的外部界限就是一条其上每一点与基线的距离都等于领海宽度的线。外部界限的划定有下列几种方法。

(1)平行线法。当海岸比较平直而采用低潮线时，以领海宽度划一条与基线平行的线，即为此领海的外部界线。

(2)交圆法。当海岸不大平直而又采用低潮线时，在基线上选适当的点作为中心，以领海宽度为半径向外划出一系列相交的半圆，连接各交点之间的弧，即为领海的外部界限。

(3)共同正切线法。当海岸曲折较大而采用直线基线时，在沿岸基线上选择适当的点为中心，以领海宽度为半径向外划出一系列半圆，然后划出每两个半圆之间的共同正切线，即为领海的外部界限。

海岸相邻或相向的国家，除因历史性的规定或特殊情况外，两国领海一般以中间线为界，中间线上的任何一点与两边基线最近点的距离是相等的。

2012 年 9 月 10 日中国宣布钓鱼岛及其附属岛屿的领海基线。钓鱼岛及其附属岛屿领海基线，为中国管辖钓鱼岛提供了法理依据。

(二)领海的法律地位和制度

领海是沿海国家领土的组成部分，受沿海国主权的管辖和支配。沿海国在其领海内的权利和义务有以下几个方面：

(1)沿海国的主权及于领海的上空、海床和底土。外国航空器未经许可不得飞越他国领海的上空。

（2）沿海国对其领海享有属地管辖权。

（3）沿海国对其领海内的一切资源享有专属权利。

（4）沿海国制定有关领海的法律、法令并采取措施的权利。

（5）沿海国对其海岸港口之间的贸易运输具有专属的权利。为了国际航行的利益，沿海国对领海行使主权，要受到限制，即外国船舶享有无害通过权。

1. 无害通过制度

《海洋法公约》规定，在本公约的限制下，所有国家，无论为沿海国或内陆国，其船舶均享有无害通过领海的权利。无害通过是指外国船舶在不损害沿海国和平、安全和良好秩序的情下，继续不停和迅速进行地通过领海。

通过是指穿过领海但不进入内水，或从内水驶出或驶入内水的航行，而且这种通过应是继续不停地迅速进行，只有在遇到不可抗力和遇难的场合才能停船和下锚。潜水艇通过时必须在海面航行并展示国旗。通过时必须遵守沿海国的法律和沿海国为无害通过而制定的规章及关于海上碰撞的国际规章。

无害是指不损害沿海国和平、安全和良好秩序。《海洋法公约》列举了 12 种非无害的情况，如果外国船舶在通过时从事下列任何一种活动，其通过就不是无害的通过。

（1）对沿海国进行武力威胁或使用武力。

（2）进行军事操练或演习。

（3）搜集情报。

（4）进行影响沿海国国防或安全的宣传。

（5）在船上起落或接载飞机。

（6）在船上发射、降落或接载军事装置。

（7）违反沿海国海关、财政移民或卫生的法律和规则。

（8）严重的污染行为。

（9）捕鱼。

（10）进行研究及测量活动。

（11）干扰沿海国通讯系统。

（12）与通过没有直接关系任何其他活动。

关于无害通过权是否适用于外国军用船舶问题，由于军用船舶对沿海国的安全带有潜在威胁，在理论与实践上都存在分歧。海洋法公约对此问题也规定得不够明确。《海洋法公约》规定：所有国家，不论为沿海国或内陆国，其船舶均有无害通过领海的权利。没有明确该船舶是否包括军用船舶，各国实践也不一致。中国 1992 年公布的《中华人民共和国领海和毗连区法》规定：外国军用船舶进入中华人民共和国领海，须经中华人民共和国政府批准。

2. 国家在领海内的管辖权

根据国家的属地优越权，各国对在本国领海内发生的刑事、民事案件均具有管辖权。在通常情况下，沿海国不在通过领海的外国船舶上行使刑事管辖权。但下列情况除外。

（1）罪行后果及于沿海国。

（2）罪行属于扰乱当地安宁或领海良好秩序的性质。

（3）经船长或船旗国外交代表或领事官员请求地方当局予以协助。

（4）是取缔违法贩运麻醉品或精神调理物质所必要的。

沿海国通常对于通过其领海的外国船舶上的民事案件采取不干涉态度。在实践中，沿海国在民事方面的管辖也是很有限的。沿海国不应为对通过的外国船舶上某人行使民事管辖权，而停止该船航行或改变其航向。除该船在通过时所承担的义务或债务外，沿海国不得为任何民事诉讼目的而对该船从事执行或加以逮捕。军舰和其他用于非商业目的的政府船舶按国家主权豁免原则在通过领海时享有管辖豁免权。如果任何军舰违反沿海国的法律规章且不顾沿海国向其提出的遵守法律规章的要求，沿海国可要求军舰离开领海。

二、毗连区

毗连区是毗连领海并在领海之外，由沿海国对海关、财政、移民和卫生等特定事项行使管制权的一个海域。毗连区从测算领海宽度的基线量起不得超过 24 海里。沿海国在该区行使下列事项所必要的管制：防止在其领土或领海内违反其海关、财政、移民或卫生的法律和规章；惩治在其领土或领海内违反上述法律和规章的行为。

毗连区可追溯到英国 18 世纪颁布的《游弋法》，该法规定禁止外国走私船在海岸外一定距离游弋。后来，一些国家主张在毗连其领海的公海部分建立海关区、卫生区或移民区。1958 年的《领海与毗连区公约》和 1982 年《海洋法公约》都对毗连区做了规定。毗连区的法律地位不同于领海。领海是国家领土的组成部分，受国家主权的支配和管辖。毗连区是为了保护国家某些利益而设置的特殊区域，沿海国在此区域内对海关、财政、移民或卫生的事项行使必要的管制权，并对违犯上述法律和规章的行为进行惩治。这与国家在其领海内行使主权是有区别的。

三、中国的领海与毗连区

旧中国由于处于殖民地地位，领海主权遭到严重破坏。我国政府于 1958 年 9 月 4 日发表了《中华人民共和国领海的声明》，1992 年 2 月 25 日颁布了《中华人民共和国领海及毗连区法》，确定了我国的领海及毗连区制度，其基本规定如下。

（1）中国领海为邻接中国陆地领土和内水的一带海域，中国的陆地领土包括中国大陆及其沿海岛屿、台湾及其包括钓鱼岛在内的附属各岛、澎湖列岛、东沙群岛、西沙群岛、中沙群岛、南沙群岛以及其他一切属于中国的岛屿。

（2）中国领海基线采用直线基线法划定，由各相邻基点之间的直线连线组成。中国领海宽度从基线量起为 12 海里。

（3）外国非军用船舶，享有依法无害通过中国领海的权利。外国军用船舶进入中国领海，须经中国政府批准。

（4）外国潜水艇通过中国领海，必须在海面航行，并展示其旗帜。

（5）外国航空器只有根据该国政府与中国政府签订的协定、协议，或者经中国政府或者其授权的机关批准或接受，方可进入中国领海上空。

（6）中国毗连区为领海以外邻接领海的一带海域，毗连区的宽度为 12 海里。

（7）中国有权在毗连区内，为防止和惩处在其陆地领土或内水或者领海内违反有关安全、海关、财政、卫生或者入境、出境管理的法律、法规的行为行使管辖权。

第五节　专属经济区

一、专属经济区的概念和形成

专属经济区是领海以外并邻接领海的一个区域，其宽度从测算领海宽度的基线量起，不应超过 200 海里。在这一海域中，沿海国享有对其自然资源的专属权利及其管辖权；其他国家享有航行权、飞越权以及铺设海底电缆和管道等权利。专属经济区是《海洋法公约》创建的一个新概念。

专属经济区的产生，是第二次世界大战后发展中国家争取 200 海里海洋权斗争的结果。世界上第一个提出不同于领海的国家管辖范围内特定海域的国家是智利。由于智利捕鲸作业遭到美国的严重打击，智利总统于 1947 年提出了 200 海里的海洋权，但也同时提到了不影响公海自由航行的规则。1952 年，智利、厄瓜多尔和秘鲁三国发表了《圣地亚哥宣言》，使用了"200 海里海洋区域"名称，并宣布享有专属主权和管辖权。1972 年，加勒比海沿岸国签署《圣多明各言》，宣布沿岸不超过 200 海里的海域为承袭海，受各沿海国的管辖。同时，非洲国家关于海洋法问题讨论会提出了经济区的概念，建议非洲国家在其领海以外设立一个经济区，对这个区域内的海洋生物资源行使专属的管辖权，但不影响别国的航行、飞越以及铺设海底电缆和管道等自由。同年 8 月，肯尼亚向联合国海底委员会正式提出了一份关于专属经济区要领的条文草案，并建议 200 海里为专属经济区的最大宽度。专属经济区制度经过第三次海洋法会议的激烈讨论之后，终于在《海洋法公约》作为一个相对独立的海域被规定下来。

二、专属经济区的法律地位和制度

专属经济区是在领海之外的海域。它不同于领海，领海是完全隶属于沿海国的主权管辖之下，而专属经济区不属于沿海国领土的组成部分，沿海的主权只及于专属经济区的自然资源，因而其他国家在专属经济区内仍享有一定自由。它也不同于公海，公海对一切国家开放，而沿海国对专属经济区的自然资源享有主权，并在其他一些方面享有管辖权，从而限制了其他国家在该区域的活动。可以看出，专属经济区既肯定了沿海国对专属经济区的专属的经济主权和相关的管辖权，又保留了各国原有的部分公海自由权。

另外，根据公约的规定，对专属经济区的权利并非沿海国所固有的，沿海国必须宣布建立其专属经济区并说明其宽度。沿海国没有专属经济区时，该部分相当于公海。沿海国建立了专属经济区的情况下，毗连区便包含在专属经济区的范围内，其性质便相当于专属经济区。但专属经济区不能取代毗连区，也不能把毗连区和专属经济区等同起来，其法律地位是不一样的。沿海国对专属经济区的自然资源享有主权，但沿海国在毗连区内主要对海关、财政、移民和卫生等特定事项行使管制权，沿海国无权在从基线量起 24 海里以外的专属经济区内执行上述权利。公约规定了沿海国和非沿海国在专属经济区的权利和义务，以说明该区域是一个自成一类的海域。

（一）沿海国在专属经济区内的权利和义务

（1）沿海国在专属经济区内享有勘探和开发、养护和管理海床和底土及其上覆水域自然资源的权利，不论为生物或非生物资源，有主权权利以及对在该区域内从事经济性开发和勘探有主权。

（2）沿海国在专属经济区内的人工岛屿、设施和结构的建造和使用，以及海洋科学研究、海洋环境的保护和保全等方面享有管辖权。

（3）沿海国有权制定有关专属经济区的法律和规章。

对于外国船舶违法行为采取措施时，应遵守以下原则：对于被扣留的船只及其船员，在其提出适当的保证书或担保后，应迅速予以释放；沿海国对于在专属经济区内仅违反渔业法规的处罚，如有关国家间无相反的协议，不得包括监禁或任何形式的体罚；在逮捕或扣留外国船只时，沿海国应通过适当途径将所采取措施和随后进行的处罚迅速通知船旗国。

沿海国在专属经济区内行使上述权利时，应同时履行公约规定的义务。如养护专属经济区的海洋生物资源和保护海洋环境等义务，沿海国还应适当地顾及其他国家在专属经济区内的权利和义务。

（二）其他国家在专属经济区内的权利和义务

（1）其他国家在专属经济区内仍享有航行和飞越的自由、铺设海底电缆和管道的自由以及与这些自由有关的其他符合国际法的用途。这几项自由实际上是重复了1958年《公海公约》四大自由中除捕鱼自由以外的三项自由。这表明专属经济区制度明显保留着公海制度的痕迹。

（2）经沿海国同意，在专属经济区内进行科学研究的权利。

（3）内陆国或地理条件不利的国家，有权在公平的基础上，参与开发同一区域内的生物资源的剩余部分。

（4）各国在专属经济区内根据海洋法公约行使其权利和履行其义务时，应适当顾及沿海国的权利和义务，并应遵守沿海国按照海洋法公约的规定和其他国际法规则所制定的法律和规章。

三、海岸相向或相邻国家间专属经济区的划定

公约规定，海岸相向或相邻国家间专属经济区的界限应当在国际法院规约第38条所指国际法的基础上以协议划定，以使得到公平解决。这与大陆架划界的规定是完全一致的。

四、中国的专属经济区制度

为保障我国对专属经济区和大陆架的主权和管辖，维护国家海洋权利，1998年6月26日，我国制定了《中华人民共和国专属经济区和大陆架法》。该法完全符合《海洋法公约》的规定。其中规定的中国专属经济区基本制度如下。

（1）中国的专属经济区，为中国领海以外并邻接领海的区域，从测算领海宽度的基线量起延至200海里。

（2）中国在专属经济区为勘查、开发、养护和管理海床上覆水域、海床及其底土的自然资源，以及进行其他经济性开发和勘查，行使主权权利。中国对专属经济区的人工岛屿设施和结构的建造、使用和海洋科学研究、海洋环境的保护和保全，行使管辖权。

（3）任何国家在遵守国际法和中国法律、法规的前提下，在中国的专属经济区内享有航行、飞越的自由，享有铺设海底电缆和管道的自由以及与上述自由有关的其他合法使用海洋的权利。铺设海底电缆和管道的路线，必须经中国主管机关同意。

第六节 大 陆 架

一、大陆架的概念和形成

大陆架有地理学的概念和法律的概念。地理学的大陆架是指从海岸深入海洋直到海底大陆坡为止的海底区域。由于大陆架蕴藏着丰富的自然资源，特别是石油资源，很早就引起了各国的重视。大陆架的法律概念最初出现于 1945 年美国总统杜鲁门公告，公告宣称：处于公海之下，但毗连美国海岸的大陆架的底土和海底的自然资源属于美国，受美国的管辖和控制。在美国发表大陆架声明之后，墨西哥、阿根廷等相继发表类似的声明，主张对邻接其海岸的大陆架及其一切自然资源享有主权权利。

1958 年第一次海洋法会议通过了《大陆架公约》，大陆架的概念规定了两种标准。一是以深度为准，该公约规定大陆架邻接领海，但在领海范围以外，一直到 200 米深的海底。第二种标准是延伸到可以开发的深度，当然这一标准是有利于海洋大国。但由于科学技术的发展，可开采深度很快超过 200 米。1982 年《联合国海洋法公约》给大陆架下了一个新的定义：沿海国的大陆架包括其邻海以外依其陆地领土的全部自然延伸，扩展到大陆边外缘的海底区域的海床和底土，如果从测算领海宽度的基线量起到大陆边的外缘的距离不到 200 海里，则扩展到 200 海里的距离。在大陆边从测算领海宽度的基线量起超过 200 海里的任何情况下，则按下列两种方式之一确定其外部界限：以最外各定点为准划定界限，每一定点上沉积岩厚度至少为从该点至大陆坡脚最短距离的百分之一；以离大陆坡脚的距离不超过 60 海里的各定点为准划定界限。用这两种方式划定的大陆架外部界限的各定点，不应超过从测算领海宽度的基线量起 350 海里，或不应超过 2500 米深度各点的 2500 米等深线 100 海里。很显然这种规定既照顾了大陆架较窄的沿海国利益如秘鲁、智利，也适当照顾大陆架较宽国家的利益并尊重了其他国家的利益和要求。这一概念表明了法律上的大陆架与地理上的大陆架的范围是不同的。地理上的大陆架从海岸开始，而法律上的大陆架却是从领海以外开始；地理上的大陆架到大陆坡为止，而法律上的大陆架终止在大陆边外缘的海底区域的海床和底土。

二、大陆架的法律地位和制度

沿海国为勘探和开发其自然资源的目的，对大陆架行使主权权利，这种权利是专属性的。如果沿海国不勘探大陆架或开发其自然资源，任何人未经沿海国明示同意，均不得从事这种活动，沿海国对大陆架的权利不取决于有效或象征的占领或任何明文公告。沿海国有授权和管理为一切目的在大陆架上进行钻探的专属权利。沿海国有授权和管理建造、操作和使用人工岛屿、设施和结构并对其有专属管辖权。但是，沿海国的上述权利，是在200海里以内大陆架上的权利。沿海国对200海里以外大陆架上的非生物资源的开发，应向国际海底管理局缴付费用或实物，管理局应根据公平分享的标准将其分配给海洋法公约各缔约国。

沿海国行使上述权利不影响大陆架上覆水域和水域上空的法律地位。1958年《大陆架公约》曾经规定，大陆架的上覆水域具有公海的法律地位。但在专属经济区制度建立以后，在200海里范围以内，大陆架的上覆水域及水域上空应适用公约中关于专属经济区的规定，而在200海里以外的大陆架上覆水域和水域上空，则适用公海制度。

其他国家在大陆架的权利包括：在大陆架上覆水域或水域上空航行飞越的权利；在大陆架上铺设海底电缆和管道的权利。但管道的路线划定须经沿海国同意。

三、相邻和相向国家间大陆架的划界

相邻和相向国家间大陆架的划界是极为复杂的问题。1958年《大陆架公约》第6条对大陆架划界做了规定：相邻或相向国家大陆架的疆界应由两国之间协定予以决定，在无协定的情形下，除根据特殊情况另定界线外，疆界应适用等距离线（中间线）予以确定。实践中，这项规则没有被大多数国家所普遍接受。1969年国际法院在北海大陆架案中提出公平原则，对大陆架划界原则的发展具有重要意义。北海大陆架案的基本情况是德国分别与荷兰和丹麦签订双边协定，本来已适用等距离中间线对大陆架进行划界，但因德国的海岸是凹入的，这样德国的大陆架成为一个不成比例的三角形，德国便认为这样划分会造成极不公平的结果。荷兰、丹麦则坚持适用等距离线原则，并认为《大陆架公约》第6条是习惯国际法规则，具有普遍的约束力。1967年，德国、荷兰和丹麦分别订立协定，将他们之间的争端提交国际法院。1969年，国际法院作出判决，否定了荷兰和丹麦关于《大陆架公约》第6条是国际习惯法的主张，并指出，划界应依公平原则，并考虑一切有关情况，应使每一方尽可能多地得到作为其陆地领土自然延伸的一部分。这项原则在1969年以后的实践中得到广泛的适用。最后，《海洋法公约》虽然没有明确公平原则，但也肯定了公平的概念。《海洋法公约》第83条规定：海岸相向或相邻国家间大陆架的界限，应在国际法规约第38条所指国际法的基础上以协定划定，以便得到公平解决。但是，适用公平原则，并不否定等距离线作为一种大陆架的划界方法。划界时可以采取等距离方法，以求得公平的解决。

四、大陆架与专属经济区的关系

专属经济区与大陆架的关系问题，曾在第三次海洋法会议上引起过争论。最后，多数国家认为，尽管已建立了专属经济区制度，大陆架制度仍应存在。大陆架与专属经济区在200海里是一个重叠区域，都是国家的管辖范围，沿海国的权利也有重叠。公约第56条和第57条所指的专属经济区内的海床和底土，实际就是指第76条中大陆架的海床和底土。第56条规定沿海国在专属经济区内有以勘探和开发、养护和管理海床和底土的自然资源为目的的主权权利。第77条规定沿海国为勘探大陆架和开发其自然资源的目的，对

大陆架行使主权权利。

专属经济区和大陆架虽有密切联系，但二者又有很大不同。第一，沿海国对专属经济区权利的依据是不同的。沿海国对大陆架的权利不依据于它对大陆架的占领或宣布，而是根据大陆架是沿海国陆地领土的自然延伸的事实。沿海国对专属经济区的权利则不同，除非沿海国主张。否则，这部分海域仍是公海，很可能一个沿海国有大陆架，却无专属经济区。第二，沿海国在这两个区域内的权利义务不同。沿海国在专属经济区内对所有的资源，包括生物资源和非生物资源都有主权权利，而沿海国对大陆架的主权权利仅限于海床和底土的矿物资源和非矿物资源。第三，二者的范围有所不同。200海里是专属经济区的最大宽度，是大陆架的最小宽度。因此，在200海里专属经济区外，沿海国仍可能有大陆架。

五、中国的大陆架制度

中国大陆架极为广阔，属于世界上大陆架宽度超过200海里的18个国家之一。1998年6月26日我国制定了《中华人民共和国专属经济区和大陆架法》，规定了中国大陆架的基本制度。

（1）中国的大陆架，为中华人民共和国领海以外依本国陆地领土的全部自然延伸，扩展到大陆边外缘的海底区域的海床和底土，如果从测算领海宽度的基线量起至大陆边外缘的距离不足200海里，则扩展到200海里。

（2）中国为勘查大陆架和开发大陆架的自然资源，对大陆架行使主权权利。中国对大陆架的人工岛屿、设施和结构的建造、使用和海洋科学研究、海洋环境的保护和保全，行使管辖权。中国拥有授权和管理为一切目的在大陆架上进行钻探的专属权利。此外所称的大陆架的自然资源，包括海床和底土的矿物和其他非生物资源，以及属于该部分保留不变的生物。即在可捕捞阶段在海床上或者海床下不能移动或者其躯体须与海床或者底土保持接触才能移动的生物。

（3）任何国际组织、外国的组织或者个人对中国大陆架的自然资源进行勘查、开发活动或为任何目的进行钻探以及进行海洋科学研究，必须经中国主管机关批准，并遵守中国的法律、法规。

（4）中国在大陆架有专属权利建造并授权和管理建造、操作和使用人工岛屿、设施和结构。中国对大陆架的人工岛屿、设施和结构行使专属管辖权包括有海关、财政、卫生、安全和出入境的法律和法规方面的管辖权。中国主管机关有权在大陆架的人工岛屿、设施和结构周围设置安全地带，并可以在该地带采取适当措施，确保航行安全以及人工岛屿、设施和结构的安全。

（5）中国主管机关有权采取必要的措施，防止、减少和控制海洋环境的污染，保护和保全大陆架的海洋环境。

（6）任何国家在遵守国际法和中国法律、法规的前提下，在中国的大陆架享有铺设海底电缆和管道的自由以及与上述自由有关的其他合法使用海洋的权利。铺设海底电缆和管道的路线，必须经中国主管机关同意。

（7）中国对在大陆架违反中国法律、法规的行为，有权采取必要措施，依法追究法律责任，并可以行使紧追权。

<h1 style="text-align:center">第七节 公 海</h1>

一、公海的概念和地位

按照传统国际法，国家领海以外的海域通称为公海。这个原则已确定在 1958 年的《公海公约》之中。《公海公约》规定公海是指不包括在一国领海或内水的全部海域。在联合国第三次海洋法会议，《海洋法公约》确认了专属经济区和群岛水域制度，公海的概念也做了修改。《海洋法公约》第 86 条规定：公海是指不包括在国家的专属经济区、领海或内水或群岛国的群岛水域的全部海域。

公海是全人类的共同财富，供所有国家平等地共同使用，不属于任何国家的领土组成部分。任何国家都不得对公海本身行使管辖权，也不能主张权利。公海对所有国家开放，不论其为沿海国或内陆国，即任何国家都享有公海自由的各项权利。《海洋法公约》确定了公海六大自由。

(1)航行自由。

(2)飞越自由。

(3)铺设海底电缆和管道的自由。

(4)捕鱼自由。

(5)建造人工岛屿和其他设施的自由。

(6)科学研究自由。

但所有国家在行使上述自由时，必须遵守以下规则：

(1)须适当顾及其他国家行使公海自由的利益，并适当顾及海洋法公约所规定的同区域内活动有关的权利。

(2)公海只用于和平目的，应为世界和平与安全服务。

二、公海自由制度

公海自由是公海制度的核心，然而国际法对行使公海自由绝不是毫无限制的，公海自由并不是说公海可以处于无法律状态。相反，公海自由本身就是一种法律状态。国际社会已形成一整套使用公海的法律制度。

(一)航行自由制度

航行自由是公海自由最基本的一项内容。任何国家，无论是沿海国还是内陆国都可以在公海自由航行悬挂自己国家旗帜的船只。依国际习惯法规则，在公海上航行的船舶应各有其国籍，识别船舶国籍是依据其国籍证书和悬挂的国旗。船舶在公海上航行，只服从国际法和本国的法律。无国籍的船舶在公海上航行不受任何国家的保护。但船舶依据什么条件取得一国国籍，国际法并没有具体规定，主要是根据一国的国内法。有的国家规定只有本国人的船舶才取得该国国籍，有的国家要求船舶所有权部分属于本国人就可以取得该国的国籍。我国授予船舶国籍的条件是：

（1）船舶所有权应属于中华人民共和国国家、集体或个人所有。

（2）船员应为中国公民。

船舶在公海上航行必须悬挂登记国的国旗，并且只能悬挂一国国旗。但是，出于经济上的考虑或者登记国的税收低一些或者因为可以雇佣别国廉价的船员，有些国家允许本国船舶在他国登记注册，取得国籍。同时为了增加收入也允许外国船舶在该国登记注册，取得该国国籍。船舶悬挂此种旗帜称为方便旗。悬挂这种旗帜的船舶称为方便旗船。这样就出现了船旗国与船舶所属国的不一致现象，像这种方便旗船，船旗国是不可能对其实行真正的管辖，这对公海航行造成了危害。为解决这个问题，《海洋法公约》规定：船舶航行仅悬挂一国旗帜，国家与船舶之间必须有真正的联系。

另外，在公海航行中，还有一种方便旗船，这种方便旗船在公海上航行时不固定悬挂一国旗帜，视方便换用不同国家的旗帜，以达到逃避其本国军舰的检查或其他目的，对公海航行造成危害更大。《海洋法公约》规定：悬挂两国或两国以上旗帜航行并视方便而换用旗帜的船舶，对任何其他国家不得主张其中的任一国籍，并视为无国籍的船舶，不受国际法的保护。

船舶在公海上航行，要遵守安全航行制度，除《海洋法公约》规定外，还有一些专门有关航行安全的国际公约和区域协定。如《国际海上避碰规则》、《关于统一海上救助若干法律规则的公约》等。

（二）飞越自由

公海上空如同公海一样，也是自由的。所有国家的航空器都有飞越公海上空的自由。在公海上空飞行的航空器受其登记国管辖，其他国家不得加以干预和阻碍，至于在公海上空飞行应遵循的规则主要由航空法规定。

（三）铺设海底电缆和管道的自由

所有国家均有权在大陆架以外的公海海底铺设海底电缆和管道。这种铺设不影响国际海底的法律地位，也不构成对海底的占有和支配。各国铺设海底电缆和管道以不影响已经铺设的电缆和管道为前提，如果因为铺设电缆和管道而使他国电缆和管道遭受损失，则要负赔偿的责任。

（四）捕鱼自由

公海捕鱼自由是指任何国家或其国民都有权在公海上自由捕鱼。但是随着现代渔业科学技术的发展，如果不加以限制，将会导致海洋渔业资源枯竭。19世纪以来，海洋国家间缔结了一些渔业协定。如《北海渔业公约》、《捕鱼与养护公海生物资源公约》、《关于管理捕鲸公约》等。因此，各国应履行条约所产生的义务，养护生物和渔业资源。

（五）建造人工岛屿和其他设施的自由

《海洋法公约》确认各国均享有在公海上建造国际法所允许的人工岛屿和其他设施的自由。但同时规定专属经济区内的人工岛屿、设施和结构比照适用于大陆架上的人工岛屿、设施和结构，这就排除了其他国家在公海海域下的大陆架上建造人工岛屿和其他设施的自由权利，建造的人工岛屿和设施专为和平目的和建造的位置合法，并且符合国际标准。公海上所建造的人工岛屿和设施不具有岛屿的地位。

（六）海洋科学研究的自由

所有国家有在公海进行海洋科学研究的权利，在进行海洋科学研究时，应遵循以下原则：专为和平目的；以适当科学方法和工具进行；不应对海洋其他正当用途有不当干扰；遵守包括关于保护和保全海洋环境的规章在内的一切有关国际规章。

三、公海上的管辖权

公海是自由的，但并非在公海上没有任何形式的管辖权，各国在公海上在一定限度内可以合法地行使不同性质和形式的管辖权。

（一）船旗国管辖

船旗国管辖是公海管辖的主要原则。船旗国对取得其国籍的船舶及船上的人、物和事有管辖权。《海洋法公约》规定：

（1）船舶在公海上应受其船旗国的专属管辖。

（2）每个国家应对悬挂该国旗帜的船舶有效地行使行政、技术及社会事项上的管辖和控制。

（3）遇有船舶在公海上碰撞或任何其他航行事故涉及船长或任何其他为船舶服务的人员的刑事或纪律责任时，对此种人员的任何刑事诉讼或纪律程序，仅可向船旗国或此种人员所属国的司法或行政当局提出。军舰和政府公务船舶在公海上享有完全的豁免权，不受船旗国以外任何其他国家的管辖。

（二）登临权

为维护公海上的秩序，各国对于在公海上发生的违反人类利益的国际罪行及某些违反国际法的行为均具有普遍管辖权。这种管辖权的范围包括。

（1）贩卖奴隶。贩卖奴隶是一种严重违反国际法的行为，每个国家应采取措施，防止和惩罚准予悬挂该国旗帜的船舶贩运奴隶，并防止为此目的而非法使用其旗帜。

（2）海盗行为。海盗行为危害公海航行安全，是一种国际罪行。每个国家对海盗所控制的船舶和飞机均有权拿捕、扣押和处理。

（3）非法贩。运毒品。制止非法贩运毒品已成为各国的一项义务。

（4）非法广播。所谓非法广播是指在公海上从事未经许可的广播，即没有按照国际公约统一分配的无线电波段而进行的广播。由于这种广播影响了正常的无线电波段使用而危及到国际航行安全。国家在公海上的这种管辖权一般是由军舰或经授权的国家公务船舶来行使的，即登临权。登监权指军舰在公海上对于享有完全豁免权船舶以外的外国船舶，有合理根据被认为犯有国际罪行或其他违反国际法行为嫌疑的商船，有登临和检查的权利。

《海洋法公约》规定：有下列情况可以进行检查：从事海盗行为；从事奴隶贩卖；从事未经许可的广播；没有国籍；虽悬挂一国旗帜或拒不展示旗帜而事实上与军舰属同一国籍。军舰有权登临该船检查该船悬挂旗帜和船舶文件，甚至进行搜索。但如证明此嫌疑为无根据，应对该船所受的损失负赔偿责任。这些规定比照适用于军用飞机和经正式授权并有清楚标志可以识别的为政府服务的任何其他船舶或飞机。

（三）紧追权

紧追权是指沿海国对违反其国家法律的外国船舶进行紧追，这种紧追必须在沿海国的内水、群岛水域、领海或毗连区内时开始。如外国船舶违反沿海国大陆架或专属经济区的法律和规章时，也可以从专属经济区或大陆架海域开始紧追。沿海国行使紧追应遵循以下规则。

（1）追逐只有在外国船舶视听所及的距离内发出视觉或听觉的停驶信号后，才可开始。

（2）只有追逐未曾中断，才可以在领海或毗连区外，继续进行。

（3）违法的船舶被追上后，可以押回本国领海并进行处理，被紧追的船舶不能以公海自由为理由而拒绝拿捕。被追逐的船舶一旦进入该国领海或第三国领海，紧追权则立即终止。

（4）在不应行使紧追权的情况下，在公海上命令外国船舶停驶或逮捕外国船舶，追逐国应承担赔偿责任。

（5）紧追只能由军舰、军用飞机或特别授权的其他公务船舶或飞机执行。

第八节　用于国际航行的海峡

一、用于国际航行的海峡的概念和地位

根据1958年《领海与毗连区公约》的规定：通过海峡的权利基本上取决于海峡水域的性质。如果海峡是公海，外国船舶享有航行自由；如果海峡是由一国或一国以上的领海组成，外国船舶则享有无害通过权。沿海国为了保护国家安全，在其领海内可以暂停外国船舶的无害通过，但在连接公海一部分和另一部分或另一外国领海之间国际航行的海峡中，沿海国不应停止外国船舶的无害通过。

第一次海洋法会议之后，越来越多的国家把领海范围扩展到12海里之外。这样，世界上将有116个海峡成了领峡，而其中30多个是经常用于国际航行的，如马六甲海峡、直布罗陀海峡等。对于这类海峡在第三次海洋法会议上，发展中国家认为，属于沿岸国领海范围内的海峡，即使经常用于国际航行，也决不能改变它的领海地位，外国船舶只享有无害通过权。海洋大国则主张，无论是民用还是军用船舶或飞机，都可以像在公海上一样不受任何约束地自由航行和飞行。最后在《海洋法公约》采用了妥协的办法，在用于国际航行的海峡中适用过境通行制度。但《海洋法公约》没有给用于国际航行海峡定义。只指出，过境通行制度适用于在公海或专属经济区的一部分和公海或专属经济区的另一部分之间用于国际航行的海峡。用于国际航行的海峡的通过制度，不应在其他方面影响构成这种海峡的水域的法律地位，也不影响沿岸国对此海峡的水域的法律地位，也不影响沿岸国对此海峡的水域及其上空、海床和底土行使其主权或管辖权。海峡内的内水、领海或专属经济区或公海的法律地位也不受影响。

二、过境通行制度

过境通行是指所有国家的船舶和飞机专为在公海或专属经济区的一个部分和公海或专属经济区的另一部分之间的海峡继续不停和迅速过境的目的而行使航行和飞越自由。海峡

过境者必须毫不迟延地通过或飞越海峡。不对海峡沿岸国的主权、领土完整或政治独立进行任何武力威胁或使用武力。除因不可抗力或遇难外,不从事与其过境通行无关的任何活动;通过中的船舶必须遵守海上安全以及船舶污染的国际规章、程序和惯例。通过中的飞机必须遵守国际民用航空组织制定的《航空规则》。

过境通行是介于无害通过与航行自由之间的航行制度。

(1)过境通行不同于航行自由,航行自由是指在不属于沿海国管辖的海域内船舶自由行动甚至军事行动。过境通行只限于以继续不停和迅速过境为目的而行使的航行和飞越自由,而不包括其他方面活动权利。

(2)过境通行不同于无害通过,无害通过主要适用于非军用船舶,至于航空器没有事先得到同意是绝对不能飞越一国领海上空的。并且对外国船舶在无害通过时的义务规定得严格具体。而过境通行适用于所有船舶和飞机,并且限制得较少有更多的权利和自由。

按照《海洋法公约》的规定:在以下情形中对用于国际航行的海峡不适用过境通行制度。如果用于国际航行的海峡是由海峡沿岸国的一个岛屿与该国大陆形成,并且该岛屿向海一面有在航行和水文特征方面同样方便的一条穿过公海或专属经济区的航道,或者在公海或专属经济区与外国领海之间的海峡,则不适用过境通行制度,而适用无害通过。对于穿过某一用于国际航行的海峡有在航行和水文特征方面同样方便的一条穿过公海或专属经济区的航道,则适用自由航行制度。

第九节 群岛水域

一、群岛水域的概念

一个岛屿可有自己的领海及其他水域。但由若干岛屿组成的群岛,其海域是各岛分别划出,还是作为一个整体看待的问题。早在1930年的国际法编纂会议上曾讨论过。第三次海洋法会议上,在群岛国家极力主张下,《海洋法公约》为群岛国家设立了群岛水域的制度。《海洋法公约》规定:群岛国是指包括全部由一个或多个群岛构成的国家,并可包括其他岛屿。群岛是指一群岛屿,包括若干岛屿的若干部分、相连的水域和其他自然地形在本质上构成一个地理、经济和政治的实体,或在历史上已被视为这种实体。群岛国可划定连接群岛最外缘各岛和各干礁最外缘各点的直线为群岛基线。这种基线应包括主要岛屿,群岛基线应受两个限制:一是面积上的限制。在基线范围内,水域面积和陆地面积的比例在1:1到9:1之间。二是基线长度不应超过100海里,在基线总数中,最多是3%可超过该长度,最长以125海里为限,基线的划定不应在任何明显的程度上偏离群岛的一般轮廓。

群岛水域是群岛基线所包围的水域。在群岛水域内的河口、海湾和海港,群岛国可依《海洋法公约》规定的有关规则划定内水的界限。群岛国的领海、毗连区、专属经济区和大陆架的宽度,应以群岛水域基线量起。

二、群岛水域的法律地位及其制度

群岛国的主权及于群岛水域、水域的上空、海床和底土以及其中所包含的资源。群岛国应尊重与其他国家间的现有协定，并应承认直接相邻国家在群岛水域范围内的某些区域内的传统捕鱼权及其他合法活动。群岛国应尊重其他国家所铺设的，通过其水域但不靠岸的现有海底电缆，并允许其维修及更换。

关于群岛水域航行问题，《海洋法公约》规定了两种通过制度。一是群岛水域的无害通过。所有国家的船舶在群岛水域有无害通过权，群岛国有权暂时停止无害通过权的行使。二是群岛海道的通过权。群岛国可在水域内指定适当的海道和其上空的空中航道，称为群岛海道。所有船舶和飞机均享有继续不停和迅速通过或飞越这些海道和航道的权利，这被称为群岛海道通过权。

群岛水域法律位不同于内水，因它允许外国船舶无害通过。它也不同于领海，因为在水域内有指定的海道和航道，供外国船舶和飞机过境通行。可以看出，群岛水域这种制度既维护了群岛国的利益，也照顾到其他国家在海洋上航行的利益。

第十节 国际海底区域

一、国际海底区域的概念及法律地位

国际海底区域，简称区域，是国际海洋法上的新概念。它是指国家管辖范围以外的海床和洋底及其底土，即沿海国专属经济区和大陆架以外的整个海底区域。这一部分约占海洋总面积的65%以上，蕴藏着极其丰富的矿物资源。

在传统海洋法中，一般把国际海底及其上覆水域统称为公海。但是，公海自由并没有扩大适用于海底区域的海床和底土。随着科学技术的发展，海底区域资源的开发已成为现实的可能，在国际法上确定区域及其资源的法律地位问题就提上了日程。1967年8月17日，马耳他驻联合国代表阿维德·帕多提出：国际海底应被看做人类共同的财产，为全人类的福利服务。帕多的建议产生了重大的影响。国际海底区域的法律地位通过一系列联合国大会决议和宣言确立，最后由《海洋法公约》第11部分对区域的法律地位做了规定。根据海洋法公约的规定：国际海底区域及其资源是人类的共同继承财产。任何国家都不能对国际海底区域及其资源主张或行使主权权利。任何国家或自然人或法人都不能把国际海底区域及其资源的任何部分占为己有，对资源开发的一切权利属于全人类，由国际海底管理局代表全人类进行管理。国际海底管理局于1994年11月在牙买加首都金斯顿成立，是管理国际海底区域及其资源的权威政府间组织。国际海底区域的开发要为全人类谋福利，各国都有公平享受海底资源收益的权利，特别要照顾到发展中国家和未取得独立的国家的人民的利益。国际海底的法律地位不影响上覆水域和上覆水域上空的法律地位。

二、国际海底开发制度

国际海底开发制度是第三次海洋法会议上争论的焦点，发达国家拥有雄厚资金和先进技术，从根本上主张各国自由开发，实质上就是由它们对海底开发实行垄断。发展中国家则强调海底资源是人类的共同继承财产，必须由代表全人类的国际机构直接进行开发，至少对开发拥有实际控制。经过长期谈判和斗争，最后达成一个妥协方案，确定了平行开发制度。其具体做法是，各国要开发国际海底，首先要与国际海底管理局订立合同，提出两块具有同等价值的可开发国际海底，管理局可以从中选择一块，另一块由申请者开发，申请者还要转让技术，在经营中取得的利润还要提成，把利润提成和国际海底管理局自己开发而取得的利润分配给全体《海洋法公约》的成员国。

虽然平行开发制度是发展中国家和发达国家相互妥协的结果，但还是受到美、英、日等一些发达国家的反对。为解决公约的普遍参加并使公约的该部分得以有效执行，联合国秘书长于 1990 年 7 月召集了关于该第 11 部分的非正式磋商，终于在 1994 年 6 月达成协议，形成了《关于执行 1982 年 12 月 10 日〈联合国海洋法公约〉第 11 部分的协定》。该协定已于 1996 年与《海洋法公约》同时生效。该协定充分照顾了主要发达国家和深海底采矿国家的利益，维护了人类共同继承财产的原则。该协定的主要修改内容是：缔约国的费用应尽量减少，管理局各机关和附属机关的设立要循序渐进并具有成本效益，企业部暂不设立，其职能由管理局秘书处代行，理事会的决定由两级表决制作出，定期的审查会议制度改为大会依理事会的建议随时进行，技术转让按公平合理的商机条件实行，区域资源应按商业原则进行开发，管理局设立经济援助等。

中国已于 2001 年获得东北太平洋多金属结核矿区勘探权，2011 年又获得西南印度洋多金属硫化物矿区专属勘探权。2013 年获得西太平洋富钴结壳矿区勘探权，中国成为世界上首个就 3 种主要国际海底矿产资源均拥有专属勘探矿区的国家。

第十一节 中国的海洋法问题

一、中日东海大陆架及防空识别区问题

（一）中日东海大陆架

《海洋法公约》规定沿海国拥有从其领海基线前出不超过 200 海里的专属经济区，以及相应的开发自然资源的权利。由于东海最宽处不过 360 海里，这就导致中日各自主张的专属经济区部分重叠。然而，在确定专属经济区的划分方面，国际上存在两种对立的观点，中日恰好就是这两种观点的代表。日本主张等距中间线原则，强调共架邻国应平分东海专属经济区。国际上主张此观点的仅 30 多个国家，属于少数。中国则主张领土自然延伸原则，强调东海大陆架是中国领土的自然延伸。依据《海洋法公约》，一国大陆架可延伸至其领海基线前出 350 海里处。如果将东海争端定性为大陆架之争，国际法院对这类争议早有先例，比如 1969 年德国与丹麦、荷兰关于北海大陆架的判决。东海大陆架显然是中国领土延伸出去的。

早在 1968 年，联合国亚洲及远东经济委员会就在一份报告中指出：中日之间的东海拥有大量的石油和天然气。之后，中日就东海大陆架的划界问题一直存在争端。中日就东海大陆架矛盾激化于 2004 年 6 月日本指责中国企图独占东海海底资源。随后，日本政界

中的右翼势力也参与进来，要求政府采取行动，维护本国海洋权益。2004年中日就东海大陆架问题展开首轮磋商，此后搁置争议、共同开发就成为双方磋商的一个重要原则。对中国来说，已先行开发的东海的大型油田春晓油田，尽管中国从来都不承认所谓的中间线一说，但春晓气田仍然位于日本所主张的中间线中方一侧5公里。属于没有主权争议的近海，不能成为共同开发的对象。而日方则坚持所谓中间线原则，将本来就不具合法性的中间线以西(中国一侧)的已开发油田一并纳入到共同开发的范畴。关于所谓中间线问题，中方多次表示，所谓中间线是日方单方面的主张，中国从来没有接受过，今后也不会接受。

（二）防空识别区

防空识别区指的是一国基于空防需要所划定的一个空中预警范围，目的在于及早发现、识别和实施空军拦截行动提供条件。通常是以一国领海基线为基准，达到陆基雷达探测的最大距离，一般要大于或等于专属经济区范围，即200海里，但也有些国家划定到了250海里外的公共空域。现行的国际法体系中对"防空识别区"没有作出任何强制性规定。美国、日本、加拿大等20多个国家和地区建立了这种"防空识别区"。美国是最早划定防空识别区的国家。

1972年5月10日，日本防卫厅发布了关于冲绳"防空识别区"的决定，将钓鱼诸岛全部纳入冲绳列岛"防空识别区"。后日单方将"防空识别区"扩大至更靠近台湾东部海岸一侧，招致台湾方面的强烈不满。中国于2013年11月23日宣布划设中国东海防空识别区，含钓鱼岛空域，中日防空识别区重叠。中国要求对位于东海防空识别区飞行的航空器，必须提供飞行计划识别、无线电识别、标志识别。并且应当服从东海防空识别区管理机构或其授权单位的指令，对不配合识别或者拒不服从指令的航空器，中国武装力量将采取防御性紧急处置措施。

二、中国南海问题

南海诸岛分为东沙、西沙、中沙、南沙四个群岛。南海诸岛的争议主要是关于西沙群岛和南沙群岛的主权归属问题。南海诸岛自古以来是属于中国的领土，根据国际法的先占原则，南海诸岛都是中国领土不可分割的组成部分。早在公元前2世纪的汉武帝时代，中国人就发现了西沙、南沙群岛并在此开发经营；唐代时南沙群岛即被划归琼州督府管辖；北宋朝廷也曾派战船到西沙群岛巡逻，明确地将其置于自己的管辖范围之内。其后的历代中国政府都对两群岛持续地行使着管辖权。

"二战"结束，中国政府根据1943年12月签署的《开罗宣言》和1945年7月签署的《波茨坦公告》，于1945年10月25日开始收复台湾，随后则正式收复西沙群岛和南沙群岛。国民政府派出"太平"号、"永兴"号、"中业"号和"中建"号四艘军舰，由指挥官林遵、姚汝钰率领南下，前往西沙、南沙执行进驻接收任务。收复后为纪念接收舰先后命名"永兴岛"、"太平岛"。并在太平岛上竖立一块高约1米的钢筋水泥石碑，石碑正面上端刻有青天白日徽，下刻"太平岛"三个字，石碑背面刻有"中华民国三十五年十二月十二日重立"，左旁刻"中业舰到此"，右旁刻"太平舰到此"。太平岛是南沙最大岛屿，是太平岛也是唯一有淡水的岛屿，建有飞机场，现为台湾当局驻军。1946年国民政府内政部成立方域司，出版了《南海诸岛位置图》，在南海标出东沙、西沙、中沙和南沙四群岛，并采用四群岛的最外缘岛礁与邻国海岸线之间的中线在其周边标绘了 11 条断续线，线的最南端标在北纬 4°左右。这就是在中国南海地图上正式标出的 U 形断续线。1948 年 2 月，国民政府将此图收入《中华民国行政区域图》公开发行。

1949 年中华人民共和国成立后，经政府审定出版的地图在同一位置上也标上这条断续线，在 1953 年将 11 段断续线去掉北部湾、东京湾 2 段，改为 9 段断续线。1958 年，中华人民共和国政府在其关于领海的声明中规定，领海宽度为 12 海里，并宣布此项规定适用于"中华人民共和国的一切领土，包括中国大陆及其沿海岛屿和同大陆及其沿海岛屿隔有公海的台湾及其周围各岛、澎湖列岛、东沙群岛、西沙群岛、中沙群岛、南沙群岛以及其他属于中国的岛屿"。至此，就中国立场而言，涉及南海的"九段线"的法律地位已经明确。1952 年 4 月 28 日，中日签署《中日和约》日本明确放弃台湾、澎湖列岛及南沙群岛及西沙群岛的主权。

但是，自 20 世纪 70 年代以后，越南、菲律宾、马来西亚等国抢占南沙群岛的部分岛礁，建设永久性军事和民用设施。印尼和文莱虽然没有出兵占领，但它们宣布 8 万多平方公里的我国海域为其"主权"所有，越南对西沙和南沙群岛主张主权并于 1974 年和 1988 年两次同中国发生武装冲突。中国政府本着"搁置争议，共同开发"的原则，于 2002 年 11 月 4 日与东盟各国在柬埔寨首都金边签署了《南海各方行为宣言》，虽然不具备法律约束力，但具有里程碑的意义。宣言规定：中国与东盟致力于加强睦邻互信伙伴关系，共同维护南海地区的和平与稳定。通过友好协商和谈判，以和平方式解决南海有关争议。彼此克制，不占据无人居住的岛屿、沙洲、暗礁、珊瑚礁及其他地形地物，并以建设性态度处理分歧。

2007 年 11 月，中国设立"三沙市"（县级市），管辖位于中国南海的海南省下的西沙、南沙、中沙三个群岛，隶属海南省。2014 年中国基于建设海洋强国，转变外交政策，更积极主动应对南海局势，开始对南沙群岛的永暑礁和西沙群岛的永兴岛进行人工填海工程，还有对赤瓜礁、东门礁、南熏礁、华阳礁等岛礁的展开填海造陆。

三、中韩苏岩礁问题

苏岩礁，即江苏外海之岩石、海礁之意，其附近还有虎皮礁和鸭礁。该礁石实际上在低潮时仍处在水面以下，离海面最浅处达 4.6 米。属于中国东海大陆架，位于中国 200 海里专属经济区内。距离朝鲜半岛南部约 150 海里左右，距离济州岛的南岸小岛马罗岛 82 海里。隋唐以来日本、高丽循海路来中原进贡的使臣和留学生以及唐、宋、明、清历代东渡扶桑的中华人士均曾目睹过苏岩，并留下了文献记载，历史古籍确认苏岩属中国无误。清末民初地质学、地理学进步以后，更证实了苏岩位于东海大陆架上，是中国大陆在海底的一部分。我国自组建北洋水师以来的海图已经明确标明有东海苏岩，比韩国早一百年。1963 年我国第一艘自行设计制造的两万两千吨货轮跃进号在苏岩海域触礁沉没，周总理亲自批示要去东海苏岩礁勘探，中国海军东海舰队和交通部测量大队对苏岩进行了建国以来的首次精密的测量，绘制了高质量的海图，并且向国际宣誓了领海主权。1992 年 5 月，中国海军北海舰队海测大队完成中央测绘我国黄海海区和苏岩礁区的定位任务。此后，中国有关方面也对苏岸礁以及附近海域进行了多次测量。

韩国在 2001 年给苏岩礁取名离於岛，把中韩两国专属经济区主张重叠区说成韩国的领土，韩政府修筑了韩国离於岛综合海洋科学基地，建有直升飞机停机坪，卫星雷达、灯塔和码头。上面有常住研究人员。

苏岩礁属于中国东海大陆架，位于中国专属经济区内，根据国际法，在专属经济区内，沿海国家享有以勘探和开发、养护和管理海床上覆水域和海床及底土的自然资源为目的的主权权利以及关于在该区域内从事经济性开发和勘探，并对该区域内的人工构造物、海洋科学研究以及海洋环境保护等享有管辖权。因此中国就韩方在苏岩礁修建海洋观测站问题向韩方提出交涉，反对韩方在两国专属经济区主张重叠海域的单方面活动。中方在苏岩礁问题上的立场是一贯、明确的，韩国的单方面行动不能产生任何法律效果。

本 章 练 习

【思考题】

1.《海洋法公约》对大陆架的定义、范围和地位是怎样规定的？

2. 为什么说专属经济区是一类特殊的区域？

3. 国际海底有什么样的地位？

4. 领海的法律地位和制度有哪些？

5. 公海的法律地位和制度有哪些？

【综合训练】

英-挪渔业案。1935 年 7 月 12 日，挪威国王颁布一项敕令，宣布 4 海里专属渔区。该海域以连接挪威沿岸外缘的高地、岛屿和礁石（即石垒）上的 48 个基点之间的直线基线向海平行划出。这些基点之间的距离有的超过 10 海里，英国反对挪威划定基线的方法，认为直线基线法违反了国际法。在外交谈判失败后，由于多艘英国渔船被挪威逮捕，英国于是在 1949 年 9 月 28 日向国际法院提起诉讼。英国认为，挪威确定的直线基线不是依照国际法划定的，国际法上通行的标准是低潮线，即以退潮时海水退出最远的那条海岸线作为领海基线；直线基线法仅适用于海湾；此外，直线基线的长度不能超过 10 海里。挪威则反驳说，这些规则不适用于挪威，它所采用的划定基线的方法符合国际法的。挪威划定直线基线的以前敕令并未遭到包括英国在内的任何外国的反对。国际法院于 1951 年 12 月 18 日作出判决，驳回英国的要求，判定挪威 1935 年敕令划定渔区的方法和采用直线基线法确定领海基线并不违反国际法。

分析：

1. 国际法院的判决对国际法的影响？

2. 使用直线基线确定领海基线的要件？

【要点提示】

本案判决以前，国家普遍使用正常基线，本案判决以后直线基线被国家实践广泛使用。1958 年《领海和毗连区公约》、1982 年《海洋法公约》均规定可采用直线基线。被认为是国际法院判决促进国际法发展的典型。采取直线基线条件，通常是在海岸比较曲折，沿岸多岛礁的情形。

第六章 空 间 法

【知识目标】
　　掌握国际航空法的法律制度；国际航空安全的法律保护；外层空间法的原则和制度。
【能力目标】
　　能分析国际及中国的危害国际民用航空安全等空间法律问题。

第一节 概 述

一、空间法的概念

　　地球上方的空间分为空气空间和外层空间两部分。空气空间是指依靠地球引力作用而附着在地球周围的空气粒子组成的大气层空间，这部分空间随着地球的运转而运动，它与地球表面的相对位置比较稳定，是航空器活动的场所。外层空间则是指空气空间以外的全部空间，也称为宇宙空间，它是由人类已知的和未知的自然界天体和宇宙物质构成的。这部分空间与地球表面的相对位置不固定而且是无限的，是航天的空间和资源。随着人类空间技术的发展，空间活动必然会涉及国家权利和义务的法律问题，如空间的法律地位；国家在外空从事航天活动时的权利和义务；国际间空中航行应遵守的一些规则等。

　　国际空间法是规定空间各区域的法律地位，调整国际法主体在空间活动中相互关系的法律规范体系。它可以分为两个部分：航空法和外层空间法。航空法是有关空气空间的法律地位和空间的利用，尤其是关于民用航空活动的法律。外层空间法是有关外层空间的法律地位以及各国从事外层空间活动的法律。

二、空气空间和外层空间的分界问题

　　航空法和外空法是两个不同的法律部门，要确定它们各自的适用范围，就必须先确定空气空间和外层空间的分界。但是，国际社会至今未形成统一的意见，关于划界理论方面有两种主张：功能论和空间论。

　　(一)功能论

　　功能论不主张划分两者的界限，认为空气空间和外层空间是连续的空间，只要按照空间活动和飞行器的性质就能区别适用什么法律。但是，随着科技发展会出现既能在空气空间飞行又能在外层空间飞行的混合功能的飞行器。功能论不能解决这种飞行器的法律适用问题。

（二）空间论

空间论主张以空间的某一高度划界，认为这样便于确定两种不同法律制度所适用的范围，也有利于各国对其领空有效地行使主权。在划界的高度上，有不同主张。

1. 航空器上升最高限度说

以飞机可以达到最高高度为依据，提出距地面 30~40 公里的高度为空气空间的上部界限。有些国家认为这样的距离把国家空中主权的范围限制得过低，不利于确保地面国家的安全。

2. 空气构成说

以空气中不同大气层的特点为根据，提出 50、90、200~300、500~1000 公里，甚至几千公里的高度为空气空间的最高界限。从物理学的角度看，地球大气层和外层空间并没有明显的界限，因此这一界限是不确定和模糊的。

3. 有效控制说

以地面国家能行使有效控制的高度为空气空间和外层空间的界限。但是，国家有效控制的高度是随科技的发展而变化，而且各国科技发展水平也不同，因此国家有效控制的高度也就不可能有统一的标准。

4. 卡曼管线说

以物理学家冯·卡曼提出的以离心力开始取代空气成为飞行动力的地方，作为空气空间的最高界限，这条界限距离地面约 83 公里的高度，称为卡曼管线。

5. 卫星轨道最近地点说

以人造地球卫星轨道离地面最低高度为标准，外层空间的最低界限在距地面 90~110 公里的高度。比较多的国家倾向于这一标准。

以上学说始终都未得到普遍的接受。由于空气空间与外层空间的界限就是国家主权的最高界限，如果把国家领土上空的主权限定得太低，将不能满足国家主权和安全等方面的需要；如果定得太高，又会严重阻碍人类航天活动的延续性。因此，空气空间和外层空间的分界线是与科技、政治和法律密切相关的问题，是国际法中必须解决的一项重要问题。

三、空间法的发展

（一）航空法的发展

国际航空法是从 18 世纪末期伴随着人类航空活动的出现才逐渐萌芽和发展起来的新的国际法制度。19 世纪 70 年代，出现了氢气球，接着有关国家就开展了有关航空的立法活动。有关国际航空的国际公约大致分为三类。

1. 有关国际航空的基本规则公约

第一次世界大战爆发，客观上促进了飞机技术性能的迅猛提高，使国际航空进入了新的历史时期。1919 年出席巴黎和会的代表们签订了《关于航空管理的巴黎公约》（以下简称《巴黎公约》）。第二次世界大战爆发后，又一次促进航空科技的飞速发展。为了适应战后国际航空活动的迅速增加，签订了《国际民用航空公约》（以下简称《芝加哥公约》）。该公约生效后取代了 1919 年《巴黎公约》。《芝加哥公约》对于空中航行、国际航空运输等作了重要和具体的规定，并且公约还规定建立一个永久性的政府间国际组织即国际民用航空组织。《芝加哥公约》是现行有关国际航空的最重要文件。

2. 有关国际航空的民事责任公约

1929 年缔结的《统一国际航空运输某些规则的公约》(以下简称《华沙条约》),就国际航空运输凭证和承运人的责任制度等问题做了统一规定。此后又制定了一系列修改补充《华沙公约》的文件,形成华沙体制。

3. 有关制止危害民航安全的非法行为公约

从 20 世纪 60 年代开始,非法劫持飞机和其他危害民用航空安全的犯罪活动日益加剧。为保障航空安全,1963 年在东京签定了《关于航空器上犯罪和其他某些行为的公约》(以下简称《东京公约》)。1970 年在海牙签定了《关于制止非法劫持航器的公约》(以下简称《海牙公约》)。1971 年在蒙特利尔签定了《关于制止危害民用航空安全的非法行为的公约》(以下简称《蒙特利尔公约》)。1988 年签定了《补充制止危害民用航空安全的非法行为的公约的关于制止对用于国际民用航空的机场非法使用暴力行为的议定书》。

(二) 外层空间法的发展

1957 年苏联发射了第一颗人造卫星,随后有关外空的各种国际法规范开始建立起来。1963 年联合国通过了《各国探索和利用外空活动的法律原则宣言》(以下简称《外空原则宣言》),宣布了国际外空活动必须遵守的 9 项原则,虽然该宣言不具有普遍约束力,但对外层空间实践及立法活动均起着重大指导作用,奠定了外层空间法的立法基础。1958 年联合国专门设立了联合国和平利用外空委员会,从 1967 年开始,外空委员会订立了 5 个普遍性的外空国际公约。1967 年订立的《关于各国探索和利用包括月球和其他天体在内的外层空间活动的原则条约》(以下简称《外空条约》)。《外空条约》提供了国际外空法的基本框架,也是第一次以国际条约的形式将从事外空活动的各项基本法律原则确定下来,从而成为各国从事外空活动应遵守的原则和规则,被称为外空宪章;1968 年订立的《关于援救航天员、送回航天员及送回射入外空物体之协定》(以下简称《援救协定》);1972 年订立的《外空物体造成损害之国际责任公约》(以下简称《责任公约》);1975 年订立的《关于登记射入外层空间物体的公约》(以下简称《登记公约》);1979 年订立的《关于各国在月球和其他天体上活动的协定》(以下简称《月球协定》)。

第二节　航　空　法

一、空气空间的法律地位

空气空间可分为两部分:各国领陆和领水的上空即领空;各国领陆、领水以外地区,即专属经济区、公海和南极等地的上空。在航空时代的初期,关于空气空间的法律地位,理论上有很多争论,第一次世界大战后,实践上各国普遍承认国家对其领土上空的空气空间具有主权。1919 年《巴黎公约》作出了明确规定,每一个国家对其领土上空具有完全的、排他的主权。此后,各国航空立法普遍地规定国家对其领土上空的主权。1949 年《芝加哥公约》也采取了同样的规定。

国家对其领土上空享有完全的、排他的主权意味着国家领土的上空构成国家领土的一部分，受国家主权的支配和管辖。依据《芝加哥公约》规定各缔约国可在其领空行使主权。

（一）国家有权规定准许外国飞机飞入其领空的条件

外国飞机未经许可擅自飞入一国领空，该国有权对其采取措施。但对非法入境的外国民航客机，国家不仅享有领空主权，同时，负有保障国际民用航空安全的责任。1983 年 9 月 1 日，韩国一架波音 747 型机偏离航线飞入前苏联禁飞区，被苏战斗机用导弹击落，造成机上 269 人全部遇难。为此，1984 年国际民航组织会议上通过了《芝加哥公约》修正案，其中规定，每一国家必须避免对飞行中的民用航空器使用武器，如拦截，必须不危及航空器内人员的生命和航空器的安全。

2001 年 9 月 11 日上午，两架被恐怖分子劫持的民航客机分别撞向美国纽约世界贸易中心一号和二号楼，两座建筑在遭到攻击后相继倒塌，世界贸易中心其余 5 座建筑物也受震而坍塌损毁；另一架被劫持的客机撞向位于美国华盛顿的美国国防部五角大楼，五角大楼局部结构损坏并坍塌。还有一架遭恐怖分子劫持，坠毁在宾夕法尼亚州。9 · 11 事件共造成 3201 人死亡，其中包括 343 名消防人员。为对恐怖分子进行震慑，避免劫持民航客机撞击建筑物的恐怖事件再次重演，美国在 9 · 11 事件后第一个通过"美国总统必要情况下击落客机"条例。2002 年 11 月，英国也通过了"击落客机"的条例。2003 年德国通过《航空安全保障法》，授权德国国防部长在特殊情况下下令战机飞行员击落被歹徒劫持的民航飞机。

（二）各国有权制定有关外国航空器在境内飞行的规章制度

如规定航站、禁止运载军火或武器、禁止航空摄影和侦察等。但应无差别地适用于所有国家的航空器，不得有所歧视。

（三）各国保留国内载运权

各国有权拒绝外国的航空器为了取酬或出租在本国境内进行国内的旅客、邮件和货物运输。国内两地间空运的权力只能由地面国经营。

（四）各国有权设立空中禁区

各国为了安全和军事的需要，可以指定境内某地区的上空为禁区，禁止和限制其他缔约国的航空器飞过。

领空以外空域的法律地位没有专门的条约来规定，由于领土以外的地球区域被划分为地位不同的区域，领空外空域也应划分为与之地位一致的不同区域，即所谓的上空与地面法律地位一致的原则。因此，领空以外空域的法律地位取决于有关专属经济区、公海和南极的法律地位，各国在这部分空间享有飞行的自由。

二、国际民用航空制度

国际民用航空运输包括旅客、货物、邮件的国际航空运输活动。1944 年的《芝加哥公约》对国际间空中飞行和运输的法律规则做了明确规定，按照该公约的规定，从事国际航空活动应遵守和执行的主要规则有。

（一）航空器的国籍

航空器都应具有国籍。航空器取得国籍的方式，采用登记原则，即航空器在哪国登记便具有哪一国家的国籍。航空器只能有效地在一国登记。航空器的国籍是航空器与其国籍国之间的一种法律联系，具有一国国籍的航空器受到该国的保护和管辖。国际民用航空组织于 1949 年 2 月 8 日通过了《国际民用航空公约》附件 7《航空器国籍标志和登记标志》，按照该原则，我国选定拉丁字母"β"为中国航空器的国籍标志。

（二）航空器的分类

航空器指以空气的反作用，但不是从空气对地球表面的反作用，而在大气中取得支撑力的任何机器。因此，飞机、滑翔机、气球等属于航空器，而气垫船、导弹等不属于航空器。航空器按用途分为国家航空器和民用航空器两类。国家航空器是指用于军事、海关和警察部门的航空器。国家航空器之外的是民用航空器。公约分类的标准主要是航空器的用途，而与航空器的所有权无关，不能因为航空器属于国家所有就视其为国家航空器。《芝加哥公约》仅适用于民用航空器，不适于国家航空器。

（三）国际航空飞行的分类

《芝加哥公约》将在缔约国领土上空的国际民用航空飞行分为两种：航班飞行和非航班飞行。航班飞行一般是指载运旅客、货物、邮件的航空器所从事跨越国界的定期飞行，也称为定期国际飞行。非航班飞行是指除航班飞行以外的国际民用航空飞行，也称为不定期国际飞行，如包机飞行。由于这两种飞行基于各自不同特点，对地面国领空影响不同，公约规定了不同的飞行权利。

公约规定，从事非航班飞行的航空器一般无需事先取得地面国的同意，有下述权利。

（1）飞入或飞经他国的领土而不降停。

（2）飞入或飞往他国领土做非商业性降停，即非为装卸旅客、货物和邮件降停，如加油、检修等目的的降停。对此，包括我国在内的一些国家在参加公约时做了保留，我国声明：外国民航飞机从事非航班飞行而进入我国国境者，需要事先向我国政府申请，在得到同意后方能进入。

公约规定，国际航班飞行，非经一缔约国特准或许可，并且遵照特准或许可的条件才能进行，否则不能飞入该国境内或在该国领土上空飞行。定期航班的特准和许可的多边协定是与《芝加哥公约》同时签订的《国际航班过境协定》和《国际航空运输协定》，由于这两个多边协定参加国不多，多数国家依双边协定给予定期国际航班飞行。中国给予外国航班飞行的权利是通过中国与各国签订的双边航空协定来具体规定的。

（四）航空器遇险援助和调查的规则

公约规定，缔约国对在其领土内遇险的外国民用航空器，在可能的情况下应采取援助措施，并在本国当局管制下，准许该航空器所有人或该航空器登记国当局采取必要的援助措施；对失踪的航空器进行搜寻时，各缔约国应进行合作；一缔约国的航空器如在另一缔约国领土内失事，失事所在国应在其法律许可范围内，依国际民用航空组织建立的程序着手调查失事情况，并将调查报告及判断结论送航空器登记国，航空器登记国应有机会派员到场。2014 年 3 月 8 日，马来西亚航空公司 MH370 航班起航不久后失去联系，机上乘客中有 154 名中国乘客，中国、马来西亚、越南、美国、澳大利亚等多国先后投入强大救援力量展开搜救。

三、惩治危害民航安全行为的国际法规则

随着国际航空器事业的发展，保护国际民航安全就成了很重要的问题。由于国际航空运输具有国际性、运输量大，再加上航空器存在着天然弱点，因此，只要以暴力或暴力威胁、挟制或控制了飞机人员，或对航空器或助航设备施以破坏，就很容易迫使飞机改变航向或造成机毁人亡。自 20 世纪 60 年代以后，空中劫持事件频繁发生，而且一些国际恐怖主义组织也加以利用。为此，国际社会缔结了《东京公约》、《海牙公约》、《蒙特利尔公约》及《补充蒙特利尔公约的议定书》，它们在内容上相互补充，构成了当今世界防止和惩处危害国际民航安全的法律体系。这些公约的主要内容如下。

(一)《东京公约》

随着国际民用航空业务的迅速发展，为确保民用航空安全，1963 年国际民航组织签订《东京条约》。其主要目的是对发生在位于不属于任何国家领土上空或其位置难以确定的飞行中航空器内的各种犯罪和其他各种危害航空器或其人员和财产以及航空器良好秩序与纪律的行为确立必要的管辖权。但在具体处罚和引渡方面缺乏相应的统一规定。

1. 惩治的行为

《东京公约》适用于在飞行中的航空器上发生的两种行为。

(1)违犯刑法的犯罪。

(2)不论是否犯罪可能或确已危及航空器及其所载人员或财产，或者危及航空器上良好秩序与纪律的行为，即使该行为缔约国法律可能不视为犯罪，但公约已确定危害民航安全的其他行为。在飞行中是指航空器从为起飞目的而发动时起到降落滑跑完毕时止。《东京公约》对惩治的行为只做了概括性的规定，其适用的时间范围也较窄。

2. 管辖权

《东京公约》规定：航空器登记国有权对在航空器内的犯罪和行为行使管辖权。确定了航空器登记国的管辖权，解决了航空器处在公海或不属于任何国家领土地区的航空器内犯罪而出现的管辖权消极冲突问题。公约并不排除非登记国根据本国法行使刑事管辖权，但不得为对航空器内的犯罪行使管辖权而干预飞行中的航空器。

3. 机长的权力

为了抑制危害航空器安全的行为，授权机长可以采取包括看管嫌疑人在内的必要措施。如果机长有适当的理由认为任何人在航空器内按照航空器登记国刑法构成严重罪行的行为时，他可以将该人移交给航空器降落地的任何缔约国的主管当局，或有权责令其下机。

(二)《海牙公约》

由于《东京公约》只对劫机行为作了初步的规定，无法应对空前频繁的劫机事件。国际民航组织于 1970 年签订了《海牙公约》，专门针对非法劫机行为制定了有关惩罚和国际合作的规则。

1. 惩治行为

《海牙公约》规定：所谓劫机行为是指凡在飞行中的航空器内任何人用暴力或用暴力威胁，或用任何其他恐吓方式，非法劫持或控制航空器，或这类行为的任何未遂行为，或

是从事这类行为或者任何未遂行为的协助行为。在飞行中是指航空器从装载完毕，机舱外部各门均已关闭时起，至打开任一机舱门以便卸载时止。《海牙公约》有了明确针对国际民航的其他犯罪，其适用的时间范围比《东京公约》较宽。

2. 管辖权

《海牙公约》规定下述国家有管辖权。

(1)航空器的登记国。

(2)航空器的降落地国。

(3)承租人的主要营业地国和永久居所所在国，在罪行发生在租来时不带机组人员的航空器时。

(4)发现罪犯的国家。指罪犯在一国领土内，而该国未将此人引渡给上述任一国时，该国有管辖权。

(5)其他国家，不排除其他国家根据本国法律行使任何刑事管辖权。《海牙公约》确定了与劫机罪行有密切法律联系的国家都对罪行有管辖权，并且任何抓获罪犯的国家都可以实施管辖权，这些国家可能与罪行无法律联系。但是，《海牙公约》这种规定不可避免地导致刑事管辖权的冲突，这只能由有关国家协商解决。

3. 对劫机犯的引渡

《海牙公约》规定非法劫持航空器的罪行是可引渡的罪行，这是国际法上的重大突破。政治犯不引渡原则是引渡制度原则。劫机行为在很多情况下都带有政治色彩，如果由各国决定劫机行为是不是政治犯，则有劫机犯可能被视为政治犯而不被引渡。为了避免这种情况，《海牙公约》明确地把劫机行为排除在政治性犯罪之外，不仅规定这些罪行是可引渡的罪行，还规定以引渡条约为引渡条件的缔约国可根据这两项公约引渡罪犯，为缔约国间引渡罪犯提供了方便。另外，《海牙公约》还规定了或引渡或起诉的法律原则。虽然公约将劫机行为排除在政治性犯罪之外，但公约并没有规定缔约国的强制引渡义务，被请求国可能基于其他的理由而拒绝引渡。为了避免因被请求国拒绝引渡而使劫机犯逃脱处罚。公约规定：发现嫌疑犯的国家如不将其引渡给有管辖权的国家，则不论罪行是否在其境内发生，一律应将案件提交其主管当局，以便起诉。该主管当局应按照本国法律，以对待任何严重性质的普通罪行案件的同样方式予以判决，以严厉的刑罚予以处罚。

(三)《蒙特利尔公约》及其议定书

随着民航的发展，危害民用航空安全行为已不限于在航空器内犯罪或非法劫持航空器，如在飞机上放置危险物，《东京公约》和《海牙公约》无法适用。国际民航组织于1971年签订了《蒙特利尔公约》。该公约的目的在于惩治包括非法劫机在内的，各种直接破坏民用航空安全的非法行为。1988年签订的《补充蒙特利尔公约的议定书》主要是为了制止对用于国际民用航空的机场非法实施暴力的行为。

1. 惩治行为

《蒙特利尔公约》对非法和故意地实施以下行为，定为危害民用航空器安全的暴力行为的罪行。

(1)对飞行中的航空器内的人实施了危害该航空器安全的暴力行为，或用任何方法在使用中的航空器内放置一种将会破坏该航空器安全飞行的装置或物质。

（2）破坏航行设备或妨碍其工作，或传送明知是虚假的情报以至危害飞行中的航空器的安全。使用中指从地面人员或机组为某一特定飞行而对航空器进行飞行前的准备时起，直到降落后 24 小时止。

《补充蒙特利尔公约的议定书》规定：任何人使用任何装置、物质或武器，非法地和故意地实施下列行为，以致危及或足以危及该机场安全的即为犯罪。

（1）对用于国际民用航空的机场内的人实施暴力行为，造成或足以造成重伤或死亡。

（2）破坏或严重损坏用于国际民用航空的机场的设备或停在该机场上未在使用中的航空器，或中断机场服务。

2. 管辖权

《蒙特利尔公约》及其补充议定书对管辖权做了与《海牙公约》基本相同的规定。但是，由于危害国际民航安全的罪行和危害用于国际民用航空的机场安全的罪行越来越多地发生在地面，因此《蒙特利尔公约》增加了罪行发生地国的管辖权。另外，补充议定书规定了罪行发生地国有要求引渡罪犯的优先权。

3. 对劫机犯的引渡

《蒙特利尔公约》对于引渡的规定与《海牙公约》规定的完全相同。

1988 年 12 月 21 日，美国泛美航空公司的一架波音 747 客机在苏格兰小镇洛克比上空爆炸坠毁，造成机上 259 人和地面 11 人丧生，其中包括 189 名美国人。空难发生后，美英对空难展开调查，于 1990 年认定这次空难系利比亚航空公司驻马耳他办事处经理费希曼和利比亚特工阿卜杜勒·迈格拉希在托运的行李中放置塑胶炸弹。利比亚在国际社会的压力下，被迫同意引渡两名嫌疑人，但同时也提出对两人的审判必须在英美以外的第三国进行。1998 年美、英和荷兰同意在荷兰按苏格兰法律对两名被告进行审理。1999 年 4 月，费希曼和迈格拉希被移交给联合国代表，并前往设在荷兰的苏格兰法庭受审。2001 年 1 月，法庭判处迈格拉希无期徒刑，后来将刑期改为 27 年。费希曼被无罪释放。2003 年 8 月，利比亚与美英达成协议，同意对洛克比事件遇难者家属支付总额约 27 亿美元的赔偿。

第三节 外层空间法

一、外层空间的法律地位

虽然空气空间与外层空间的界限无条约明确地规定，但外层空间的法律地位却得到普遍认可。外层空间的法律地位问题主要就是国家对领空的主权是否及于外层空间的问题。从外层空间的实际来看，国家领土国同外层空间的关系始终是不确定的，国家主权的范围也就不可能无限度地向空间发展。另外，从国际实践上看，从 1957 年第一颗人造卫星发射成功以后，各国共发射数千颗卫星，但迄今为止还没有任何国家对卫星飞越其领土上的外层空间提出过抗议。1961 年和 1963 年联合国大会两次一致通过决议，宣告外层空间不能为各国据为己有，各国均可在平等的基础上，根据国际法自由探索和利用。并将此项原则定为各国从事探索和利用外层空间活动时所应遵守的法律原则。1967 年《外层空间条约》和 1979 年的《月球协定》对外层空间的法律地位作了更明确地规定。

（一）外层空间的探索和利用自由

所有国家可在平等的基础上，根据国际法自由探索和利用外层空间包括月球和其他天体，自由进入天体一切区域。各国在外层空间包括月球和其他天体有进行科学考察自由。

（二）外层空间不得据为己有

禁止国家、政府、私人和私人企业以任何形式包括通过主权要求、使用或占领方法，以及其他任何措施占有外层空间，包括月球和其他天体及其自然资源。因为只有排除外层空间和天体的独占性，才能保障自由探索和利用。

（三）探索和利用须服务于全人类的共同利益

探索和利用包括月球和其他天体在内的外层空间，应为所有各国的福利及利益，并应为属于全体人类的事。

总之，外层空间是一个独特的空间区域，外层空间不属于任何国家的主权范围。禁止任何国家和私人以任何方式占有外层空间，所有国家有探索和利用外空的自由，但探索和利用应为所有国家谋福利。

二、外层空间活动的原则和制度

1963 年的《外空原则宣言》就宣布了外层空间活动的 9 项原则，《外空条约》在《外空原则宣言》的基础上，对外空活动的原则做了更加明确地规定。依条约规定：各国从事外空，包括月球和其他天体的探索和利用活动必须遵守的原则有。

（一）自由探索和利用原则

所有国家都应在平等的基础上，不受任何歧视，根据国际法自由探索和利用外层空间包括月球和其他天体，并自由进入天体的一切区域。该原则意味着各国既有在外层空间进行探索和利用的权利，又有保障不对其他国家的自由探索和利用设置任何障碍的义务。

（二）不得据为己有原则

外层空间包括月球和天体不得为国家、政府、私人或私人企业以各种形式占有。月球及其自然资源是全人类的共同继承财产，不得被各国占有。

（三）共同利益原则

探索和利用外层空间，包括月球和其他天体，应为所有国家谋福利和利益，而不论其经济或科学发展程度如何，应为全人类的开发范围。《月球协定》还强调：注意这一代与后代人类的利益以及提高生活水平与促进经济和社会进步和发展的需要。该原则强调掌握空间技术的国家有义务采取对国际社会负责的行为，对发展中国家的利益，给予了特殊的保护。

（四）限制军事化原则

为保障外空自由探索和利用，就必须防止外空的军事化。《外空条约》对外层空间非军事化只做了少许限制：各国不得在绕地球轨道上放置任何携带核武器或任何其他类型大规模毁灭性武器的物体，不以任何其他方式在外层空间布置此种武器，但并未禁止其他外空武器及军用卫星的安放与使用。相比之下，月球和其他天体实行了全面的非军事化，月球和其他天体必须用于和平目的；禁止建立军事基地、设施和工事；禁止试验任何类型的武器及进行军事演习。

但是，条约和协定又规定：不禁止使用军事人员进行科学研究或把军事人员用于任何其他的和平目的；不禁止使用为和平探索月球和其他天体所必须的任何器材设备；也不禁止进行非核武器的试验。这都是美苏在制定《外空条约》时故意留下的缺口。

1959年联合国和平利用外层空间委员会（简称"外空委员会"）作为永久性机构成立，外空委员会设立了法律和科技两个小组委员会，分别审议和研究有关的法律和科技问题。其任务是制定和平利用外空的原则和规章，促进各国在和平利用外空方面的合作，研究与探索和利用外空有关的科技问题和可能产生的法律问题。

（五）援救宇航员原则

宇航员被视为人类的使节，宇航员发生意外事故或遇难时，各国应向他们提供一切可能的援助。

（六）国家责任和赔偿责任原则

各国应对其在外层空间的活动承担国际责任，不论这种活动是由政府部门或非政府部门进行的。发射国应对其空间物体在外层空间对其他国家或个人造成的损害担负赔偿责任。

（七）对空间物体的管辖权和所有权的原则

空间物体登记国对其留置于外层空间或天体的物体及所载人员保持管辖及控制权。空间物体的所有权在任何情况下均不受影响。

（八）空间物体的登记原则

为确定空间物体所有权、管辖控制权等，要求发射空间物体的国家进行登记，并应将活动的性质、进行状况、地点及结果通知给联合国秘书长、公众和科学界，该原则具有强制性的特点。

（九）保护环境原则

各国从事研究探索外层空间及天体时，应避免使外层空间及天体遭受有害污染，避免因地球以外的物质使地球环境发生不利变化，并应为此采取措施；如发现问题或有必要，可进行国际磋商。当前在外空运行成千上万的空间物体碎片，对空间环境危害性最大，已引起各国的极大关注。从事空间活动应避免对地球环境的各种污染，如化学污染和放射性污染。

（十）国际合作原则

国际合作原则贯穿于《外空条约》确立的各项原则中。该原则要求最大限度地提供便利，以促进利用与探索活动中的广泛联系和发展。由于外层空间活动本身具有跨越国界的全球性质，各国在从事外层空间活动中，不可能完全独立，需要国际合作。

三、外层空间活动的制度

（一）营救制度

自1961年苏联宇航员加加林首次进入太空，到2003年，有400多名宇航员进入太空。射入外空的空间物体和宇航员有时会发生意外事故，紧急降落地面，或未能降落到预定地点，需要国际社会大力合作，进行营救和提供协助。《营救协定》规定了各国对营救宇航员和归还空间物体的三项义务。

1. 通知

各缔结国获悉或发现在其管辖的区域，公海或不属任何国家管辖的其他任何地方发生外空事故时，有义务通知。

(1)发射当局，是指对发射负责的国家或国际组织。

(2)联合国秘书长。如果不能确认发射当局，应该用一切通讯手段公开通报这个情况，联合国秘书长应立即传播这个消息。

2. 营救、寻找

宇航员降落在一国领土内，该国应立即采取一切可能的措施营救，并给他们一切必要的帮助。人类历史上主要宇航员遇难事件有以下几件，1986年1月28日，美国"挑战者"号航天飞机在第10次飞行时，在升空第73秒后，由于右侧助推火箭密封装置出现问题，造成燃料外泄，航天飞机发生爆炸，"挑战者"号在数秒之内化成一团火球，浓烟中散射出无数碎片像流星雨一样落在大西洋海面，7名宇航员全部罹难。"挑战者"号爆炸是美国航天史上损失最大的一次悲剧，也是世界载人航天史上的灾难。2003年2月1日，美国的第一架航天飞机"哥伦比亚"号在完成飞行任务的返航途中解体，7名宇航员全部遇难。1971年6月30日，苏联联盟11号飞船完成任务后，在再入大气层前，实施返回舱和轨道舱分离时，连接两舱的分离插头分离后，返回舱的压力阀门被震开，密封性能被破坏，返回舱内的空气从该处泄漏，舱内迅速减压，致使3名宇航员因急性缺氧而死亡。

寻找和营救工作应在宇航员降落地国的领导、监督下，与发射当局密切磋商进行。宇航员降落在公海或不属于任何国家管辖范围的区域，获悉或发现国在必要时和在力所能及的范围内，均应协助寻找和营救宇航员，保证他们迅速得救，并把他们采取的措施和结果通知发射当局和联合国秘书长。对于空间物体，各国只有在发射当局的要求和协助下，有义务采取可行的措施，寻找和保护空间物体或其组成部分，发射当局没有要求，也可以不寻获。

3. 归还

无论在何地发现了发生意外的宇航员，缔约国都应立即把他们安全地交还给发射当局的代表。在发射当局管辖区域外发现的空间物体，都应在发射当局的要求下，归还给发射当局。发射当局应提出证明资料，证明该空间物体是该发射当局的。如果寻获的空间物体无人认领或无人要求归还，发现国可以自行处理。应发射当局要求寻获和归还空间物体或其组成部分所花的费用由发射当局支付。

(二)责任制度

各国及政府间的国际组织发射到外空的物体会偶然造成损害，为了使这种损害的受害者能够得到有效地国际救济，《责任公约》在《外空条约》的基础上明确了责任的主体、范围及求偿的提出和途径等。

1. 责任的主体

按照传统国际法，国家只对归因于国家的行为负国际责任，但是在外空法中则不同，国家对其在外层空间从事的活动，无论是政府从事的，还是非政府从事的，如私人企业、团体从事的外空活动，都要承担国际责任。

空间物体造成损害的责任承担者是发射国，当两国或数国共同参与一项发射活动时，一空间物体有几个发射国，这些发射国对该外空物体造成的损害负连带责任。受害国可以向发射国任一国提出赔偿要求和取得赔偿。该国在赔偿损害后，有权向共同参加发射的其他国家要求补偿。这样的规定，便于受害国及时向任一造成损害的发射国提出赔偿要求，并使所有发射国在发射空间物体时承担同样的风险，以使每个共同发射国都努力防止其发射的空间物体对他国造成损害。如果一个空间物体对另一个空间物体造成损害，并由此对第三国造成损害，这两个空间物体的发射国应承担连带责任。

2. 损害赔偿责任

承担损害赔偿责任的原则，根据《责任公约》的规定，有以下两项。

(1)绝对责任原则。即不论发射国是否有过失，只要对他国造成了损失，发射国就要承担责任。这个原则适合于空间物体对地球表面、或对飞行中的飞机造成的损害。无论损害是一个空间物体造成的，还是一个发射国的空间物体对另一个发射国的空间物体造成的损害，并由此而对第三国造成的，发射国均负绝对赔偿责任。外空责任制度之所以主要采取绝对责任原则，是因为外空活动具有高度的危险性，从而要求从事外空活动者给予特别的注意，防止造成生命财产的损害。其次，受害者一般缺乏外空活动的专业知识，无法证明加害者的过错，因而要求受害者负举证责任是不公平的。再次，一般公民或财产没有防范空间物体造成损失的保险，空间物体造成损害不能得到保险补偿，而空间物体的发射者完全可能通过保险减少风险。

(2)过失责任原则。即发射国的空间物体在地球表面以外的其他地方，对另一发射国的空间物体或其所载人员或财产造成损害的，该国负赔偿责任。由于加害者和受害者均为空间物体，其活动的风险性是一样的，所处的地位是平等的，任何一方不能要求得到特别的保护，因而在一方受到损害时，必须证明加害者确有过失，才能取得赔偿。

3. 赔偿的范围和途径

《责任公约》规定损失的概念是指生命的丧失、身体受伤或健康的其他损害；国家、自然人、法人的财产或政府间国际组织的财产受损失或损害。另外，《责任公约》又规定要把损害恢复到未发生前的原有状态，这就意味着对环境的清理和恢复也应包括在赔偿之内。

求偿的途径分为三种。

(1)使用国内程序。受害国或受害人直接向发射国法院、行政法庭或其他机关提出赔偿要求。

(2)通过外交途径，由有关国家谈判协商求得赔偿。在外空损害赔偿制度中免除了用尽当地救济这一前提条件。

(3)成立求偿委员会。从求偿国向发射国提交求偿文件之日起，期满1年，未能通过谈判协商解决，只要一方要求，可以成立由3人组成的求偿委员会解决。

(三)登记制度

登记制度是根据1975年的《登记公约》确立的，它有助于辨认射入外层空间的物体属于哪个国家或国际组织，其目的在于根据援救制度、责任制度确定有关国家的权利、义务和责任，从而有助于实施国际空间法的原则和规则。

发射到外空的空间物体必须在一个发射国登记。发射国是指发射或促进发射空间物体的国家，或从其领土或设施发射空间物体的国家。根据发射国的定义，一个发射到外层空间的物体可能有不止一个发射国，然而发射到外空的空间物体只能在一个发射国登记。若一个空间物体有两个以上发射国，应由各国共同决定由其中哪一国登记该空间物体。

联合国秘书长保持一份外空物体总登记册，登记国有义务将其发射的空间物体的有关资料向秘书长报告以便登记。这些资料包括发射国和各发射国的名称；空间物体的适当标志，或其登记号码及一般功能；发射的日期和地点及轨道参数等。若登记国切实知道其所登记的物体已不复在地球轨道内，应尽速通知联合国秘书长。联合国秘书长保存的总登记册应充分公开，听任查阅。

(四)月球开发制度

1979 年的《月球协定》确立的月球的法律地位和开发利用的有关制度是：月球及其自然资源是人类的共同财产，任何国家不得对月球提出主权要求或据为己有；月球供各国专为和平目的的使用，禁止在月球使用武力或以武力相威胁、或从事任何其他敌对威胁行为，禁止在月球建立军事基地、设施、设置核武器、试验任何类型武器或军事演习；月球及天体不应遭受破坏；月球及天体的探索和利用为全人类谋福利；探索和利用的活动尽可能通知联合国秘书长、科学界及各国，各国对其在月球上的人员、运载器保有管辖权和控制权，各国应对其在月球上的活动负有国际责任。月球开发制度适用其他天体的开发，即人类能进入其他天体时，《月球协定》将适用于其他天体。《月球协定》已于 1984 年生效，但美国和俄罗斯两个主要空间国尚未签署和加入这一协定。

(五)卫星直接电视广播法律制度

1965 年，美国发射国际通信卫星一号被认为是利用卫星进行电视广播的开始。利用卫星进行直接电视广播对促进各国科学文化联系及交往起着重要作用，但也有可能成为干涉他国内政的工具。因此在制定共同遵守的卫星电视广播的原则时，所争议的焦点主要集中在新生国家的主权和自由传播消息的问题上。1982 年，联合国大会通过了《关于各国利用人造地球卫星进行国际直接电视广播所应遵守的原则》决议。主要内容有：

(1)利用卫星进行国际直接电视广播活动，不得侵犯各国主权，包括不得违反不干涉原则，并且不得侵犯人人有寻求、接受和传递情报和思想的权利。

(2)卫星国际直接广播应遵守国际法。

(3)国家及其授权的个人或实体从事卫星直播活动权利一律平等。

(4)同一国际直接电视广播服务范围的任何广播国或接受国有要求协商的权利和迅速与之协商的义务。

(5)保障版权和邻接权利。

(6)卫星直播国应将直播意图通知收视国并与之协商。

上述原则反映了发展中国家的要求，虽尚未成为有法律约束力的规则，但对国际直接电视广播活动有指导意义。

(六)卫星遥感制度

卫星遥感对于资源勘探、环境监测、气象预报、自然灾害预计有很大作用。但是，遥感必然涉及国家主权问题，遥感是否应事先取得受感国同意以及遥感所取得的资料可否由遥感国自由处理等问题。上述问题早在 1972 年就纳入外空委员会法律小组委员会的议程。

审议过程中，发展中国家强调遥感必须尊重受感国的主权及其对自然资源的永久权利，发达国家则认为遥感是在外空进行的，应适用外空自由利用原则。直到 1986 年联合国大会通过《关于外层空间遥感地球的原则》决议，其主要内容是：遥感活动应为所有国家谋福利和利益，应遵守国际法。

(1)遥感国应与受感国协商，提供参与遥感活动机会以增进相互利益。

(2)受感国有权按合理价格取得原始数据和经处理的数据。

(3)参加遥感活动的国家应将有助于保护地球自然环境和促进人类免受自然灾害侵袭的资料提供给有关国家。

上述原则既照顾到受感国的主权和利益，也不妨碍遥感国的遥感活动，成为遥感活动中所应共同遵守的制度。

(七)外空使用核动力源的法律制度

外空使用核动力源就是利用同位素或核反应堆，提供航天器所需要的电能，但是核动力卫星失事而重返地球的事件多次发生，这对地球的环境，人类生命财产构成威胁。联合国外空委员会在 1978 年提出了这个问题，1992 年联合国大会通过了该委员会拟定的《关于外层空间使用核动力源的原则》的决议，其主要内容是：

(1)在外空使用核动力能源应按照国际法进行。

(2)确定安全使用的准则和标准。规定了核动力源的使用限于非用不可的航天器。

(3)对核动力卫星拥有管辖和控制权的国家在发射前应做彻底和全面地安全评价，并公布评价结果。

(4)发射国在核动力源的空间物体有发生故障而产生放射性物质重返地球的危险时，应及时通知其他国家，并将该资料送交联合国秘书长。

(5)拥有监测和跟踪设施的国家应本着国际合作精神，向联合国秘书长及有关国家提供情报，发射国和所有拥有有关技术的国家和国际组织应对受影响的国家提供协助。

(6)发射国承担国际责任。赔偿应包括有适当依据的搜索、回收和清理工作的费用和包括第三方提供援助费用。

第四节 中国空间法及空间技术的发展

一、中国航空法的发展

中国于 1974 年承认《芝加哥公约》，同时参加国际民用航空组织，并自 1977 年开始当选为该组织的理事会员国。中国于 1955 年颁布了《中华人民共和国民用航空法》，该法是我国规定民用航空的一部基本法。中国 1978 年加入了《东京公约》，1980 年加入了《海牙公约》和《蒙特利尔公约》。中国全国人大常委会在 1992 年还专门通过了《关于惩治劫持航空器犯罪分子的决定》。

二、中国航天法以及航天技术的发展

中国于 1980 年正式加入联合国和平利用外层空间委员会，于 1983 年加入《外空条

约》，于 1988 年又加入了《营救协定》、《责任公约》和《登记公约》。中国曾在在承揽国际商业卫星发射活动中依据《外空条约》和《责任公约》的规定与英国、美国签署协定，解决了有关国家赔偿责任的划分和承担问题。

中国的航天技术发展从一片空白到跻身于世界先进行列，成为我国综合国力的体现。"两弹一星"的成功是中国航天史上第一个里程碑。第二个里程碑是载人航天器，使我国成为世界继美国和前苏联后第三个实现这一目标的国家。绕月工程就是第三个里程碑。1956 年 10 月 8 日，中国第一个导弹研究机构——国防部第五研究院正式诞生。中国航天从仿制近程导弹到拥有完整的地地、地空、海防导弹武器系统，从研制探空火箭到具备研制发射各种卫星和载人飞船的能力。1964 年 6 月 29 日，我国独立研制的中近程导弹东风二号的成功发射，揭开了我国导弹、火箭、卫星发展的序幕。1970 年 4 月 24 日，我国用自行研制的长征一号运载火箭成功地将东方红一号人造地球卫星送往太空，动听的《东方红》乐曲在太空回响。我国研制的 12 种长征系列运载火箭，基本上满足了发射不同用途卫星的要求。我国独立研制成功了返回式遥感卫星系列、东方红通信广播卫星系列、风云气象卫星系列、实践科学探测与技术试验卫星系列、资源地球资源卫星系列和北斗导航定位卫星系列。在发展系列卫星的同时，国家支持发展卫星公用平台，已形成了东方红三号卫星平台、东方红四号大型静止轨道卫星平台等卫星公用平台。

2003 年 10 月发射神舟五号载人飞船，取得首次载人航天飞行的成功，使我国成为世界上第三个独立开展载人航天的国家。杨利伟成为第一位进入太空的中国航天员。2008 年 9 月神舟七号载人飞船发射，航天员翟志刚首度实施空间出舱活动，中国成为世界上第三个掌握空间出舱活动技术的国家。2005 年 1 月开始实施的自主对月球的探索和观察，即"嫦娥工程"，开启中国航天深空探测的第一步。2011 年中国第一个目标飞行器和空间实验室"天宫一号"发射。嫦娥探月工程、北斗卫星导航系统、新一代运载火箭等重大工程的实施，将再攀航天高峰，中国还将继续开展探索火星的空间活动。

航天科技已广泛应用于我国经济、科技、社会和国防建设的各个领域，取得了显著的社会效益和经济效益。卫星遥感已在气象、地矿、测绘、农林、土地、水利、海洋、环保、减灾、交通、区域和城市规划等方面得到广泛应用，在国土资源调查、生态保护、西气东输、南水北调、三峡工程等重大工程建设中发挥了重要作用。卫星广播电视业务的开展与应用，提高了全国广播电视，特别是广大农村地区广播电视的有效覆盖范围和覆盖质量。卫星导航定位技术广泛应用于交通运输、基础测绘、工程勘测、资源调查、地震监测、气象探测、海洋勘测等领域。中国一贯坚持和平利用太空的原则，中国所开展的航天活动包括月球以及深空探测的活动，目的都是为了共同地探索宇宙、造福人类。中国所确定的工程目标和科学目标不包含任何与军事相关的因素。

本章练习

【思考题】

1.《芝加哥公约》确立了哪些国际民用航空制度？

2. 各国从事外空活动应遵守哪些原则、规则和制度？

3.《东京公约》、《海牙公约》、《蒙特利尔公约》及《补充蒙特利尔公约的议定书》对危害国际民用航空安区的非法行为及其管辖权是怎样规定的？

【综合训练】

卓长仁劫机案。1983 年 5 月 5 日，从沈阳机场飞往上海的中国民航班机 296 号，被机上卓长仁等 6 名持枪歹徒采用暴力和威胁的方式劫持。他们用枪射击驾驶舱门锁，破门闯入驾驶舱后，对舱内人员射击，严重危及飞机和全机人员的安全。飞机被迫在我国渤海湾、沈阳、大连和丹东的上空盘旋后飞入韩国领空，被韩国战斗机拦截，迫降在该国的春川机场。最后，他们向韩国当局缴械并被拘留。韩国将情况通知了中国政府和国际民用航空组织理事会。中国向韩国提出请求，将被劫持的航空器以及机组人员、乘客交给中国民航当局，并将劫机罪犯引渡给中国处理。国际民用航空组织致电韩国当局，要求按国际民用航空组织大会的决议和韩国参加的 1970 年《关于制止非法劫持航空器的公约》的规定，对劫机犯予以惩处。

随后，中国与韩国代表谈判，签署了一份关于交还乘客、机组人员和飞机问题的备忘录。被劫持的飞机归还给中国。对于劫机罪犯的处理，韩国拒绝了中国的引渡要求，而坚持由其自行决定进行审讯和实施法律制裁。1983 年 6 月 1 日，韩国汉城地方检察院以违反韩国《航安全法》、《移民管制法》和《武器及爆炸物品管制法》为由，判处卓长仁等 2~6 年徒刑。

分析：

1. 中国是否有权利提出引渡请求？韩国拒绝引渡中国六名劫机犯是否符合国际法？
2. 韩国对劫机犯是否有管辖权？以及韩国法院的判决是否符合国际法？

【要点提示】

1970 年《关于制止非法劫持航空器的公约》规定：卓长仁等 6 人均构成了国际法上的可引渡空中劫持罪。韩国是《海牙公约》的成员国。依公约的规定：如果缔约国规定只有在订有引渡条约的情况下才予引渡，而有关国家间又无引渡条约时，则公约就是引渡的法律根据。因此，中国可向韩国提出引渡请求。由于公约所规定的引渡并非缔约国的一项义务，当时中韩尚无外交关系，韩国有权拒绝中国的引渡请求。如果不引渡罪犯，则应无例外地将此案提交主管当局起诉。韩国方面承担并履行了起诉及审判卓长仁等 6 名罪犯的义务。但是，《海牙公约》明确规定：缔约国应根据本国法律，对有关罪犯不问其行为动机都应予以严厉惩罚。韩国司法部门最后仅判处卓长仁等 6 名罪犯 2 年至 6 年有期徒刑，这一刑罚显然是极轻的，没有彻底履行公约所规定的义务。

第七章　国际环境法

【知识目标】
国际环境法的特点，国际环境法的基本原则，国际环境法律制度。
【能力目标】
能分析国际环境法问题及中国环境法的发展。

第一节　国际环境法概述

一、国际环境问题的产生

在人类的生产、生活过程中，环境污染和生态破坏问题诸如全球气候变化变暖、臭氧层破坏、淡水和海水资源污染、生物多样性减少、酸雨、森林面积减少、土地沙漠化等随之产生。全球环境生态资源是一个不可分割的整体，一国的环境问题会超越主权国家的国界和管辖范围，演变为区域性的或者全球性的环境污染和生态破坏问题。因此，国际法的一个新的分支学科——国际环境法应运而生。环境问题已经成为与国际安全、世界经济并列的第三大国际问题。

国际环境问题指由于人类在长期的生产、生活过程中，造成的超越主权国家的国界和管辖范围的、区域性和全球性的环境污染和生态破坏问题。例如：海湾战争期间，伊拉克将 95 亿升石油倾倒在沙漠里，估计大约有 15 亿升石油进入海湾，造成了海洋和陆地污染。在海湾战争期间，伊拉克将科威特的 600 多眼油井点燃，油井燃烧排放出的大量污染物质对人体健康造成了威胁。

二、国际环境法的概念

国际环境法是指调整国际法主体在保护环境的过程中形成的国家间关系的法律规范的总称。国际环境法作为国际法的一个分支，是国际法的一个特定领域。

与其他国际法相比，具有其特殊性。

1. 国际环境法的科学技术性

国际环境法与科学技术有密切的联系，与其他国际法比较，具有较强的科学技术特性。国际环境法的制定与实施在相当程度上依赖于科学技术的支持。国际环境法包含许多技术性规范，这些技术性规范就是国际环境法律规范。

2. 国际环境法的软法性

"软法"是指严格意义上不具有法律约束力，但又具有一定法律效果的国际文件。国际组织和国际会议的决议是国际环境法的重要组成部分。国际组织和国际会议的决议就是"软法"，带有建议的性质，本身没有严格的执行力。"软法"成为国际环境法的一大特色，如《人类环境宣言》、《里约宣言》、《21 世纪议程》、《森林原则》等。

3. 国际环境法的生态性

国际环境法既是国际法的一个领域，同时又涉及环境生态科学。这主要表现在全球环境生态资源的整体性。全球环境的保护、利用和改善必须建立在环境生态科学的基础上。

4. 国际环境法的综合性。国际环境法解决环境问题的手段是综合性的，其综合利用法律、经济、社会、技术等方法解决环境与资源问题。

三、国际环境法的渊源

国际环境法是国际法的一个分支，其渊源基本上与国际法相同，主要包括：

（一）国际条约

按条约的性质，国际环境条约主要可分为如下三类：1. 国际公约。这类条约提出的一些法律规则通常具有一般适用性，具有普遍的拘束力。2. 双边或多边条约。3. 议定书。通常为实施某个环境公约或条约而制定，用以补充、说明、解释或改变主条约的规定，从而使主条约具有可操作性。例如，《关于消耗臭氧层物质的蒙特利尔议定书》就是为保证《保护臭氧层维也纳公约》的实施而制定的。

（二）国际习惯

国际习惯是基于长时期国际法主体彼此之间交往的关系而形成的，它由两个因素构成：一是各国类似行为的重复，另一是被各国认为有法律拘束力。

1941 年"特雷尔"冶炼厂一案的国际仲裁庭确定了有关跨界环境保护问题的基本原则，即任何国家都没有权利在自己的境内从事或允许从事即将造成或可能造成其他国家的领土、财产或个人的损害的活动。此案由位于美国、加拿大边境加拿大一侧的特雷尔冶炼厂排放过量的二氧化硫污染美国境内的庄稼、牧场和林木而引起。由美国、加拿大和比利时各派代表一人组成的仲裁法庭于 1941 年作出了如下著名裁决："根据国际法原则，任何国家无权使用或允许使用其领土，以在他国领土内或者对着他国领土或其中的财产及国民施放烟雾这样的方式造成损害，如果这种气体造成的后果是严重的且损害能够被确凿的证据证实的话。"这一原则在《斯德哥尔摩宣言》、《联合国自然保护宪章》和《里约宣言》都得到了反复的重申和确认。从《联合国宪章》第 74 条的睦邻原则及互相尊重领土主权原则也可导出有关跨界环境损害的基本原则。因此禁止明显的重大跨界环境损害已成为国际习惯法的一项基本原则。

（三）软法

"软法"在国际环境保护领域尤为突出。主要原因是，如何开发、利用和保护环境与资源涉及国家的根本利益，迅速缔结国际条约有时会遇到重重困难。而"软法"对各国不具有法律上的拘束力，通过的程序较为简易，可以在各国就有拘束力的法律规范达成共识之前，迅速反映国际社会对环境保护的重大问题的关注和愿望。"软法"在国际环境保护领域中得到广泛运用，成为国际环境法的一个重要渊源。

（四）其他渊源

《国际法院规约》中列举的其他国际法渊源有：一般法律原则；司法判例；国际法学说；"公允及善良"原则。

四、国际环境法与国内环境法的关系

我国宪法对国际法在国内法律体系中的效力没有明文规定，一些全国性的立法有相关规定。我国现行《环境保护法》第46条规定："中华人民共和国缔结或参加的与环境保护有关的国际条约，同中华人民共和国的法律有不同规定的适用国际条约的规定，但中华人民共和国声明保留的条款除外。"这表明我国缔结或参加的与国际保护有关的国际环境条约（除我国声明保留的条款外）在我国境内直接适用，不需要国内立法机关将它转化为国内法；国际环境条约的效力优于国内环境法。

五、国际环境法的主体

国际法主体是指能独立参加国际法律关系并直接在国际法上享受权利和承担义务，并且有独立进行国际求偿能力者。在国际环境法领域中，国家是最基本的主体，政府间的国际组织是派生和有限的主体。政府间的国际组织和非政府组织在国际环境立法和执法中发挥着越来越重要的作用。鉴于非政府组织在国际环境合作中发挥着越来越重要的作用，《里约宣言》和《21世纪议程》等文件都有旨在扩大国际环境法律主体的倾向。因此，有的学者认为，在特定领域（如在国际人权保护公约和欧盟法律等）非政府组织、法人和个人可以成为有限主体。

第二节　国际环境法的基本原则

国际环境法作为国际法的一个特定领域，必须遵守国际法的基本原则。因此，国际环境法的基本原则必须以国际法的基本原则为基础。但国际环境法的基本原则还要适应环境保护的要求，因此，国际环境法的基本原则是指被国际社会公认的，普遍适用于国际环境法各个领域的，构成国际环境法基础的那些原则。

国际环境法的基本原则主要包括国家环境主权原则、可持续发展原则、预防原则、国际合作原则、共同但有区别的责任原则。

一、国家环境主权原则

国家主权原则是国际法的基本原则之一。国际环境法作为国际法的一个分支，也必须遵循国家主权的原则，形成了国家环境主权原则。国家环境主权原则即"国家环境主权及不损害国外环境责任原则"。其不仅强调各国在开发、利用、保护本国环境资源时拥有环境主权权利，而且强调各国应承担的一项基本环境法律义务。《联合国人类环境宣言》提出："按照《联合国宪章》和国际法原则，各国有按自己的环境政策开发自己资源的主权；并且有责任保证在他们管辖或控制之内的活动，不致损害其他国家的或在国家管辖以外地区的环境。"1974年核试验案（Nuclear Test Case），是国家环境主权原则的体现。核试验案发生在 1966 年至 1972 年期间，法国在其南太平洋领土波利尼西亚的穆鲁罗瓦环形珊湖岛，多次进行大气层核试验。正当法国准备于 1973 年进一步开展核试验时，遭到了澳大利亚和新西兰的反对。1973 年 5 月 9 日两国分别向国际法院对法国提起诉讼。两国认为法国的核试验是对其领土主权的严重侵犯，要求法国停止核试验。1973 年 6 月 22 日国际法院发出"临时保护措施令"，要求法国政府应当避免导致新西兰和澳大利亚领土放射性物质降落沉积的核试验。后来法国表示不准备在南太平洋上空进行新的大气核试验。国际法院在 1974 年 12 月 20 日，认为不必对此作出进一步的判决。可见，1974 年核试验案对防止核试验污染具有深远的影响，也体现了国家环境主权原则所强调的各国应承担的环境义务。

二、可持续发展原则

世界环境与发展委员会在 1987 年发表了题为《我们共同的未来》的报告。在报告中对"可持续发展"作出了如下定义："可持续发展是既满足当代人的需要，又不对后代人满足其需要的能力构成危害的发展。"这一原则已经成为国际环境法的一个基本原则。可持续发展原则强调经济社会发展不能以牺牲环境为代价，不能以损害后代的利益为代价，要使经济、社会、资源和环境保护相协调。可持续发展既要发展经济，又要保护人类赖以生存的自然资源和环境，确保经济发展建立在可持续、环境友好、保护子孙后代永续发展，实现自然资源的可持续利用和当代人与后代人利益的平衡。这里需要指出的是低碳经济将是未来人类社会发展的主流。低碳经济是以低能耗、低污染、低排放为基础的经济发展模式。其实质是能源高效利用和清洁能源开发，核心是能源技术和减排技术创新、产业结构和制度创新以及人类生存和发展观念的根本转变，即摒弃传统的经济增长模式，通过低碳经济模式与低碳生活方式，来减少温室气体排放对全球气候的影响，实现世界经济的可持续发展。

三、预防原则

国际环境法中的预防原则是指在环境损害发生之前，预先采取合理谨慎的措施防止危害的产生。其主要包括损害预防原则和风险预防原则两个方面。损害预防原则要求国家应尽可能早地在环境损害发生前采取措施以防止或减轻环境损害后果的发生。1992 年环境发展大会上发表的《里约宣言》提出："遇有严重或不可逆转的损害威胁时，不得以缺乏完全的科学确定性为理由，推迟采取符合成本效益、且能防止环境恶化的措施。"风险预防原则在环境发展大会上确立下来。风险预防原则要求在危险发生之前，就应当预先去防止其对环境及人类危害的产生，不能以缺乏完全的科学性为理由，推迟采取或不采取预防措施。

历史上发生的环境污染事件，多是当时未能贯彻风险预防原则而产生的不良后果。例如世界上影响较大的四个环境污染事件。一是 20 世纪 30 年代，比利时发生了一起震惊世界的环境污染事件——马斯河谷烟雾事件，这也是 20 世纪有记录以来最早的一次大气污染惨案。二是 20 世纪 40 年代，美国洛杉矶光化学烟雾事件。直到 20 世纪 70 年代，洛杉矶市还被称为"美国的烟雾城"。三是 20 世纪 50 年代,伦敦长期污染造成的毒雾事件。四是 1953 年至 1956 年间的"日本水俣病"事件。这些历史上的环境污染事件警醒我们经济发展不能以牺牲环境为代价,而要注重风险预防,不能以缺乏完全的科学性为理由,推迟采取或不采取预防措施。

四、共同但有差别的责任原则

共同但有差别的责任原则最早确立于 1992 年的里约环境与发展大会。各国对于对保护全球环境负有共同的但又有差别的责任。国际环境的保护和改善,各国都负有共同的责任,即每个国家都有义务,同时每个国家也有权利参加环境问题的解决。但各国在国际环境保护中承担的责任又是有区别的。国际环境问题的产生与恶化,是发达国家在长期的工业化过程中的污染行为造成的,因此,发达国家应当承担更严格或者更多的责任。发达国家掌握更多的资金和技术,发达国家在发展中国家解决环境问题时,应当向发展中国家提供资金或技术转让。气候变化问题主要是由工业化国家造成的,发达国家对气候变化负有不可推卸的历史和现实责任。联合国政府间气候变化专门委员会的科学报告表明,主要温室气体二氧化碳排放到大气中具有长达 50 年至 200 年的生命期。200 年来,发达国家在工业化和经济高速发展的同时无节制地排放温室气体是人为影响气候变化的主要原因。但是,美国迄今仍拒绝签署《京都议定书》;欧盟国家当前的减排量距《京都议定书》规定的目标相去甚远;加拿大的排放量甚至超过了 1990 年时的水平。从当前的现实来看,发达国家在应对气候变化问题上仍未能承担起应负的责任。作为发展中国家,中国虽然无需履行《京都议定书》的强制减排义务,但是中国仍然根据自己的可持续发展战略主动采取了一系列节能减排措施。

五、国际环境合作原则

国际合作原则作为国际法的基本原则之一。在国际环境法领域,国际合作原则也是贯穿国际环境法的各个领域的一项基本原则。国际环境问题是具有全球性、普遍性的问题,全球的环境是相互联系、相互作用的,离开了国际合作,国际环境问题是无法解决的。国际环境合作原则,是指各国在解决环境问题方面,应当合作而非对抗,通过协调一致,采取措施保护和改善全球环境。2011 年 3 月 11 日,日本本州岛临近海域发生里氏 9.0 级地震,地震引发了巨大海啸。在地震和海啸的冲击下,日本福岛第一核电站 1、2 号核电机组发生泄漏。地震发生后,东京电力公司没有立即发布福岛核电站冷却系统失灵的消息。在 3 月 12 日福岛第一核电站 1 号机组爆炸后,东京电力公司也没有立即通告日本政府,为保住资产,一直拖延至 3 月 13 日才灌注海水冷却反应堆,致使核电站出现裂缝导致核污水泄漏进大海。由于隐瞒和延报事故,日本政府也错过了应对核电事故的最佳时期,也未做核事故信息披露工作。日本政府无视《核事故及早通报公约》、《联合国海洋法公约》等国际法相关规定,延误专家援助,擅自倾倒大量核废水,未能有效控制海洋环境污染,违反了国际环境合作原则。

第三节　国际环境的法律保护

国际环境的法律保护主要包括大气环境的法律保护、海洋环境的法律保护、有害废物跨境转移的法律控制以及自然资源的保护。

一、大气环境的法律保护

如今，大气污染已经超越国界，其危害也遍及全球。全球大气环境受大气污染的影响主要表现在三个方面：一是臭氧层破坏，二是酸雨腐蚀，三是全球气候变暖。因此，大气环境的法律保护主要集中在对臭氧层的保护与温室气体的控制两个方面。

(一)对臭氧层的保护

臭氧层具有吸收紫外线的作用。太阳光中的波长300μm以下的紫外线能够被臭氧层吸收。臭氧层就如一把保护伞，保护地球上的人类和动植物免遭短波紫外线的伤害。20世纪80年代，臭氧层的破坏现象日益严重。南极洲臭氧层破洞是在上世纪50年代首次被发现，其面积曾于2015年10月达到2690万平方公里，比北美整个面积还要大。引起臭氧层破坏的主要物质是氟氯碳化合物(又称氯氟烃产品，简称CFCS。氟氯碳化合物是致冷剂的原料，广泛用于冷气系统、电冰箱和汽车等)。为了保护臭氧层，一系列保护臭氧层的国际条约得以通过。1985年在维也纳通过了《保护臭氧层维也纳公约》。1985年《保护臭氧层维也纳公约》是一个框架性公约，其宗旨是阻止臭氧层的破坏对人类和自然界造成严重损害。《公约》规定各国的义务是采取适当的国际间合作与行动措施，以保护人类健康和环境，免受足以改变或可能改变臭氧层的人类活动所造成的或可能造成的不利影响。虽然公约主要内容是关于程序性的问题，对缔约国的实体义务没有达成任何实质性的控制协议，但却是国际社会在国际环境问题上进行合作的重要的一步。

为了保证《保护臭氧层维也纳公约》的实施，1987年通过了《关于消耗臭氧层物质的蒙特利尔议定书》。1987年议定书对限制消耗臭氧层的物质生产与消费作出了具体规定。1987年议定书曾经历了多次修改。其主要内容有：(1)要求缔约国阶段性地削减消耗臭氧层的物质，并最终停止生产和使用这些物质。(2)为满足发展中国家的需要，对其作出了一些具有优惠性质的特殊规定。(3)禁止与非缔约国交易消耗臭氧层物质。企图以此促使全球各国加入该公约，共同保护臭氧层。迄今为止，通过1985年公约及其议定书的执行，全球已淘汰了历史基准线水平98%的消耗臭氧层物质。截至2015年，保护臭氧层行动得到全球197个国家和地区的广泛参与，全球履约取得显著成效，实现了巨大的环境、健康和气候效益。

(二)温室气体的控制

二氧化碳、氮氧化物、氟氯碳化合物、甲烷等物质统称为温室气体。工业革命以来，由于煤炭、石油和天然气等燃料的大量使用。这些燃料燃烧后又释放出大量的二氧化碳，使大气中二氧化碳的含量不断增加，最终形成温室效应。温室效应导致了诸如干旱、热浪、热带风暴和海平面上升等一系列严重的自然灾害，对人类的生存造成了巨大的威胁。科学家预测：如果地球表面温度的升高按现在的速度继续发展，到2050年全球温度将上升2~4摄氏度，南北极的冰山将大幅度融化，导致海平面大幅上升，一些岛屿国家和沿海城市将淹于水中，其中包括几个著名的国际大城市：纽约，上海，东京和悉尼。国际社会越来越认识到温室效应的危害。为了控制温室气体排放，1992年5月22日联合国政府间谈判委员会就气候变化问题达成《联合国气候变化框架公约》(United Nations Framework Convention on Climate Change，简称《框架公约》，英文缩写UNFCCC)。该公约于1992年6月4日在巴西里约热内卢举行的联合国环发大会(地球首脑会议)上通过。《联合国气候变化框架公约》是世界上第一个为全面控制二氧化碳等温室气体排放，以应对全球气候变暖给人类经济和社会带来不利影响的国际公约，也是国际社会在对付全球气候变化问题上进行国际合作的一个基本框架。1994年3月21日《框架公约》生效。这是一个框架性文件，未对温室气体制作的控制作出具体规定。该公约共26条，其目标是控制人为温室气体的排放。

1997年12月，《框架公约》缔约方在日本东京召开了第三次缔约方大会。此次会议缔约方签署了《京都议定书》。议定书主要对发达国家未来温室气体的排放控制规定了具体目标，规定发达国家应个别或者共同的确保其温室气体的排放总量(以二氧化碳当量计)，《京都议定书》为每一发达国家确定了"有差别的减排"指标。议定书于2005年2月16日生效。

目前已有189个国家加入了气候公约，161个国家成为了《京都议定书》的签约国。气候公约和京都议定书的最终目的是将大气中的温室气体含量稳定在一定水平，防止人为活动对气候系统造成危险的干扰。在实现这一目标的过程中，必须留有充足的时间让生态系统自然地调整到能适应气候变化，确保食物生产不受威胁，并使经济以可持续的姿态向前发展。

国际上，碳税和总量控制碳交易被认为是减排温室气体最为有效的两种市场经济手段。2016年国务院印发《"十三五"控制温室气体排放工作方案》，对"十三五"时期应对气候变化、推进低碳发展工作作出全面部署。方案强调，建立全国碳排放权交易制度，2017年启动全国碳排放权交易市场。

二、危险废物的国际管制

随着人类大规模工农业生产活动的进行，有害废弃物急剧增加。废物问题造成的环境污染问题，是世界各国面临的难题。如何处置这些废物，需要国际合作。通过国际社会立法，减少危险废物的排放以及控制危险废物的跨境转移。很多发达国家为了减少有害废物的处置成本，往往将其输往一些发展中国家。这些发展中国家成为危险废物的垃圾场。有害废物的越境转移，不仅造成了一些发展中国家严重的环境污染问题，而且严重危害了当地的人民生命、健康以及生态安全。2006年8月，一家荷兰公司租用一艘悬挂巴拿马国旗的希腊货轮，用来运送石油工业垃圾。货轮在塞内加尔和尼日利亚等一些西非国家遭拒绝后，最终"落脚"阿比让。8月19日夜间，货轮通过科特迪瓦代理公司，在阿比让市多处倾倒了这些毒垃圾。这些垃圾中毒性最大的物质是硫化氢。硫化氢被称为具有刺激性和窒息性的无色气体，有很浓的臭鸡蛋味道，而且溶于水和油，被视为"神经毒剂"。在这些垃圾被倾倒数日后，垃圾中的硫化氢气体大多挥发出来，造成附近居民出现呼吸困难、恶心呕吐、头痛等症状，严重者因为窒息而死亡。迫于压力，前总理班尼领导的过渡政府于 2005 年 9 月 6 日集体辞职。9 月 16 日，在撤换运输部长和环境部长的前提下，科特迪瓦成立新的过渡政府。

联合国环境规划署对危险废物和其他废物的管理包括其越境转移和处置极其重视。为了保护人类健康和环境，在联合国环境规划署主持下，1989 年国际社会签署了《危险废物越境转移及其处置的巴塞尔公约》。这是人类历史上第一个关于危险废物越境转移及其处置的国际性公约。《巴塞尔公约》于 1992 年 5 月 5 日生效。《巴塞尔公约》规定了缔约国的责任和义务有：(1)减少危险废物的产生；(2)促进有利于环境的废物管理；(3)尽可能地在废物产生地处置废物，将废物的越境运输降到最低程度；(4)防止危险废物的非法转移。

三、海洋环境的保护

随着海洋开发活动的进行，海洋污染问题日益突出。海洋污染造成了海洋生态系统的破坏、海水富营养化，危害了海洋生物的生存。海洋污染问题在 20 世纪 50 年代，就引起国际社会的广泛关注。从此，国际社会开始进行保护海洋环境的国际立法。

1. 防治陆源污染

海洋污染物总量的 80% 来自于陆源污染，可见，海洋环境污染主要来自于陆源污染。陆源污染一般发生在一国管辖领土范围以内。陆源的污染，主要是指人类将垃圾、工业废物和农业用的化学物质直接或间接地引入海洋环境而造成的污染。1974 年，在联合国政府间海事协商组织积极组织下签订了《防止陆源污染物质污染海洋公约》。《防止陆源物质污染海洋公约》中对陆源污染的界定为：(1)通过水道；(2)源于海岸，包括通过地下水或其他管道的引入；(3)源于公约所适用区域内一缔约方管辖内所铺设的人造设施对海洋区域所造成的污染。《防止陆源污染物质污染海洋公约》产生后，世界各沿海国在区域范围内就防治海洋环境陆源污染方面进行了广泛合作，制定了一系列的区域性的防治陆源污染的公约。国际社会对于防治陆源污染海洋的意识得到进一步的加强。

1982 年第三次联合国海洋法会议通过了《联合国海洋法公约》。《联合国海洋法公约》为保护海洋环境免遭陆源污染，制定了适用的国际规则，为各国采取国家、区域性、全球性的防治海洋污染行动提供了一个战略框架。《联合国海洋法公约》规定：各国应该制定法律和规章，以防止、减少和控制陆源污染；各国应该采取其他可能、必要的措施，以防止、减少和控制陆源污染；各国应该尽力在适当的区域协调其在防治陆源污染方面的政策；各国应该通过主管国际组织或外交会议采取行动，尽力制订全球性和区域性规则、标准和建议的办法及程序，以防止、减少和控制陆源污染，同时考虑到区域的特点、发展中国家的经济能力及其经济发展的需要。

2. 防治船舶污染

随着航运业的发展，船舶造成海洋环境污染日趋严重。1954 年的《国际防止海上油污公约》获得通过，其目的是为了管制船舶排放废油和其他油性混合物。《国际防止海上油污公约》是第一个防止海洋和沿海环境污染的国际公约。1973 年政府间海事协商组织在伦敦召开国际防止船舶污染会议，制定了《1973 年国际防止船舶造成污染公约》。该条约的重要意义表现在：进一步扩大了缔约国的范围；所管制或禁止的事项不再限于船舶油污的排出，而包括了其他有害废液、装载有害物质的容器和废物等，且禁止塑料制品的抛弃。《1973 年防止船舶污染国际公约》取代了 1954 年的《国际防止海上油污公约》。

为了解决海上油污所引起民事赔偿责任问题，国际海事组织（IMO）先后拟定了 1969 年的《国际油污损害民事责任公约》（《民事责任公约》）和 1971 年的《成立国际油污损害赔偿基金国际公约》（《基金公约》）。这两个公约使得受害人获得赔偿更加便捷，国际船舶油污责任体系初步建立。《民事责任公约》规定在油污事故方面对于油船所有者采取无过失责任，船舶所有人对油污损害承担有限责任，并规定了最高赔偿总额。在 1992 年和 2000 年，国际海事组织对两个公约进行了修改以提高油污受害者可获赔偿限额。2001 年 3 月，国际海事组织通过了参照 1969 年公约模式制定的《燃油污染损害民事责任公约》（《燃油公约》），主要调整船舶的燃油舱燃油泄漏导致的污染损害的民事赔偿责任。

3. 海洋倾废的管制

海洋倾废是指通过船舶、航空器、平台或者其他载运工具，故意向海洋处置废弃物和其他有害物质的行为。在 20 世纪 60 年代以前，海洋倾废被视为是一种处置陆上废物的经济简便的方法。随着人类在生产生活过程中向海洋倾废数量的增加，国际社会逐渐认识到向海洋倾废对海洋环境会造成严重的危害。国际社会着手采取措施防止海洋倾废的发生，保护海洋环境。1972 年的《防止倾倒废物和其他物质污染海洋的伦敦公约》和 1982 年的《联合国海洋法公约》对海洋倾废行为都进行了详尽的规定。《防止倾倒废物和其他物质污染海洋的伦敦公约》是一个专门防止海洋倾废的公约，该公约的目的是控制或减少从船舶、飞机、平台或其他海上人造建筑物将废物倾倒进海中，甚至将船舶、飞机倾倒海中，防止海洋污染。1993 年，《伦敦公约》缔约国会议通过了关于禁止倾倒工业废弃物、禁止倾倒放射性废物和终止有毒液体海上焚烧三项决议，并于 1994 年启动了《议定书》的起草工作。经过三年谈判，《议定书》于 1996 获得通过。《联合国海洋法公约》是一部全面管理海洋的国际公约。《联合国海洋法公约》第 210 条，具体规定了海洋倾废造成的海洋环境污染问题。公约要求各沿海国与那些可能受到其在自己海域倾废影响的国家进行磋商，并要求在颁发许可证之前进行环境影响评估。2011 年 3 月 11 日，日本东北部海域发生里氏 9.0 级地震并引发巨大海啸，随之导致福岛核电站发生严重核泄漏事故。2011 年 4 月初，日本东京电力公司开始将福岛第一核电站内含低浓度放射性物质的 1.15 万吨受污染水排入大海。根据联合国海洋法公约，日本政府的这一行为已违反了国际法中的"倾废"规定。

防止海洋倾废的区域性的国际公约如：1972 年 2 月 15 日在奥斯陆通过《防止船舶和飞机倾弃废物污染海洋公约》（简称《奥斯陆公约》）。公约要求那些欲在北海倾废的国家必须事先向奥斯陆委员会证明其所拟议的倾废不会对海洋环境造成损害，而且并不存在其他可行的废物处理途径。

4. 海洋生物资源的养护

随着海洋污染问题的出现，国际社会越来越认识到海洋生物资源也并非是取之不尽、用之不竭的资源。人类只有保护海洋环境，对海洋生物资源加以养护，才能维持海洋生态系统平衡和人类社会对海洋生物资源的可持续利用。1982 年通过的《联合国海洋公约》对公海生物资源的养护和管理作出了集中规定。公约规定，在公海上，各国仍享有自由捕捞的权利，但该权利的行使须受到各国加入的现有国际条约所规定的责任，特别是养护责任的限制。除此外，该公约还对共有渔业资源的养护作出了特别规定。共有渔业资源指那些穿越专属经济区和公海的渔业资源。公约没有对这类资源的养护制定标准，但规定沿海国和捕捞国应对这类资源的养护和发展进行协调，并采取适当措施确保该目的的实现。

四、陆地生物资源的国际保护

对人类的生存和发展离不开陆地生物资源。但是，随着环境污染、生态环境被破坏，生物多样性丧失问题，成为国际社会不得不关心的问题。造成植物灭绝的原因是多方面的，如自然灭绝、过度利用及污染等。

为了保护和合理利用湿地资源，1971年2月2日，来自18个国家的代表在伊朗拉姆萨尔签署了《关于特别是作为水禽栖息地的国际重要湿地公约》，简称《湿地公约》。《湿地公约》于1975年12月21日正式生效。中国于1992年加入《湿地公约》。《湿地公约》的宗旨是制止目前和未来湿地的逐渐侵占和损害，确认湿地的基本生态作用及其经济、文化、科学和娱乐价值。该公约的主要内容包括：(1)缔约国至少指定一个国有湿地列入国际重要湿地名单中。(2)缔约国应设立湿地自然保留区，并就资料的交换、湿地管理人员的培训进行合作。(3)缔约国应考虑它们在管理、养护和"明智利用"水禽迁移种群方面的国际责任。该公约存在两个主要问题：第一，缺乏一个正式的基金组织向发展中国家提供所需要的援助，因此，许多发展中国家没有加入该公约。第二，缺少一个内在的关于公约修改的程序，使得该公约缺乏适应形式发展的灵活性。

为保护世界上具有突出价值的自然区域和文化遗存，1972年11月16日联合国教科文组织大会通过《保护世界文化和自然遗产公约》(以下简称《世界遗产公约》)。《世界遗产公约》明确要求缔约国对文化遗产和自然遗产进行确认和保护以及把它们移交给后代。该公约规定，在联合国教科文组织内，建立一个保护具有突出的普遍价值的文化遗产和自然遗产的政府间委员会，称为"世界遗产委员会"。该委员会负责制定《世界遗产目录》和《处于危险的世界遗产目录》。每个缔约国有责任向该委员会报告其实施公约的行动状况。该公约还建立了一项保护具有突出的普遍价值的文化遗产和自然遗产基金，并规定了具体的国际援助形式。这一公约现已为世界上大多数国家所接受，保护世界遗产的理念，得到世界各国的认同。截至2015年9月，已有191个国家加入《世界遗产公约》，1031个项目列入《世界遗产名录》，其中文化遗产802项、自然遗产197项、文化与自然双遗产32项。

为保护濒危野生动植物物种，控制有关的国际贸易，1973年3月3日国际社会在华盛顿签署了《濒危野生动植物国际贸易公约》。公约对所有国家开放加入，并于1975年7月1日生效。该公约的核心是进出口许可证制度。该公约包含三个附件，附件1所列的是面临绝种危险的物种。除特殊情况外这些物种的国际贸易一律禁止。附件2所列的是目前无绝种危险，但若对这些物种的国际贸易管理不当，就有可能会使它们面临绝种的危险。这类物种的贸易必须取得出口许可证。附件3所列的是那些不在附件1和附件2中，但一些管理比较严格的国家已通过立法加以管制的物种。该公约要求缔约国采取相应措施执行该公约的规定，并禁止违反该公约的国际贸易。该《公约》是目前较完善的全球性环境保护公约之一，对世界范围内的野生动植物物种保护发挥了重要作用，得到了国际社会的好评。截至 2016 年缔约国达 183 个。我国政府于 1981 年 1 月 8 日交存加入书,同年 4 月 8 日《濒危野生动植物国际贸易公约》对我国生效。

生境破坏使得许多植物失去"家园"是当今植物多样性丧失的最重要原因。生物多样性保护是陆地生物资源保护的一个重要部分。生物多样性,是指遗传多样性、物种多样性和生态系统多样性。生物多样性是人类可持续发展的基础。1992 年 6 月在巴西召开的"联合国环境与发展大会"上通过了《生物多样性公约》。1993 年 12 月 29 日,公约正式生效。《生物多样性公约》的制订和生效是全球生物多样性保护的一个里程碑。但因为未能消除发达国家与发展中国家之间的意见分歧,该公约没有太多的实质性内容。

第四节 中国与国际环境法

一、中国积极参与国际环境保护,加强国内立法

自 20 世纪 70 年代以来,中国就积极参与国际环境合作。1972 年 6 月,中国政府代表团出席联合国人类环境会议,是中国与国际环境保护合作的正式开端。20 世纪 80 年代,中国与许多国家进行双边或多边的环保合作,参加了不少重大的环境会议。中国成为包括联合国环境规划署在内的许多著名国际环保组织的成员国,参与制定了许多具有重要意义的国际环境条约。1978 年宪法,首次把环境保护的任务规定在总纲中,对我国环境保护工作开展起到了推动作用。1978 年宪法第 11 条的第 3 款规定:"国家保护环境和自然资源,防治污染和其他公害。"保护环境第一次作为国家的一项基本职责写入了宪法。1979 年颁布施行《环境保护法(试行)》,标志着我国进入了环境保护的法治阶段,我国环境保护法律体系开始建立。2016 年 11 月 7 日,第十二届全国人民代表大会常务委员会第二十四次会议决定对《中华人民共和国海洋环境保护法》进行修改。中国作为一个社会主义大国十分重视生态环境保护,已经将保护环境作为一项基本国策,努力坚持社会经济和生态环境保护可持续发展的方针。在国际环境事务中,中国愿意承担合理的国际义务。

二、中国与国际环境组织保持合作关系

1979 年中国开始与世界自然保护联盟建立联系。1980 年中国环境科学学会加入了该组织。双方共同制定了中国首个生态和环境保护科学框架,实施了最早的大熊猫保护项目。世界自然保护联盟资助中国建立了保护大熊猫及其生态系统研究中心。1996 年,我国外交部代表中国正式成为世界自然保护联盟的国家会员。

中国保持了与联合国环境规划署、联合国开发计划署、全球环境基金、世界银行、亚洲开发银行等国际组织在环境保护方面的积极合作,成效明显。中国一直以来与全球环境基金保持密切联系。1992 年成立的全球环境基金,是国际环境保护领域最大的投资者,一直致力于积极推动世界各国采取环境保护。作为全球环境基金的创始成员国,中国在全球环境基金中具有举足轻重的地位。中国拥有在全球环境基金中的独立的理事席位,一直与全球环境基金保持着密切的合作关系。中国在全球环境基金中,具有捐款国和受捐国的双重角色。中国不仅是受资助最多的受援国,而且是发展中国家中捐资最多的捐款国。在

全球环境基金的历次增资中，中国都发挥了积极作用。全球环境基金在资金和技术方面对中国的环境保护事业进行支持与援助，中国也将继续深入参与全球环境基金的工作，发挥其重要作用。

中国还与世界各国的民间环保组织开展了积极合作，如世界自然基金会、国际爱护动物基金会等。

三、中国参加的国际环境条约

中国积极参与国际环境保护，缔结或者参加了大量的国际环境保护的国际条约。《中华人民共和国环境保护法》第 46 条就明确规定："中华人民共和国缔结或者参加的与环境保护有关的国际条约，同中华人民共和国的法律有不同规定的，适用国际条约的规定，但中华人民共和国声明保留的条款除外。"中国加入或者签订的国际条约，除中华人民共和国声明保留的条款外，对中国具有直接的约束力。目前中国加入的与环境和资源保护有关的国际条约有：《防止海洋石油污染的国际公约》、《捕鱼与养护公海生物资源公约》、《国际捕鲸管制公约》、《东南亚及太平洋植物保护协定》、《大陆架公约》、《南极条约》、《世界气象组织公约》、《国际油污损害民事责任公约》、《关于特别是水禽生境的国际重要湿地公约》、《禁止在海床洋底及其底土安置核武器和其他大规模毁灭性武器条约》、《世界文化和自然遗产保护公约》、《关于各国探测及使用外层空间包括月球与其他天体之活动所应遵守原则之条约》、《防止因倾弃废物及其他物质而引起海洋污染的公约》、《关于禁止发展、生产和储存细菌(生物)及毒素武器和销毁此种武器的公约》、《濒危野生动植物种国际贸易公约》、《国际防止船舶造成污染公约》、《核材料实物保护公约》、《联合国海洋法公约》、《保护臭氧层维也纳公约》、《核事故或辐射事故紧急情况援助公约》、《核事故及早通报公约》、《关于消耗臭氧层物质的蒙特利尔议定书》、《亚洲和太平洋水产养殖中心网络》、《控制危险废物越境转移及处置的巴塞尔公约》、《联合国气候变化框架公约》、《生物多样性公约》、《联合国防治荒漠化公约》、《关于油类以外物质造成污染时在公海进行干涉的议定书》。中国与他国还签订了许多的双边环境保护条约。

四、中国对国际环境的影响

1. 中国已面临严峻生态挑战

中国已面临严峻生态挑战。衣、食、住、行等生活和生产活动都需要消耗地球上的资源，并且产生大量的废物，目前中国正成为全球生物多样性丧失最为严重的国家之一。

2. 中国的温室气体排放总量已位居世界第二

我国温室气体排放总量已位居世界第二，仅次于美国。《京都议定书》把市场机制作为解决二氧化碳为代表的温室气体减排问题的新路径，即把二氧化碳排放权作为一种商品，从而形成了二氧化碳排放权的交易，简称碳交易，其交易市场称为碳市场(Carbon Market)。碳交易的基本原理是，合同的一方通过支付另一方获得温室气体减排额，买方可以将购得的减排额用于减缓温室效应从而实现其减排的目标。中国未来有望建设出全世界最成功的碳交易市场，并引领其他国家加入这一关键的市场化进程。2017 年即将启动的全国碳交易市场，将令中国取代欧盟成为全球最大的碳市场。

3. 中国政府高度重视臭氧层破坏

中国是世界上最大的消耗臭氧层物质生产和消费的国家。中国政府高度重视保护臭氧层履约工作，已经累计淘汰消耗臭氧层物质25万多吨，占发展中国家一半左右。中国将继续大力推动绿色低碳替代技术开发和应用，出台《含氢氯氟烃重点替代技术推荐目录》，修订完善替代品标准法规，并通过政府绿色采购、绿色产品认证等方式鼓励和支持绿色低碳替代技术的研发和推广。

4. 酸雨问题

由于二氧化硫和氮氧化物的排放量日渐增多，酸雨的问题越来越突出。现在中国已是仅次于欧洲和北美的第三大酸雨区。

5. 化学品及持久性有机污染物

为加强化学品管理，减少化学品尤其是有毒有害化学品引起的危害，国际社会达成了一系列的多边环境协议，其中斯德哥尔摩公约涉及持久性有机污染物的相关规定。2001年国际社会通过该公约，作为保护人类健康和环境免受持久性有机污染物危害的全球行动。公约于2004年生效，我国是第一批签署公约的国家，目前共有179个缔约国家和地区。近年来，中国按《斯德哥尔摩公约》要求积极推动持久性有机污染物削减、淘汰和控制工作，全面禁止了滴滴涕、氯丹、灭蚁灵等17种持久性有机污染物的生产、使用和进出口，实现了第一阶段履约目标。中国大力削减二恶英排放，在废弃物焚烧、铁矿石烧结和再生有色金属生产等重点行业，二恶英排放强度降低了10%以上，二恶英排放增长趋势基本得到遏制。

6. 能源与资源需求与消耗

中国的经济增长对能源和资源的消耗是巨大的。国家发展改革委、财政部、国土资源部、环保部、水利部、农业部、林业局、能源局、海洋局9部门联合发布《关于加强资源环境生态红线管控的指导意见》。意见指出，我国能源、水、土地等资源均将设定消耗上限。

本 章 练 习

【思考题】

1. 国际环境法有哪些特点？
2. 如何理解国际环境主权原则？
3. 国际环境法律制度有哪些？

【综合训练】

1966年到1972年，法国曾经多次在南太平洋法国领土波利尼西亚的上空进行大气层核试验。在核试验期间，法国曾经以宣布某个地区为"禁区"或"危险区"为由而不允许外国飞机和船舶通过。1973年，法国还进一步计划进行空中核试验。鉴于此，澳大利亚"请求国际法院命令法国不得在该地区进行进一步的核试验"。新西兰"请求法院判定和宣布法国政府在南太平洋地区进行核试验所引起的放射性微粒回降，根据国际法，已构成对新西兰权利的侵犯"。1973 年 5 月 16 日，斐济共和国请求法院允许其参加本案的诉讼。澳大利亚和新西兰还同时请求法院指示临时保全措施，命令法国在国际法院作出判决之前，停止一切空中核试验。法国于 1973 年 5 月 16 日发表声明，否认国际法院对本案有管辖权，声明不接受国际法院的管辖。国际法院接受了澳大利亚和新西兰的请求后，法国拒绝对以后的程序递交辩诉状，并拒绝出庭应诉。国际法院于 1973 年 6 月 22 日以两项基本相同的命令指示临时保全措施。后来，由于法国表示不准备继续进行空中核试验，国际法院在 1974 年 12 月 20 日作出决定，认为不必对本案作进一步的判决。

　　分析：法国核试验是否违反了国际法上的国家环境主权原则？

【要点提示】

　　国家环境主权原则包括两个基本内容：其一，各国拥有按照本国的环境与发展政策开发本国自然资源的主权权利；其二，各国负有确保在其管辖范围内或在其控制下的活动不致损害其他国家或在各国管辖范围以外的地区的环境的责任。该原则一方面承认国家关于环境的主权权利，另一方面规定国家关于环境的义务，是国家在环境方面的权利和义务的结合。各国对其本国的自然资源拥有主权，并按照其环境与发展政策行使其主权权利，是国家主权原则在国际环境关系中的当然体现。但是，环境问题不受国界的限制，一国的环境变化必然对他国乃至地球整体环境有所影响。所以要在整体上保护和改善环境，各国就必须对开发环境资源的活动有所限制，其中也可能包括对相关主权权利的某些限制。而对于国家主权权利的任何限制，只能是来源于国际法。

第八章　外交与领事关系法

【知识目标】

掌握使馆制度；外交特权和豁免；领馆制度；领事特权和豁免的内容。

【能力目标】

能够分析国家外交和领事问题。

第一节　概　　述

一、外交关系和外交关系法

外交关系是指国家通过外交活动与他国或其他国际法主体交往而形成的关系。外交关系是一种官方关系，可以是正式的也称为正常的外交关系，指以双方互派大使、公使及常驻外交使节为特征，是现代国际关系中最重要的部分。外交关系也可以是非正式的，指两个尚未建交的国家保持长期接触和外交会谈，甚至互设某种联络机构，如中国和美国正式建交之前举行数百次大使级谈判。依照《维也纳外交关系公约》第 2 条的规定：国与国之间外交关系及常驻使馆的建立以协议为准。因此公约中的外交关系指正式的外交关系。

外交关系法是指国家及其他国际法主体之间的外交机构及外交人员在外交往来中的权利和义务的国际法规范的总称。其内容主要包括国家之间外交关系的建立，常设外交代表机构和临时性特别使团的派遣与接受，外交使团的组成、职务和外交代表的等级、特权与豁免以及对接受国的义务等方面。外交关系法是国际法中历史最为悠久的部门法之一。因此国际习惯是传统国际法中外交关系法的主要渊源。当时的条约仅有 1815 年的《维也纳议定书》，1818 年的《亚琛议定书》以及 1928 年的《哈瓦那外交官公约》。

第二次世界大战后，联合国主持制定了一些有关外交关系的国际公约，其中主要有1946 年《联合国特权及豁免公约》、1961 年的《维也纳外交关系公约》、1973 年《关于防止和惩处侵害应受国际保护人员包括外交代表的罪行的公约》。《维也纳外交关系公约》是调整国家之间外交关系最重要的国际法律文件。公约含序言和条文 53 条，对常驻外交使节的等级、派遣和接受、职务、特权和豁免及其对接受国的义务等，都作了明确规定。公约的序言规定，凡公约未明文规定的事项，仍以国际习惯法为准则，该公约于 1964 年 4 月24 日正式生效。我国于 1975 年 11 月 25 日正式加入该公约。

二、外交机关

外交机关是指代表国家制定和执行外交政策，从事具体外交活动的机构和人员的总称。一般说来，国家外交机关可以分为国内外交机关和国外外交机关两类。国内外交机关包括国家元首、政府首脑和外交部门。国外的外交机关包括常驻外国的使馆及驻国际组织的代表团和临时派往别国访问或出席国际会议的特别使团。

（一）国内的外交机关

1. 国家元首

国家元首是国家在对外关系上的最高机关和最高代表。国家元首可以是个人所作一切法律行为，都被视为其所代表国家的行为。国家元首在对外关系方面的职权一般由其国宪法规定，通常包括派遣和接受外交使节、批准和废除条约、宣布战争状态和参加国际会议。根据我国1987年宪法的规定：国家主席是中华人民共和国的国家元首，同全国人民代表大会结合起来行使有关的外交职权；国家元首代表国家接受外国使节；根据全国人大常委会的决定，派遣和召回驻外全权代表，批准和废除同外国缔结的条约和重要协定。国家元首在国外时，应享受礼仪上的尊荣，以及全部外交特权与豁免。

2. 政府

政府是一国的最高行政机关。政府的名称不一，如英国、日本称内阁，我国称国务院等。政府首脑也分别称为内阁首相和国务院总理。政府及其首脑在对外关系方面的职权，由本国宪法和其他法律予以规定。政府重要职权有领导外交工作，同外国政府或国际组织的代表谈判、签订条约，签发参加谈判或国际会议代表的全权证书，任免一定等级的外交人员等。政府首脑可以直接进行外交谈判，参加国际会议、签订条约，同外国政府首脑发表共同宣言和公报等。根据我国1982年宪法的规定：国务院领导外交部的工作，管理对外事务，同外国缔结条约，任免外交部副部长、驻外使节参赞和驻外总领事。政府首脑在国外时，除应享有礼仪上的尊荣以外，还享有全部外交特权与豁免。

3. 外交部门

现代国家的政府中均设有专门主管外交事务的部门，统称为外交部。但外交部的名称不同，英国称外交与联邦事务部，日本称外务省、美国称国务院、瑞士称政治部。外交部长也有不同名称，如美国称国务卿，英国称外交及联邦事务大臣，日本称外相。外交部的对外关系职权，主要是领导和监督驻外代表机关及其活动，与驻外代表机关保持经常性的联络，保护本国及其公民在国外的合法权益。外交部长具体领导外交部日常事务。中国于1861年正式设立专门主管外交事务的机关，称为总理各国事务衙门，另外还设立了南北口岸通商大臣。1901年改名为外务部。辛亥革命后，1912年改称为外交部，后来一直沿用此名称。外交部长在国外时，享有全部外交特权与豁免。

（二）国外的外交机关

一国在国外的外交机关可分为常驻的和临时的两类。常驻的机构又可分为派驻他国的使馆和常驻国际组织的常驻使团。临时的外交代表机关，又称特别使团，指临时出国执行特别任务的外交代表和代表团。

第二节　使馆制度

一、使馆制度的产生

自从国家产生以后，国家之间为了处理特定的外交事务就出现了临时性的使节往来，而现代意义上的使馆制度是在近代欧洲开始出现的。15 世纪后半叶，位于意大利的一些城市国家之间开始互设使馆并派遣常驻使节。接着，它们又向法国、英国和西班牙等国派遣使节，设立使馆。1648 年威斯特伐利亚会议以后，欧洲的独立国家不断增加，到 17 世纪末，常驻使馆制度已经在欧洲成为一种普遍的外交制度。同时，由于欧洲国家不断对外进行扩张，这种制度被逐渐推广到世界其他各洲。中国接受外国的常驻使馆是在 19 世纪中叶。1861 年到 1862 年，经清政府允许，英、法、美、俄等国相继在北京设立了公使馆。1877 年，清政府在英国伦敦设立了中国历史上第一个常驻使馆，馆长郭嵩涛作为第一任中国驻英国公使，成了中国历史上第一位常驻外交使节。此后，清政府陆续向在中国设立了公使馆的其他国家派驻了公使。

二、使馆的建立

作为主权国家是否与他国建立外交关系，经过什么程序，按照什么条件建立何种外交关系，是该国主权范围内的事，可以根据该国的外交政策和国家利益作出决定。国家之间决定建立和互设使馆需要通过谈判并达成协议予以确定。《维也纳外交关系公约》第 2 条规定：国与国之间外交关系及常设使馆之建立，以协议为之。协议可以有多种形式，如双方互换外交照会，发表联合声明或者缔结双边条约等。在建立外交关系和互设使馆之后，一国也有权根据一定的理由单方面决定暂时或长期关闭驻另一国的使馆，中止或断绝同该国的外交关系。

中华人民共和国同其他国家建立外交关系的基本原则是承认中华人民共和国政府为中国唯一合法政府，台湾是中国领土不可分割的一部分。任何国家与中国建立外交关系后与台湾建立或发展关系的，中华人民共和国即断绝与该国的外交关系并撤回中国使馆。

三、使馆的职务

根据《维也纳外交关系公约》第 3 条规定，使馆有 5 项主要职务。

（1）代表，即在接受国中以派遣国的名义从事活动。使馆，特别是使馆馆长，是派遣国同接受国政府之间进行联系或者商讨有关两国关系事项的代言人。

（2）保护，即在国际法许可的限度内在接受国中保护派遣国及其国民的利益。

（3）谈判，即代表政府与接受国进行谈判。

（4）调查，即用一切合法手段了解接受国的政治、文化、社会和经济等方面的状况和发展情况，并向本国政府报告。

（5）促进，促进派遣国与接受国的友好关系及发展两国的经济、文化与科学关系。此外，使馆还可以执行国际法许可的其他职务。例如执行领事职务；在接受国同意的情况下，受第三国委托照管该国的使馆及其财产，代为保护该国及其国民的利益。

四、使馆人员的构成

根据《维也纳外关交系公约》的规定，使馆人员包括外交人员、行政和技术人员、服务人员三类。外交人员又分为使馆馆长和外交职员。

(一)使馆馆长

使馆馆长是派遣国任命领导使馆工作的最高一级外交人员。1815 年《维也纳议定书》将外交使节分为三个等级。1961 年《维也纳外交关系公约》基本延用了这种制度。公约第 14 条将使馆馆长分为三个等级，即大使、教廷大使；公使、教廷公使；代办。相应地，以大使、公使、代办为馆长的常设使馆，称为大使馆、公使馆和代办处。

1. 大使、教廷大使

大使又称特命全权大使，是一国国家元首向另一国国家元首派遣的最高一级外交代表。大使前冠以"特命"二字，主要是为了避免常驻大使与特使争执礼宾位次，使之礼仪上相同。教廷大使是由罗马教廷向一些国家派遣代表罗马教皇的大使。

2. 公使、教廷公使

公使也称特命全权公使，是国家元首向另一国派遣的第二级的外交代表。"二战"后，各国互派公使级外交代表越来越少，绝大多数国家都已将公使升格为大使，现在公使一级大都成为大使馆内的高级官员，相当于副馆长。

3. 代办

代办是一国外交部长向另一国外交部长派遣的外交代表，实践中国家之间互派代办是很少见的，反映了不正常的外交关系或半外交关系。例如 1972 年以前中国与荷兰只交换代办，其原因是该国一直在联合国中支持阻挠恢复中华人民共和国合法席位的提案，在中国恢复联合国的合法席位之后，经协议互相把派驻对方的代办升格为大使。1981 年初，由于荷兰政府批准向台湾出售海军潜艇，中国要求荷兰把两国互派的大使馆降为代办。荷兰方面改变其错误决定之后，双方又经协商从 1984 年 2 月起恢复大使级外交关系。代办与临时代办不同，代办是一级馆长，代表着外交关系的等级，而临时代办则是在馆长因故空缺时，被指定临时代理馆长职务的外交职员，待馆长就任后，代理职责终止。

(二)外交职员

外交职员指除使馆馆长以外的其他外交人员。他们与馆长一起被称为外交官。

(1)参赞。参赞是使馆内协助馆长办理外交事务的高级外交人员，可分为商务参赞、科技参赞、文化参赞、新闻参赞等。在未设公使的使馆中，其地位仅次于馆长，在馆长离职期间，通常由参赞担任临时代办代理馆长职务。

(2)秘书。秘书是按照馆长旨意办理外交事务以及文书的外交官，分为一、二、三等级秘书。

(3)武官。武官是一国军事部门向另一国军事部门派遣并保持联系的代表，他是馆长开展外交事务的军事顾问，可分为国防武官、海陆空武官和副武官。

(4)随员。随员是使馆内办理各种事务的最低一级外交官。

(5)专员。专员是国家各部门派遣到使馆办理专门业务的人员，可分为商务专员、新闻专员、文化专员。

(三) 行政和技术人员

是使馆中从事行政和技术事务的人员，包括使馆主事、译员、会计、打字员、无线电技术员等。

(四) 事务职员

事务职员是使馆中从事后勤服务工作的人员，包括汽车司机、传达员、维修工、清洁工、厨师等。此外，按照公约的规定，还有"私人仆役"，是指上述各类使馆人员雇佣的私人服务员，如保姆。因是使馆人员个人雇佣，不属使馆职员编制。

五、使馆人员的派遣

国家之间就建立外交关系及使馆达成协议后，即可任命和派遣使馆馆长和使馆职员。根据国家主权原则，国家有权自主决定其使馆人员，而且外交人员的人选通常是具有派遣国国籍的。由于使馆人员对派遣国与接受国之间的关系有较为重要的影响，为了维护双方正常的外交关系，公约对使馆人员的派遣和接受规定了一定的程序。《维也纳外交关系公约》第4条规定：派遣国对于拟派驻接受国之使馆馆长人选务须查明其确已获得接受国之同意，接受国无须向派遣国说明不予同意之理由。公约第7条还规定：关于陆、海、空军武官，接受国可以要求先行提名，征求该国同意。使馆馆长和陆、海、空军武官以外的使馆人员，派遣国原则上可以自由委派，但是公约规定派遣国应将使馆人员的委派通知接受国外交部，因此接受国也有可能对这些使馆人员的委派表示意见。如果派遣国任命一个第三国公民或接受国公民为其外交代表，则须经接受国同意，接受国拥有随时撤销该同意的权利。

为了保护接受国的利益，公约规定接受国有权随时宣布使馆外交人员不受欢迎的人或者宣布使馆其他人员为不可接受，并且不需说明原因。这种程序既可以适用于在任的使馆人员，也可以适用于已经任命但尚未就任的人员。由于接受国可以在任何使馆人员到达接受国国境之前宣布他为不受欢迎的人或者不可接受，所以接受国能够利用这种程序拒绝接受其不愿接受的任何使馆人员。这是国家行使主权的表现，不应视其为不友好的行为，但各国在实践中为避免发生不愉快，对人选的征求同意多以保密方式进行，直到正式任命时才公开。或者在出现了应拒绝的情况时，拒绝国总是设法陈述自己拒绝的理由。清政府曾于1892年拒绝接受美国公使布莱尔，陈述的理由是布莱尔在担任美国参议院议员期间，以极端的言论攻击清帝国并怂恿排斥华侨。

六、外交代表职务的开始与终止

使馆馆长在得到接受国的明示同意之后，即可携国书前往接受国赴任。国书是派遣国国家元首致送接受国国家元首的证明使馆馆长身份的正式外交文件，其内容包括：外交代表的任命及其等级，该使节代表本国元首或政府的言行，请驻在国国家元首予以信任等。委任书则由派遣国外交部长签署，致送接受国外交部长，由代办向接受国外交部递交使馆馆长抵达接受国之后，应立即拜会接受国外交部长，并约定正式递交国书的日期，然后在约定的日期把国书正本递交接受国国家元首。代办则只要将国书递交接受国外交部长即可。呈递和接受国书的法律意义在于：国书接受国承认呈递国书者为驻本国外交代表，承认其所享有的各种外交权利、义务和豁免；确定外交代表派遣国及驻在国之间的权利及义务；确定外交代表正式就任日期，并根据国书呈递日期确定外交团中同级外交官之间的位次。中华人民共和国国字第一号国书为首任驻苏维埃社会主义共和国联盟王稼祥大使的国书。国书以毛笔书写，由中华人民共和国中央人民政府主席毛泽东签署，外交部部长周恩来副署，1949 年 10 月 20 日签署于北京，同年 11 月 3 日由王稼祥大使向苏维埃社会主义共和国联盟最高苏维埃主席团什维尔尼克主席递交。

《维也纳外交关系公约》第 13 条规定：外交代表根据按受国的通行惯例，或在呈递国书之后，或在向接受国外交部或另经商定的其他部门通知到达并递交国书正式副本以后，即可视为已在接受国开始执行职务。我国规定使馆馆长正式递交国书正本的日期为其在我国开始执行职务的日期。至于其他外交人员，通常以抵达接受国的日期作为其开始执行使馆职务的日期。

外交代表职务的终止，主要有以下情形：

(1)派遣国召回。虽然使馆人员的任期未满，但派遣国基于与接受国政治原因或者该外交人员的特殊原因将其召回。

(2)派遣国与接受国断绝外交关系。派遣国与接受国分别关闭使馆，撤回外交人员。

(3)派遣国或接受国由于社会变革或政变产生了新政府。

(4)被接受国宣布为不受欢迎的人。

不受欢迎的人，为外交用语，也称"不可接受的人"。一国对别国派驻或将派驻的外交官表示不满和不能接受，常以"不受欢迎的人"为由，要求派遣国收回任命或召回该外交官。根据《维也纳外交关系公约》第 9 条，任何国家可以"在任何时候，无需解释其决定"，宣布任何外交人员为"不受欢迎的人"。被列为不受欢迎的人会被拒绝入境，并可被遣返来源地。若已入境者则会被下令限时自动出境。外交实践中，宣布"不受欢迎的人"的做法，常被用作对对方实行报复或反报复的方式，并不时被一些国家滥用，从而引起派遣国与接受国间的纠纷。2016 年 12 月 29 日美国总统奥巴马于离任前宣布因俄罗斯涉嫌通过"网络袭击"干预美国总统选举而对俄进行制裁，将 35 名俄罗斯外交官和情报人员列为"不受欢迎的人"，要求俄外交官必须在 72 小时内离开美国。

七、外交团

外交团是由驻在一国首都的各外国使馆馆长、馆员和其他外交人员的总称。广义的外交团还包括外交使节的家属。大多数驻在国都将各使馆提供的名单编成外交官衔名录，分发给各使馆，这实际上就是外交团的组成人员名单。外交团团长由到任最早、等级最高的使馆馆长担任。在一些天主教国家，传统上由教廷大使担任团长。外交团的其他成员位次，按照等级、职衔和到任日期来排列。外交团不具有任何法律职能，而只是在外交礼仪方面发挥作用，例如出席国家庆典、参加接受国的吊唁活动，向接受国政府转达外交团成员的有关日常事务方面的要求等。国际法不承认外交团有与接受国进行政治交涉的权利，并反对其干涉接受国内政。

八、特别使团

特别使团是指国家或其他国际法主体，经另一国或另一个其他国际法主体同意，派往该国或另一个国际法主体执行特定任务的临时性使团。如参加谈判、调查和解有关争端、出席国际会议或参加一项礼仪活动等。1969 年《联合国特别使团公约》对特别使团作了规定，该公约的规定与 1961 年的《维也纳外交关系公约》大致相同。公约第 3 条规定：特别使团的职能应由派遣国和接受国双方同意而予以规定。这一规定表明。

(1)特别使团的派遣应通过外交或其他渠道事先取得接受国的同意。

(2)特别使团的派遣或接受无需有外交关系的存在。

(3)特别使团的职务由派遣国和接受国协议为准。

至于特别使团及其人员的特权与豁免，与《维也纳外交关系公约》规定的外交特权与豁免大体相同。

第三节 外交特权与豁免

一、外交特权与豁免的根据

外交特权的豁免是指外交机关及人员在接受国享有的特殊权利和优惠待遇的总称。关于外交特权与豁免的根据主要有三种学说。

(一)治外法权说

治外法权说认为，使馆和外交代表所在地应视为派遣国领土的延伸，因此不受所在国管辖。这是将过去外国人的治外法权引申到外交特权与豁免上予以适用的观点，是一种法律上的拟定。实际上外交代表的驻地仍是接受国的领土。这一学说在历史上曾比较流行，现已被摒弃。

(二)代表性说

代表性说认为，使馆和外交代表，之所以享有特权与豁免，是因为他们是国家的代表，而国家是平等的，相互之间没有管辖权。这种主张虽然正确，但不够全面，不能充分解释外交代表非公务行为也享有豁免的问题。

(三)职务需要说

职务需要说认为外交代表位于接受国的领土上，要有效地执行职务，必须需要安宁的环境和人身压力的排除，否则外交人员就不能有效地思考，自由地表达意见，从而不能保证国与国之间的正常关系。这是一种比较普遍地接受的一种学说。

《维也纳外交关系公约》把使馆和外交人员的代表性和职务需要结合起来作为外交特权与豁免的根据。公约在序言中指出：确认此等特权与豁免之目的不在于给个人以利益而在于确保代表国家之使馆能有效执行职务。

二、外交特权与豁免的内容

（一）使馆的特权与豁免

1. 使馆馆舍不得侵犯

使馆馆舍是指供使馆使用和作为使馆馆长寓所的建筑物或建筑物的各个部分及其附属的土地，同时还包括使馆的设备，其他财产、交通工具和公共档案。使馆馆舍不可侵犯，接受国既不能主动地实施一个侵犯行为，也不能消极地不履行保护之责。使馆馆舍的不可侵犯表现在三个方面。

第一，未经使馆馆长许可，接受国任何官员不得进入使馆馆舍。包括司法、治安、税务、海关和消防及其他政府官员在内，并且接受国不得对使馆进行任何司法程序，如不得进入使馆发送传票和司法令状。由于《维也纳外交关系公约》没有规定例外情形，因此，应理解为即使发生火灾或其他严重灾害需要采取行动时，接受国官员也必须在得到馆长许可后，方可进入使馆馆舍。

第二，接受国负有特殊责任，采取一切适当步骤保护使馆馆舍免受侵入或损害，并防止一切扰乱安宁或有损使馆尊严的事件发生。这一原则意味着接受国对使馆的保护之责高于对一般社会秩序的保护。1979年伊朗学生占领了美国驻德黑兰的大使馆，并把美国外交人员扣为人质，国际法院在伊朗案件的判决中指出伊朗政府在美国使馆受到攻击时，没有采取任何适当步骤保护使馆馆舍、人员和档案的安全，事后也没有作出努力迫使或说服侵入人员退出使馆及释放被扣的外交和领事人员，从而违反了公约的规定。

第三，使馆馆舍及设备，以及馆舍内其他财产与使馆交通工具免受搜查、征用、扣押或强制执行。

2. 使馆档案文件不得侵犯

使馆档案和文件无论何时，也不论位于何处，都不得侵犯，接受国不得要求使馆交出其档案和文件，也不得采取搜查、查封、扣押、没收、转移或其他任何措施。公约中无论何时包括外交关系断绝或发生武装冲突时，甚至发生战争，使馆需要暂时或长期撤离时，接受国仍有义务保护使馆档案文件不受侵犯。无论何地指无论是否位于使馆内还是在使馆馆舍外，也不论是否装在外交邮袋内，均属不可侵犯。

3. 通讯自由

接受国应允许使馆为一切公务目的自由通讯和通信，可以采用一切适当办法，包括外交信使及明密码电信在内，但使馆非经接受国同意，不得装置并使用无线电发报机，在实践中，各国对此大多是允许的。使馆来往公文不得侵犯，外交邮袋不得开拆，外交信使不受侵犯

4. 免纳捐税、关税

使馆所有或租赁的馆舍，免交国家、区域或地方性捐税。使馆办理公务收取的规费及手续费免纳一切捐税，但为使馆提供特定服务的费用，如水电费，不在免除之列。使馆公务用品如车辆准许入境并免除一切关税和除了贮存、运送及类似服务费用之外的一切费用。

5. 使用国旗、国徽

使馆和馆长有权在使馆馆舍、馆长寓所和交通工具上使用派遣国的国旗和国徽。

（二）外交人员的特权与豁免

根据公约的规定，外交人员包括使馆馆长和其他外交职员，其享受的特权与豁免有以下几种。

1. 人身不可侵犯

一国政府既然接受了外国的使节，就有义务保证他的安全和尊严，否则国际交往就成为空谈。公约第29条规定，外交代表不受任何方式的逮捕或拘禁。接受国对外交代表应示尊重并应采取一切适当步骤以防止其人身、自由或尊严受到任何形式的侵犯。但是外交官的不可侵犯权并不排除接受国当局采取措施，以阻止外交官正在进行的犯罪行为，如遇外交官正在进行间谍活动，可以将其当场逮捕，但须通过外交途径解决，接受国的任何人，在遭外交人员攻击的情况下，可以进行正当防卫。

针对外交人员及其他应受国际保护人员的绑架、谋杀和伤害事件不断发生，联合国大会于1973年通过了《关于防止和惩处侵害应受国际保护人员包括外交代表的罪行的公约》。我国也于1987年加入该公约。公约规定应受国际保护人员的范围包括国家元首、政府首脑、外交部长、使馆馆长、外交人员、特别使团人员、常驻联合国和各专门机构使团成员及临时代表团成员、领事官员、领事雇员以及上述人员的家属等。公约所指的罪行包括对应受国际保护人员进行谋杀、绑架或其他侵害人身自由的行为，对应受国际保护人员的公用馆舍、私人寓所或交通工具进行暴力攻击、危及人身自由、威胁进行等攻击行为，规定缔约国应把上述行为定为国内法上的罪行进行相应惩处。公约还将这种罪行视为可引渡罪行。

2. 寓所、财产和文书信件不可侵犯

公约第30条规定，外交代表的私人寓所，如使馆馆舍享有同样的不可侵犯权。私人寓所包括其临时住所在内。此外，外交人员的文书、信件和财产不得侵犯。接受国不得搜查、扣押、征用或强制执行外交人员的私人财产及交通工具，但外交人员不享受接受国的民事和行政管辖豁免的情形除外。

3. 管辖的豁免

外交人员的管辖豁免是其特权与豁免的重要组成部分，也是维护其自由和尊严及执行职务的基本保证。公约第31条规定，外交人员不但对接受国刑事管辖享有豁免，而且对民事和行政管辖也享有豁免。关于刑事管辖豁免：外交人员如果触犯接受国的刑律，接受国司法机关不对外交代表提起诉讼，不得审判。但这并不是说外交人员可以不尊重接受国的法律，而只是接受国法院不能直接追究他的刑事责任，而应通过外交途径与派遣国交涉解决，接受国可以要求派遣国放弃他的豁免权，以便对他进行审判或者宣布他为不受欢迎的人。我国《刑法》第11条规定：享有外交特权与豁免权的外国人刑事责任问题，通过外交途径解决。

关于民事和行政管辖豁免方面规定，外交人员在接受国卷入民事纠纷时，接受国法院一般不对其审判和处罚，也不得强制执行判决。在行政管辖方面，外交人员免除各种登记义务，对其违反社会治安法规或交通法规的行为，警察机关不行使管辖。

但是与刑事管辖豁免权相比，外交人员的民事和行政管辖豁免是相对的，在下列三种情况下，外交人员不享有接受国民事和行政管辖的豁免。

（1）外交人员在接受国境内私有不动产权诉讼，但其代表派遣国为使馆用途置有的不动产不在此列。

（2）外交代表以私人身份并不代表派遣国而为遗嘱执行人，遗产管理人、继承人或受遗赠人的继承事件的诉讼。

（3）外交代表于接受国境内公务范围以外，所从事的专业或商务活动的诉讼。此外，外交代表还不得对其主动起诉而引起的相关反诉主张豁免。一般情况下不得对外交代表执行处分，但上述管辖例外的案件中，如执行处分无损于其人身或寓所之不得侵犯者，不在此限。

4. 作证义务的豁免

外交人员不仅享有接受国司法和行政管辖的豁免，而且还被免除与管辖相关的作证义务。外交人员没有以证人身份出席接受国法庭作证的义务。外交国不得强迫外交人员作证，但接受国可以请求派遣国同意外交人员作证，如果派遣国同意，他们可以以适当的方式提供证词。

5. 管辖豁免与执行豁免的放弃

外交人员享有的管辖豁免可由派遣国放弃。派遣国对有关人员豁免的放弃必须是明示的，放弃的决定一般由使馆馆长通知接受国，外交代表没有这种权利。除外交人员只有在得到有关豁免已放弃的通知后，方可受理以外交人员为诉讼对象的案件。需注意的是，即使派遣国放弃了有关人员的管辖豁免，不得视为对判决执行豁免的放弃，二者必须分别进行。公约第32条规定：派遣国在民事或行政程序上管辖豁免的放弃，不得视为对判决执行的豁免默示放弃，判决执行的豁免须分别做出。

6. 捐税、关税及查验的豁免

公约第34条规定：外交代表免纳一切对人或对物课征的国家、区域或地方性捐税，主要是个人所得税。但以下事项例外：通常计入商品或劳务价格内间接税；对于接受国境内私有不动产课征的捐税（代表派遣国为使馆用途而置有的除外）；遗产税、遗产取得税或继承税；自接受国境内获得的私人所得或投资课征的捐税；为提供特定服务所付的费用；不动产登记费、法院手续费、抵押税等。公约第36条规定：外交代表或与之构成同一户口的家属的私人用品，包括其定居所用的物品在内免除一切其他课征。外交代表的私人行李免受检查，但有重大理由推定其中装有不在免税之列的物品，或接受国法律禁止进出口或有检疫条例加以管制的物品，可在外交代表或其代理人在场时查验。除上述特权和豁免之外，外交人员免除接受国的一切个人劳务和各种公共服务，免除关于征用、军事募捐等军事义务。

（三）使馆其他人员的特权与豁免

其他人员是指外交代表以外的人员，包括外交人员的家属、行政和技术人员及其家属、事务职员、私人仆役等。公约第37条对这些人员的特权与豁免作了规定。

1. 外交代表的家属

与外交代表构成同一户口的家属，除非其身份为接受国国民，应享有与外交代表相同的特权与豁免。

2. 行政和技术职员及其家属

使馆行政和技术职员及其家属,除非接受国国民且不在该国永久居留者,也享有外交代表所享有的特权与豁免。但其执行职务范围以外的行为不享有民事及行政管辖豁免,除其最初定居时所带入的物品外不能免纳关税及其他课征,其行李不免除海关查验。

3. 事务职员

使馆事务职员除非接受国国民且不在该国永久居留者,就其执行公务行为享有豁免,其受雇所得报酬免纳捐税,免于适用接受国社会保险办法。

4. 私人仆役

使馆人员之私人仆役除非接受国国民且不在该国永久居留者,其受雇所得报酬免纳捐税。在其他方面,此等人员仅可在接受国许可范围内享有特权与豁免。接受国对此等人员的管辖应妥为行使,以免对使馆职务之执行有不当妨碍。

(四)外交特权与豁免的开始与终止

公约第39条规定:凡享有外交特权与豁免的人员,自其进入接受国国境前往就任时起享有特权豁免,已在该国境内者,由其委派通知送达外交部或另经商定的其他部门时,开始享有特权与豁免。如果享有特权与豁免的人员职务已终止,外交特权与豁免应至其离境之时或其离境的合理期间结束时终止。即使派遣国与接受国发生武装冲突,外交特权与豁免仍应继续有效至上述时间为止。对于其以使馆人员资格执行职务的行为,豁免应始终有效。此外,如果使馆人员死亡,其家属应继续享有相应的特权与豁免,至其离境的合理期间结束后为止。

(五)外交人员及其家属在第三国的地位

公约第40条规定:外交人员前往接受国就任,或返任,或返回本国途经第三国国境,或在该国境内而第三国曾经发给所需的护照签证时,该第三国应给予外交人员不可侵犯权以及确保其过境或返回所必需的其他豁免。享有外交特权与豁免的家属与外交人员同行或单独前往聚会或返回本国时,也享有同样的不可侵犯权与其他豁免。另外,对于使馆行政技术职务或事务职员及其家属,若遇有上述类似情形,第三国不得阻碍其过境。

(六)使馆及其外交人员对接受国的义务

使馆和外交人员作为派遣国的代表,为有效地执行其职务,享受一定的特权与豁免,接受国应履行其在国际法上承担的义务。同时,外交人员也应对接受国承担某些义务,根据公约第41、42条规定,这些义务主要有以下方面。

1. 尊重接受国的法律和规章

享有外交特权与豁免的人员,在不妨碍外交特权与豁免的情形下,均有尊重接受国法律规章的义务,如尊重接受国的治安法规、交通法规等。外交代表对接受国法律的破坏是不符合设立常驻使团目的的。

2. 不干涉接受国的内政

外交人员不得以任何形式直接或间接干涉接受国内政,如不得公开指责接受国的政府及政策或行为;不得介入接受国的党派斗争或自由选举,或者为任何候选人提供竞选经费;不得支持旨在反对接受国政府的游行、示威、集会或其他活动,或者干涉旨在反对派遣国政府的上述活动等。此外,外交代表不应在接受国为私人利益从事任何专业或商业活动。

3. 使馆馆舍不得充作与使馆职务不相符的用途使馆是派遣国用于开展外交关系的场所，因此它只能用于外交用途，不能用于其他目的。

公约第 41 条规定：使馆馆舍不得用作与公约或一般国际法其他规则或派遣国与接受国间有效的，特别协定所规定的使馆职务不相符合的用途，如使馆馆舍不得庇护接受国所要逮捕的人，即所谓外交庇护。但是这里派遣国与接受国间有效的特别协定可理解为包括一些拉丁美洲国家之间关于庇护的条约，因此也就是实际上允许这种地区性的做法，但这不影响一般国际法的规则。同样，使馆也不得拘留使馆成员以外的人，包括派遣国的公民在内。1896 年，中国民主革命的先行者孙中山先生在伦敦进行革命活动时，清政府驻伦敦公使就曾将其拘留在公使馆内，准备把他送回国内审判，后经英国政府向清政府提出抗议，几天后公使馆被迫将他释放。

4. 使馆与接受国洽谈公务，应当通过接受国外交部或另经商定的其他部门进行对于滥用外交特权与豁免以及不履行上述义务的外交人员，接受国可根据具体情况采取适当的措施。一般是向派遣国政府提出抗议并要求其承担责任，或者宣布有关人员为不受欢迎的人，要求派遣国召回。如果派遣国拒绝或者未在合理期间将其召回，接受国可以拒绝承认其外交人员的资格并取消其享受的外交特权与豁免。

第四节　领事和领事关系法

一、领事关系及领事关系法

领事是指根据双方的协定，由一国委派至另一国特定地区，以执行保护其国家和本国国民(包括法人)的民商事权益等职务的代表。国家之间互派领事执行职务过程中形成的关系即领事关系。

领事制度的产生比常设外交使团要早，一般认为领事制度起源于中世纪后期，是国际贸易发展的结果。当时，地中海沿岸的贸易有较大的发展，致使意大利、西班牙境内的外国商人越来越多。外国商人为了调解他们之间，以及他们与当地政府之间的纠纷，往往从他们中间推选出一名德高望重的人士充当仲裁人。这种人称为仲裁领事或商务领事。到了 16 世纪，这种领事已不再由当地侨商推选而改由政府委派，称为委派领事。其职责范围也有了扩大，包括对本国商人行使民事和刑事管辖，即领事裁判权。随着近代国际法的形成，主权观念深入人心，欧洲国家间相继取消了领事裁判权。但是，随着 19 世纪西方国家对外扩张，领事裁判制度被作为其殖民扩张的一种工具。1842 年中英《南京条约》中，英国首先取得领事裁判权，直到第二次世界大战后，西方国家才先后放弃在我国的领事裁判权。

在领事制度的长期发展过程中，国际社会没有一个普遍适用的国际公约。"二战"后，在联合国主持下 1963 年通过了《维也纳外交关系公约》，它是国家之间调整领事关系最重要的文件，公约由序言和 19 条组成，对建立使馆的依据、领事的等级和职务、派遣和接受、领事享有特权和豁免等内容都作了规定。但按公约的序言，凡公约未作明确规定的事项，仍然适用国际习惯法规则。该公约于 1967 年生效，我国于 1979 年加入该公约，同年 8 月 1 日该公约生效。

领事关系与外交关系有密切的联系，它们都是国家的对外关系。使馆和领事馆共同执行国家的外交政策，同属一国外交组织系统的一部分，受一国外交部门领导。但领馆职位相对较低；除另有声明外，两国同意建立外交关系即同意建立领事关系，但断绝外交关系并不当然断绝领事关系，外交使节在某些情况下可以执行领事职务，领事在某种情况下也兼理外交事务。但领事关系与外交关系也存在明显的区别：领事主要是国家的商务代表，表明派遣国与接受国之间存在着商务关系。外交代表是政治代表，表明两国之间存在着全面的关系，特别是政治关系；领事的职责，只限于保护派遣国国民的民商事权益，外交代表则主要是发展或维持两国的政治关系；领事执行职务的范围是接受国首都以外的某一地区，因而其与接受国的地方政府联系公务。领事的特权与豁免在范围和程度上都不如外交特权与豁免。

二、领事关系及领事馆的建立

国家之间领事关系的建立需要以协议确定。除另有声明之外，国家间同意建立外交关系也意味着同意建立领事关系。领馆是领事执行职务的机关，可以分为总领事馆、领事馆、副领事馆和领事代理处。领事馆的设立须经接受国同意，这种同意一般表现在国家之间建立领事关系的协定之中，领馆设立的地点、类别及其辖区由派遣国经接受国同意后确定。此外，总领事馆或领事馆在其所在地之外设立副领事馆或领事代理处，或者在领事馆所在地以外开设办事处作为领馆的一部分，均须事先得到接受国的明示同意。领馆的组成人员包括领事官员、领馆行政和技术人员（公约称为领事雇员）和领馆服务人员。领事官员是指包括领馆馆长在内的经派遣国委派接受国承认任命执行领事职务的人员。与领馆的等级相对应，领馆馆长也分为四个等级：总领事、领事、副领事和领事代理人。领事官员一般分为职业领事和名誉领事两种类型。名誉领事一般由派遣国从接受国境内的本国侨民或接受国国民中选任，通常由律师或商人担任，他们不属于领馆编制，也不从派遣国领薪金，其报酬从领馆收取的手续费中支付。是否委派或接受名誉领事官员由各国自由决定。我国既不委派也不接受名誉领事官员。领馆行政和技术人员是受雇担任行政或技术事务的人员，如翻译人员、财会人员等。领馆服务人员指受雇担任领馆杂务的人员，如司机、厨师等。此外，领馆中常常有受雇为领馆人员提供服务的私人服务员，他们不属于公约所称的领馆人员。领事执行职务的地域范围称为领事辖区。例如澳大利亚驻上海总领事馆的辖区为上海、浙江和江苏。

三、领馆人员的派遣与接受

根据《维也纳领事关系公约》，领馆馆长由派遣国委派，并由接受国承认准予执行职务，委派及承认领馆馆长的手续按照派遣国与接受国的法律与惯例办理。派遣国应经外交途径或其他适当途径将委任文凭转送接受国政府，委任书应载明领事的姓名、性别、国籍、等级、领馆所在地及领事辖区等事项。如接受国同意，即可发给派遣国领事证书，使其开始在接受国内执行领事职务。除领馆馆长外的领事官员、领馆行政和技术人员及服务人员，由派遣国自由委派，但应在充分时间前将其全名、职类及等级通知接受国。依照公约的规定，领事官员原则上应为派遣国之公民，如是接受国或第三国之公民，则须经接受国明示同意，接受国可以随时撤销同意。虽然依据公约和国际习惯，派遣国任命领事官员不必事先征求接受国同意，但是接受国往往以拒发签证或领事证书而拒绝接受，而无须向派遣国说明理由。接受国有权宣告某一领事官员为不受欢迎人员或任何其他领馆馆员为不能接受。派遣国应视情形召回该员或终止其在领馆中的职务。若派遣国拒绝履行或不在相当期间内履行上述义务，接受国可撤销领事证书或不承认该员为领事馆员。

四、领事职务

根据公约的规定领事职务有 13 项，归纳起来主要有以下几项。

(1) 保护本国和本国国民(个人和法人)在接受国的利益。

(2) 增进派遣国与接受国之间商业、经济、文化及科学关系发展，并在其他方面促进两国间的友好关系。

(3) 以一切合法手段调查接受国内商业、经济、文化和科学活动的状况及发展情形，向本国政府汇报，并向有关人士提供资料。

(4) 办理证件、公证和登记事务。向本国国民发放护照及旅行证件，并向拟赴派遣国旅行人发给签证或其他适当文件。担任公证人、民事登记员及类似职司，办理若干行政性质的事务，如侨民的出生、死亡和婚姻登记事项，以接受国法律规章无禁止的规定为限。

(5) 为在接受国领土内的派遣国国民提供司法及准司法方面的帮助，传送司法文书和其他文书。

(6) 监督、检查和协助派遣国的船舶、航空器及其航行人员。

(7) 在国际法允许的范围内，执行派遣国责成领馆办理而不为接受国法律规章所禁止，或不为接受国所反对，或派遣国与接受国间现行国际协定所明确规定的其他职务，领事官员执行上述职务应限于领馆辖区范围内，在领馆辖区外执行职务须接受国同意。在第三国执行领事职务或代表第三国在接受国内执行领事职务，应当通知关系国或接受国，并以关系国或接受国不反对为限。

五、领事特权与豁免

(一)领馆的特权与豁免

(1) 领馆馆舍在一定程度内不可侵犯。接受国官员非经领馆馆长或其指定人员或派遣国使馆馆长同意，不得进入领馆馆舍中专供工作用的部分。接受国负有特殊责任，采取适当步骤保护领馆馆舍免受侵入或损害。但当遇到火灾及其他灾害迅速采取保护行动时，取得推定领馆馆长已表示同意。公约将馆舍的设备、财产和交通工具的免受征用包括在馆舍的不可侵犯范围内，但对交通工具在内的馆舍，如确有必要，可由接受国在迅速、充分和有效补偿的条件下征用。并且馆舍不可侵犯的范围只限于专供工作用的部分，而不是全部领馆馆舍。

(2) 领馆的档案及文件无论何时，不论位于何处，都不得侵犯。档案文件指领馆的一切文书、文件、函电、簿籍、胶片、胶带及明密电码等。

（3）行动及通讯自由。除接受国设定的禁区或限制进入区外，接受国应保证领馆人员在其境内的行动自由。接受国确保使馆为一切公务的自由通讯，包括外交或领馆信差、邮袋及明、密码电信在内。但经接受国许可，可以使用无线电发报机。往来公文不得侵犯，领事邮袋不得开拆或扣留等。

（4）领馆馆舍免除一切国家和地方性捐税。但不包括对特定服务应纳的费用在内。领馆公务用品入境，免除一切关税。

（5）与派遣国国民通讯联络的权利。领事的职务之一是保护本国侨民的合法权益。因此，领事与本国国民能够自由通讯和会见，并探视受监禁羁押或拘禁之国民。如经本人请求，在辖区内的本国侨民受逮捕和扣押时，接受国应立即通知领馆。

（6）其他特权与豁免，如使用派遣国国旗和国徽的权利等。

（二）领馆人员的特权与豁免

（1）人身自由受一定限度的保护。接受国对于领事官员应表示适当尊重并应采取一切适当措施以防其人身自由或尊严受任何侵犯。领事官员不得予以逮捕候审或羁押候审，但允许接受国为执行司法判决，对犯有严重罪行的领事官员提起刑事诉讼。该员须到管辖机关出庭，但在进行诉讼程序时，应顾及领事官员所在任职位予以适当的尊重。而外交关系公约则规定了外交代表享受刑事管辖豁免。

（2）管辖及作证义务的豁免。领事官员只就其职务行为不受司法和行政机关的管辖。但以下两种民事诉讼不在豁免之列。

①因领事官员并未明示或默示，以派遣国代表身份所订契约发生的诉讼。

②第三者因车辆、船舶或航空器在接受国内造成意外事故而要求损害赔偿的诉讼。领馆人员作证义务的豁免限定在执行职务的范围内，而外交代表无以证人身份作证的义务。

（3）捐税、关税和查验的豁免。领事官员私人用品免纳关税，只限于本人直接需要量，而外交代表则无数量限制。

（4）其他特权与豁免。领事官员免除外侨登记，免予适用社会保险，免除一切个人劳务等。

六、领馆及领馆人员对接受国的义务

领馆及其人员在接受国享有特权与豁免的同时，对接受国负有一定的义务，这些义务主要有以下几项。

（1）尊重接受国的法律、规章。

（2）不干涉接受国内政。

（3）遵守接受国法律、规章关于使用车辆、船舶或航空器对第三者造成损害的保险办法的规定。

（4）领馆馆舍不得用做与执行领事职务不相符的用途。

（5）职业领事官员不应在接受国内为私人利益从事任何专业或商业活动。

第五节　中国外交和领事关系法

一、中国关于外交特权和豁免的规定

中国一方面加入了有关外交关系的国际公约，如《维也纳外交关系公约》、《联合国特权及豁免公约》、《联合国各专门机构特权及豁免公约》以及《关于制止和惩处应受国际保护人员包括外交代表的罪行的公约》。另一方面中国全国人大常委会于 1986 年 9 月 5 日颁布了《中华人民共和国外交特权与豁免条例》。该条例的原则和基本内容与《维也纳外交关系公约》基本相同，但在有些方面补充了一些适合我国实践的规定。

(1)《条例》扩大了享受外交特权与豁免人员的范围。不仅包括使馆外交人员、外交信使、途经中国的驻第三国的外交人员等，还包括持有我国外交签证或持有外交护照(限互免签证的国家)的外国官员及其他来华访问的外国人士。

(2)外交人员在中国不享有民事和行政管辖豁免的事项具有一定限制，只规定两项豁免的例外：外交代表以私人身份进行的遗产继承诉讼；外交代表由于从事公务范围以外的职业或者商业活动引起的诉讼。但外交人员在接受国境内的私有不动产之物权诉讼未作规定。

(3)特别规定了枪支弹药的问题。《条例》规定使馆及使馆人员携运的枪支、子弹入境，必须经中国政府核准，并按中国的有关规定办理，这与我国限制枪支弹药的做法相一致，但公约对此并未规定。

(4)特别规定了来访中国的国际组织代表和专家，联合国驻中国代表机构和人员的待遇，按中国加入的公约或条例处理。

(5)确立了在外交特权与豁免方面的对等原则。条例规定：如果外国给予中国驻该国使馆、使馆人员以及临时去该国的有关人员的外交特权与豁免，低于中国按本条例给予该国驻中国使馆、使馆人员以及临时来中国的有关人员的外交特权与豁免，中国政府根据对等原则，可以给予该国驻中国使馆、使馆人员以及临时来中国的有关人员以相应的外交特权与豁免。

二、中国关于领事特权和豁免的规定

中国于 1990 年 10 月 30 日颁布了《中华人民共和国领事特权与豁免条例》。该条例的原则和内容与《维也纳领事关系公约》基本相同，只是在公约许可的范围内，作了一些新的规定和补充。

(一)关于领事特权与豁免的适用范围

条例规定，领事官员和领馆行政技术人员执行职务的行为享有司法和行政管辖豁免，领事官员执行职务以外的行为的管辖豁免，按照中国与外国签订的双边条约、协定或根据对等原则办理。

(二)对民事管辖豁免的例外情况规定得更明确具体

条例将不适用民事管辖豁免的情况分为四类。

（1）涉及未明示以派遣国代表身份所订的契约的诉讼。

（2）涉及在中国境内的私有不动产的诉讼，但以派遣国代表身份所拥有的为领馆使用的不动产不在此限。

（3）以私人身份进行的遗产继承的诉讼。

（4）用车辆、船舶或者航空器在中国境内造成的事故及损害赔偿的诉讼。

（三）关于枪支、弹药的携带

领馆和领馆人员携带自用的枪支、子弹出境，必须经中国政府批准，并且按照中国政府的有关规定办理，这一规定与我国国内关于枪支弹药的管理原则基本相符。

三、驻华大使以及大使馆基本情况

截至 2016 年 3 月，共有 173 个国家与中国建立了大使级外交关系，① 其中没有建交比较特殊的国家有不丹与梵蒂冈。② 2016 年 12 月 20 日，圣多美和普林西比政府宣布与台湾当局断绝"外交"关系，至此，台湾当局所谓"邦交国"仅剩 21 个。

与中国建交的国家中约有 160 个左右的国家在华设立了使馆。北京前门外的东交民巷，是中国半殖民地时代的使馆区，也是中国历史上的第一个"使馆区"。1955 年北京市政府决定把外国驻华使馆迁出东交民巷，并从方便规划和保障安全出发，在北京建国门外和朝阳门外渐渐形成使馆区，习惯上被称为"第一使馆区"和"第二使馆区"。"第一使馆区"主要聚集了一些社会主义国家的使馆。这些国家一般在中华人民共和国成立后，较早承认了中国并与之建立外交关系。一些亚非拉和东欧的非社会主义国家的使馆也在这里。"第二使馆区"也叫"北使馆区"，西方发达国家使馆聚集此处，沿亮马河排开来，比第一使馆区更幽静。随着北京城市规模的扩大和中国建交国的增多，1980 年亮马河下游过三环路的区域规划成"第三使馆区"，逐渐有国家在此建使馆，包括美国的新使馆。

外国与中国建交后，大多数会首先考虑建馆问题。根据互惠和对等的原则，建馆通常有四种方式：一是按市场价购买（包括买地建房或直接买房）或租用；二是双方政府为对方使馆提供补贴，使其按优惠价格购买或租用；三是相互为对方免费提供馆舍并负责维修；四是通过协商解决（如对等部分优惠，超出部分按市场价；或中国同意小国在中国租房，小国则同意免费或以优惠价向中国提供地皮建馆。现在，中国对新建和扩建的驻华使馆，多按市场规律办事，兼顾互惠安排。外国驻华使馆既有较大规模的自成一体的建筑，如加拿大和澳大利亚驻华使馆；也有一馆多处的，如法国驻华使馆，分为办公处、商务处、文化科技处和核工业处；还有租用办公楼的，如塔园外交人员办公楼，大约有 10 个国家的使馆设在那里。有一些小国的使馆就是一套公寓房，只有公使衔参赞一人，大使不在中国常驻。还有的国家，如巴哈马、巴巴多斯等国在北京不设馆，只向中国派巡回大使，一人身兼数国大使。

①　中华人民共和国外交部官网。

②　不丹与中国接壤，因历史遗留问题，中国和不丹在领土边界问题上尚有争议。1949 年 8 月，印度和不丹签订《永久和平与友好条约》，规定不丹对外关系接受印度的"指导"。中、美、俄等大国都没和不丹建交。

本 章 练 习

【思考题】

1. 使馆由哪些人组成？他们的派遣程序是什么？
2. 使馆和外交代表有哪些特权与豁免？
3. 领事有哪些职务以及享有哪些特权和豁免？
4. 引渡有哪些条件？

【综合训练】

美国驻德黑兰外交和领事人员案。1979 年 11 月 4 日，在美国驻伊朗大使馆外进行游行示威的伊朗人袭击了大使馆馆舍。尽管大使馆曾多次呼吁伊朗当局给予援助，但伊朗保安部队并没有干预或控制这种局势，结果大使馆馆舍被占领，使馆人员包括领事及非美籍人员和当时在大使馆的来宾，均被拘禁。11 月 5 日，在伊朗的领事馆也发生了同样的事件。占领者搜索并掠夺外交和领事档案与文件。除释放 13 人外，其余的被拘禁人员均被扣作人质，以迫使美国满足他们提出的要求。伊朗政府表示赞同和支持武装分子的行为。

1979 年 11 月 29 日，美国向国际法院就美国驻伊朗大使馆的处境及美国驻伊朗的外交和领事人员被扣为人质的问题对伊朗提起诉讼。请求法院判决并宣布：伊朗有义务立即释放拘禁于使馆的所有人员并保证他们安全离境；向美国赔偿损失等。伊朗政府辩称，国际法院不能、也不应该受理此案。国际法院判决：伊朗在许多方面已违反，并正在违反它根据国际条约和长期确立的国际法规则所承担的义务。伊朗违反对美国所承担的义务，根据国际法应负国际责任。1981 年 1 月 19 日，美国和伊朗缔结了一些解决此争端的协议，人质获释。此案最终以政治方法得到解决。

分析：伊朗是否违反了其对美国所承担的外交和领事特权与豁免的国际法律义务？

【要点提示】

《维也纳外交关系公约》、1963 年的《维也纳领事关系公约》、1973 年的《关于防止和惩罚对国际保护人员包括外交代表犯罪的公约》规定：使领馆及外交与领事人员不可侵犯和接受国有义务予以保护，事件发生后，美国使馆请求伊朗当局给予援助和保护，但伊朗当局没有采取适当步骤保护使领馆及其人员和制止事态的发展，这就违反了其应采取一切适当步骤保护使领馆及其人员的国际义务。而且，伊朗政府还赞同和支持武装分子的行为。通过这种国家行为，武装分子的非法行为就可归于伊朗国家行为，这构成伊朗对其国际义务的再次违反。

第九章　国际人权法

【知识目标】

掌握国际人权法的渊源；人权的性质和内容；人权国际保护的机构及普遍性国际人权保护的实施制度和程序。

【能力目标】

能够分析国际人权问题及中国人权问题。

第一节　概　　述

一、人权与国际人权法的概念

人们通常把联合国主持制定的《世界人权宣言》、《经济、社会和文化权利国际公约》和《公民权利和政治权利国际公约》及其两项附加任择议定书合称为国际人权宪章。国际社会的人权概念，一般是指国际人权宪章及其他国际人权文书所确立的人权概念。所谓人权，是指一个人作为人所享有或应该享有的基本权利。传统的人权概念仅指公民个人的人身自由和政治权利。伴随19世纪初开始的反对剥削与压迫的社会主义思潮、运动与革命出现的人权的基本内容是指公民的经济、社会、文化权利。第二次世界大战后，人权概念强调指出了包括民族自决权、发展权在内的集体人权。总之，人权的概念随着历史的发展不断丰富和发展，不仅包括政治权利，还包括经济、社会、文化权利；不仅包括个人权利，还包括集体权利。人权问题，本质上属于一国国内管辖的事项。传统国际法并不调整国家与个人之间的关系。一国如何对待其本国国民，本质上属于该国国内管辖的事项。

人权是历史发展的产物。人权的发展和演变使人权进入国际法领域，国际人权法成为国际法的重要组成部分。国际人权法是国际法主体之间有关规定和保护人的基本权利和自由的原则、规则和制度的总称。国际人权法的主要渊源是国际人权条约，其次是国际习惯。

二、国际人权问题的由来

一般来说，人权作为一个普遍的政治理论概念，是17、18世纪欧美新兴资产阶级在反对封建专制主义的斗争中提出来的。资产阶级思想家们提出天赋人权的学说来否定当时被认为神圣不可侵犯的神权、君权以及特权思想。他们声称，人人生而享有独立、自由和平等的权利，他们具有生命权、财产权、自由权、平等及反抗压迫等权利，这些都是不可剥夺的自然权利。1776年美国的《独立宣言》作为资产阶级革命的政治纲领，宣称：人人生而平等，他们都从"造物主"那边被赋予了某些不可转让的权利，其中包括生命、自由和追求幸福的权利。《独立宣言》被马克思称为人类历史上第一个人权宣言。1789 年法国国民议会通过《人权和公民权宣言》，它宣布：在权利方面，人们生来是而且始终是自由平等的。任何政治结合的目的都在于保存人自然的、不可动摇的权利。这些权利就是自由、财产、安全和反抗压迫。后来该宣言的内容被载进了法国宪法。这是世界历史上第一次以根本大法的形式肯定了人权原则，该宣言又被称为第一部人权法典。

第一次世界大战后，人权问题开始从国内法领域进入国际法领域。"一战"后，人权问题引起世界各国的重视，出现了一些关于国际人权保护的公约和规定。如 1926 年国际联盟主持制定的《禁奴公约》和 1930 年的《禁止强迫劳动公约》等，都是关于人权问题的国际公约。从总体上讲，人权的国际保护还仅限于人权的个别领域，如保护少数者、禁止奴隶制度、保护劳工以及国际人道主义等。人权概念还没有全面进入国际法领域。第二次世界大战后，人权问题才全面进入国际法领域。1945 年《联合国宪章》第一次将人权规定在这个普遍性的国际组织宪章中，宪章庄严宣告"增进并激励对于全体人类人权及基本自由的尊重"为其宗旨之一。从此，人权第一次被纳入国际法的范畴，成为国际法的一项原则。1948 年联合国大会通过了《世界人权宣言》，第一次系统地提出尊重和保护基本人权的具体内容，标志着人权已成为一个国际法问题。随后又出现了一系列有关人权问题的国际公约，如《经济、社会、文化权利国际公约》、《公民权利和政治权利国际公约》及其《任意议定书》、《禁止酷刑国际公约》、《消除一切形式的种族歧视国际公约》、《儿童权利国际公约》等。这些国际人权公约促进了国际人权法的发展，人权问题成为国际法的一个重要问题。

第二节　人权的性质与内容

一、人权的性质

关于人权的性质，不同的阶级不同的国家对其有不同的理解。西方国家宣扬人权没有国界，不干涉内政原则不适用于人权问题。甚至有的国家提出人权原则是国际法的基本原则，人权原则要取代国家主权原则而成为国际法的基础。这些观点往往成为有些国家干涉别国内政，侵犯别国主权的借口。发展中国家认为，国际上没有一种适用于所有国家的普遍性的人权标准。发展中国家主张，人权具有二重性，即人权的国内性质和人权的国际性质。第一次世界大战以后，人权问题开始进入国际法领域。在此之前人权问题纯属一国管辖范围内的事项。第二次世界大战是对人权最大规模的践踏和破坏，二战后人权问题引起国际社会的最普遍的关注。联合国的成立，特别是 1948 年《世界人权宣言》的通过，使得人权问题全面进入国际法领域。但是，人权问题，特别是基本人权问题仍然属于一国内政，由各国的国内法加以规定，而没有纳入国际法范畴。一般说来，由于各国的历史背景、社会制度、文化传统、意识形态、经济发展水平等的不同，如生存权、平等权、自由权、政治、经济、文化和社会权利等，只有通过一国国内的立法机关、司法机关和行政机关采取措施才能保证实现。实现人权和保障人权都要根据各国的具体国情，由各国通过国内法律具体规定。只有通过国内立法才能使个人的人权得到保障。人权问题的基本方面仍然是国内法的问题，属于国家内部管辖的事项，国际法不能直接授予个人权利。国际上不可能有一个统一的人权标准，任何国家都不应干涉其他国家的人权问题。

《联合国宪章》规定：我联合国人民同一决心，欲免后世再遭今代人类两度身历惨不堪言之战祸，重申基本人权，人格尊严与价值，以及男女与大小各国平等权利之信念。联合国的成立与发展，使人权问题全面进入国际法领域，人权的国际保护成为现代国际法的一个重要组成部分。人权的国际性体现在如果一个国家的国内法规定违反了公认的国际法原则，或者一个国家的侵权行为直接影响到国际和平与安全，违反了其所应承担的国际义务，造成大规模侵犯人权的结果，从而违反国际人权保护法的有关规定，则应承担国际责任。一般来说，种族隔离、种族灭绝、种族歧视、奴隶制度等，已经超出了国内法的规定而成为国际法的问题，是国际法所禁止的内容。无论这些行为是否符合一国国内法规定，都属于破坏国际法的行为，要受到国际社会的谴责和国际法的制裁。如南非以前实行的种族隔离政策，与联合国制定的有关国际人权条约相抵触，遭到了国际社会的普遍谴责，并对南非采取了各种制裁措施，迫使其改变这种违反国际法的政策。

人权的国际性，要求有关国家在制定自己的国内法时，要充分考虑到国际上已经获得普遍接受的人权原则，不得与之相抵触。各国都有义务遵守已为国际社会普遍接受的人权原则，如果以国内法为借口拒不履行，则是对国际法的破坏，外国或国际组织有权进行干预，这种干预不属于干涉内政。如1973年的《禁止并惩治种族隔离罪行国际公约》规定，种族歧视最严重的形式种族隔离是危害人类的罪行，对犯有种族隔离罪行的组织、机构或个人，公约缔约国有义务禁止，并制止和惩办犯有这种罪行的人。

人权与主权的关系是辩证统一的。人权与主权都是国际法的原则，是国际法的重要组成部分。人权原则是国际法的重要原则，主权原则是一项最重要的国际法基本原则。国家主权是相互的，国家在行使主权时，不得侵犯他国的主权；国家不能违背国际法关于人权的一般强制性规则，而人权的国际保护则首先必须尊重国家主权，坚持国家主权原则。国家的主权受到侵犯或破坏，国家的独立不复存在，国家的人权必然得不到保障。没有国家主权，也就没有人权。尊重人权，首先应当尊重国家主权，坚持国家主权，才能保护国际人权。

人权与主权并不矛盾，西方某些国家将人权与主权对立起来，认为在人类利益面临威胁的时候，有必要牺牲自己的主权，把人权问题凌驾于主权原则之上，其实质是要借口人权问题侵害别国主权。不干涉内政原则是国家主权原则引申出来的一项国际法基本原则。在国际人权保护领域坚持国家主权原则，必然要求坚持不干涉内政原则。1970年的《国际法原则宣言》明确规定：任何国家或国家集团均无权以任何理由直接或间接干涉其他国家的内政或外交事务。《联合国宪章》第2条第7款也规定：本宪章不得认为授权联合国干涉在本质上属于任何国家国内管辖的事件。人权保护的主要方面属于一国的内政，不允许任何外国以保护人权为借口干涉国家的内政。西方某些国家推行人权外交，利用人权问题干涉别国内政，这实质上是强权政治的具体表现，既违反国际人权保护法的目的和宗旨，更不符合现代国际法的基本原则。一些西方强国以"人权高于主权"为借口干涉他国内政、损害他国主权的事时有发生。它们常常以"世界人权卫道士"自居，却制造了当今世界最大的人权悲剧和人道主义灾难。据《华盛顿邮报》报道，通过对伊拉克全国 47 个区进行调查走访，美国约翰·霍普金斯大学的研究小组形成的报告认为，美国发动伊拉克战争造成了 65.5 万伊拉克人死亡，平均每天死亡 500 人。美军在伊拉克战争中对伊拉克战俘的虐待和污辱行径更是对人权的亵渎，是对国际人道主义法的恣意践踏。近些年来，一些西方强国正是打着"维护自由、民主和人权"的幌子，对其他国家发动了一系列的侵略战争。例如，1999 年 3 月起，以美国为首的北约，以人权高于主权，维护世界秩序为借口，发动了科索沃战争，在未经联合国授权的情况下，对一个主权国家进行了长达 78 天的狂轰滥炸，其轰炸目标也步步升级，不仅由军事目标发展到非军事目标，而且轰炸了我国驻南联盟大使馆。2001 年 10 月，美国以反恐为理由发动的阿富汗战争，至今已经导致阿富汗平民伤亡 3 万余人。这些都是对尊重国家主权和互不干涉内政等国际关系准则的粗暴践踏。

二、人权的内容

根据《世界人权宣言》、《经济、社会和文化权利国际公约》和《公民权利和政治权利国际公约》等主要的国际人权公约的规定，国际人权大概可以分为集体人权和个人人权。

（一）集体人权

集体人权是指国家和民族等集体在国际社会中应享有的各种权利。如民族自决权、发展权、各国对其自然资源享有的充分主权、和平权、环境权等。集体人权是第二次世界大战后在广大发展中国家登上国际政治舞台并积极推动下逐步确立起来的。1984 年联合国大会通过的《发展权利宣言》规定，发展权是一项不可剥夺的人权。1984 年《人民享有和平权利宣言》宣布，全球人民享有和平的神圣权利。集体人权主要包括民族自决权和发展权，还包括自然资源权、和平权和环境权等。

1. 民族自决权

民族自决权是指在一个处在外国或其他民族压迫下的民族，有权自己决定其政治地位并自由从事其经济、社会及文化发展，并摆脱殖民统治，建立民族独立国家的权利。《联合国宪章》是第一个规定民族自决原则的普遍性国际公约。《联合国宪章》第一条第一款规定：发展民族间以尊重人民平等权利及自决原则为根据之友好关系。1952 年联合国大会通过的《亚非会议的最后公报》，也规定了自决是充分享受一切基本人权的先决条件。1955 年的《亚非会议最后公报》也明确支持联合国宪章提出的人民和民族自决原则。1960 年联合国大会通过的《给予殖民地国家和人民独立宣言》，宣布所有的人民都有自决权，依据这个权利，他们自由地决定他们的政治地位，自由地发展他们的经济、社会和文化。并指出使人民受外国的征服、统治和剥削这一情况，否定了基本人权，违反了联合国宪章，并妨碍了增进世界的和平与合作。1966 年的《经济、社会和文化权利国际公约》和《公民权利和政治权利国际公约》也都确认了民族自决权的内容。1970 年《国际法原则宣言》明确规定了民族自决原则的内容，指出每一国均有义务，以共同及个别行动，促进各民族享有平等权利及自决权原则之实现。1974 年联合国大会通过的《各国经济权利和义务宪章》也将各民族平等和民族自决作为指导各国间经济关系的基本原则之一。2014 年 12 月 30 日，联合国安理会以八票赞成、两票反对和五票弃权，否决了约旦代巴勒斯坦所提出的建国议案。巴勒斯坦 1988 年宣布建国以来，一直寻求国际社会承认，迄今已得到 100 多个国家的承认。但包括以色列最大盟友美国在内的一些西方发达国家仍拒绝承认。

民族自决权是实现和享有其他各项人权和基本自由的基础和前提。但是假借民族自决制造民族分裂活动是违反民族自决精神的，是国际法所不允许的。国际法明确严格禁止任何国家假借民族自决名义，制造、煽动或支持民族分裂，破坏他国国家统一和领土完整的任何行动。台独分子利用民族自决权，试图通过公投分裂国家的目的是不能实现的。第一，台湾地区不具有全民公投的资格，未经过全体中国人民的同意，台湾地区不能通过民族自决来实现独立。第二，台湾地区居民的人权也并未受到中华人民共和国政府大规模的严重侵犯，或者是台湾地区的社会制度被中华人民共和国强行改变。第三，台湾自古以来就是中国领土不可分割的一部分。因此，台湾的台独分子主张的民族自决，是彻底的民族分裂活动，是破坏国家统一和领土完整的恶劣行径，是违反民族自决权的。

2. 发展权

发展权是指在国际社会中，每一个国家或民族都有权自由决定他们的经济、社会和文化的发展的权利。发展权是在 1969 年阿尔及利亚正义与和平委员会发表的《不发达国家发展权利的报告》中首次提出的。报告指出发展权是一项人权，因为人类没有发展也就不能生存。1977 年联合国人权委员会讨论了发展权作为人权的问题。1979 年联合国大会确认发展权是一项人权。1986 年再次确定了发展权是一项不可剥夺的人权，在通过的《发展权利宣言》中指出，每个人和所有民族均有权参与、促进并享受经济、社会、文化和政治发展，并在其中充分实现所有人权和基本自由。1993 年联合国世界人权大会通过的《维也纳宣言和行动纲领》指出：世界人权会议重申，《发展权利宣言》所阐明的发展权利是一项普遍的、不可分割的权利，也是基本人权的一个组成部分。我国坚持把保障人民的生存权发展权放在首位，发展经济，改善民生，减少贫困取得重大成就。数据显示，1978 年以来，参考国际扶贫标准，我国共减了 6.6 亿贫困人口，全球贫困人口数量减少的成就 93.3% 来自中国。我国用占世界 7% 的耕地养活了占全球 1/5 的人口，这是一项有深远意义的人权成就。正如《发展权利宣言》所声明，人是发展的中心主体。虽然发展能促进人权的享受，但缺乏发展并不得被援引作为剥夺国际公认的人权的理由。各国应互相合作，确保发展和消除发展障碍。国际社会应促进有效地国际合作，实现发展权利，消除发展障碍。中国的对外援助，尤其是在非洲的援助活动，实际上是保护和保障发展权的一则首要案例。

在联合国第五十七届人权会上，中国代表团顾问王世杰大使阐述中国对发展权的立场。发展权是一项不可剥夺的人权；创造有助于发展权实现的国内和国际条件的主要责任，在于国家，各国有义务相互合作，消除发展的障碍，以促进发展权得到普遍实现。为了实现发展权，各国应遵守以下原则：遵守《联合国宪章》的宗旨和原则，尊重国家主权和平等原则，承认世界多样性，尊重各国根据本国国情自主地选择社会制度和发展道路，保障各个民族和各种文明共同发展的权利。在新世纪里，国际社会能通过调整国际金融机构体制和发达国家向发展中国家开放市场等途径，为发展中国家实现发展权，创造有利的国际发展环境。发达国家能够切实重视发展中国家面临的特殊困难，积极开展国际合作，通过兑现官方发展援助、减免债务等措施，帮助发展中国家发展经济，尽快消除贫困，尽快实现生存权和发展权。

（二）个人人权

个人人权是指个人依法享有的生命、人身和政治、经济、社会、文化等各方面的自由平等权利。关于个人人权主要规定在《世界人权宣言》、《公民权利和政治权利国际公约》以及《经济、社会、文化权利国际公约》中。

近代资产阶级在反对王权、等级特权和神权的斗争中，提出了以公民和政治权利为核心的人权概念。随着国际人权运动的发展，人权内容发生了很大的变化，它已从公民和政治权利扩大到社会生活的各个方面。1948 年《世界人权宣言》的通过，第一次以公约的形式确认了经济、社会和文化权利是人权的重要内容。《世界人权宣言》第三条规定：人人有权享有生命、自由与人身安全。《世界人权宣言》第 22 条规定：每个人，作为社会的一员，有权享受社会保障，并有权享受它的个人尊严和人格的自由发展所必需的经济、社会及文化方面各种权利的实现，这种实现是通过国家努力和国际合作并依照各国的组织和资源的情况。1966 年《公民和政治权利国际公约》和《经济、社会和文化权利国际公约》的通过，再次肯定了人权包含公民和政治权利与经济、社会和文化权利这两大类权利。经济、社会、文化权利是公民享有公民权利和政治权利的基础条件；公民权利和政治权利是公民享有人格尊严和实现充分人权的基本政治保证。这两大类权利都属于人权的基本内容。如《公民和政治权利国际公约》规定了公民个人所应享有的权利和基本自由。主要包括生命、自由和人身安全的权利，不得使为奴隶和免于奴役的自由，免受酷刑的自由，法律人格权，司法补救权，不受任意逮捕、拘役或放逐的自由，公正和公开审讯权，无罪推定权，私生活、家庭、住房或通信不受任意干涉的自由，迁徙自由，享有国籍的权利，婚姻家庭权，财产所有权，思想、良心和宗教的自由，享有主张和发表意见的自由，结社和集会的自由，参政权。又如我国宪法规定，中国公民享有人身自由、宗教信仰自由和言论、出版、集会、结社、游行、示威的自由；公民的人格尊严、住宅、通信自由和通信秘密不受侵犯；年满 18 周岁的公民，不分民族、种族、性别、职业、家庭出身、宗教信仰、教育程度、财产状况、居住期限，除依照法律被剥夺政治权利的人以外，都有选举权和被选举权等政治权利。同时，我国宪法也规定了公民的经济、社会和文化权利。按照宪法规定，我国公民享有劳动权、休息权、受教育权、进行科学研究、文学艺术创作和其他文化活动的自由权，以及其他劳动保护和社会保障的权利；国家保护公民的合法的收入、储蓄、房屋和其他合法财产的所有权，并依法保护公民的私有财产的继承权等。

（三）集体人权与个人人权的关系。

集体人权与个人人权的关系是辩证统一的关系。首先，任何人权包括集体人权最终都必须体现为个人人权，个人人权若得不到保障，也就谈不上集体人权。其次，集体人权是个人人权得以充分实现的先决条件和必要保障。如果一个国家失去了国家主权，无法自主决定其国家事务和自由谋求其经济、社会和文化的发展，那么这个国家人民的个人人权也就得不到保证。任何否认集体人权属于人权，把集体权利与个人权利绝对对立起来的观点都是错误的，是与当代国际人权发展的现实相违背的，同时也不利于发挥国家在维护人权方面的积极作用。然而，西方学者往往否定集体权利属于人权，认为人权就是个人权利。西方近代资产阶级在提出人权观念时，把人权仅仅看成是个人权利。这种人权观在当时历史条件下，对于把个人从宗教神学的桎梏和封建专制禁锢中解放出来确实起到过进步作用。但是，随着历史的发展，特是国际人权理论和实践的发展，集体人权的新概念得到了国际社会的普遍承认。在这种时代背景下，仍不承认集体人权，这无疑是同国际人权公约和人权发展的现实背道而驰的。实践证明，西方人权观把个人权利同集体权利绝对对立起来，既不符合现实状况，也不利于发挥国家在维护人权方面的积极作用。

第三节　国际人权保护

一、国际人权保护机构

《联合国宪章》的序言开宗明义地宣布：欲免后世再遭人类两度身历惨不堪言的战祸，重申基本人权、人格尊严与价值以及男女与大小各国平等权利之信念。依据《联合国宪章》，联合国大会，经社理事会下属的人权委员会、妇女地位委员会、预防犯罪与刑事司法委员会，秘书处的联合国人权事务高级专员公署分负有保护人权的职责。这些机构及其职能形成了普遍性的国际人权保护机制。而依据《欧洲人权公约》设立的欧洲人权法院，依据《美洲人权公约》设立的美洲人权委员会和美洲人权法院，依据《非洲人权和民族权宪章》设立的非洲人权和民族权委员会等则形成了区域性的国际人权保护机制。此外，一系列的国际人权公约还设立了公约保护机制。例如与1948年《世界人权宣言》共同构成国际人权宪章的1966年《公民权利和政治权利国际公约》设立了人权事务委员会；《经济、社会、文化权利国际公约》设立了经济、社会、文化权利委员会；《消除一切形式种族歧视公约》设立了消除种族歧视委员会；《禁止酷刑和其它残忍、不人道或有辱人格待遇或处罚公约》设立了禁止酷刑委员会；《儿童权利公约》设立了儿童权利委员会等。

(一)联合国体系下的人权机构

1. 一般性人权机构

对一般性人权机构而言，维护和促进人权只属于其职能之一。这类机构在联合国体系内包括：联合国大会及其第三委员会，经济及社会理事会等。

2. 人权理事会

联合国人权理事会成立于2006年6月19日，是联合国大会的下属机构。它的前身是于1946年设立的，归经社理事会管辖的联合国人权委员会。

3. 防止歧视和保护少数小组委员会

该小组委员会尽管也是人权委员会的主要附属机构，但它却是根据经社理事会1946年6月的直接授权，由人权委员会在其1947年的第一届会议上设立的。由于它在维护人权方面所处的重要地位，有必要专门予以介绍。

4. 联合国难民事务高级专员办事处

5. 国际劳工组织

国际劳工组织是作为与国际联盟有关系的一个独立机构于1919年4月11日成立的。现在，国际劳工组织是作为联合国的专门机构存在，其与联合国的关系以条约的形式加以确认。

（二）区域国际人权机构

1.《欧洲人权公约》下的人权机构。作为二战后欧洲的第一个政治组织，欧洲理事会在其建立后，将人权保护作为它的重要目标。1950 年通过了《欧洲人权公约》。欧洲理事会以该公约(以及随后通过的《欧洲社会宪章》)为依据创立了人权保护的第一个国际机制。其相应的监督执行机构包括欧洲人权委员会、欧洲人权法院和欧洲理事会部长委员会三重机构。根据欧洲人权公约第 11 议定书确定的改革目标，1998 年 11 月 1 日，单一的和全职的欧洲人权法院建立。欧洲人权委员会结束其使命，旧的法院也停止其职能。

2. 欧洲联盟体系内的人权保护机构。与以《欧洲人权公约》为核心的人权法律保护机制不同，欧盟的人权法律保护机制是一个附属机制。这一机制不是独立的和单一的，也不是专司人权保护的机制，它是在欧盟的框架内，并依托欧盟现有的机制运行的一种机制。人权保护仅是欧盟全部职责或功能中的一项内容。在欧盟层面上，确保人权实施的机构有欧盟理事会、欧洲议会和欧洲委员会，以及位于卢森堡的欧洲法院。此外，还有起着链接或桥梁作用的欧洲监督专员。

3. 美洲人权公约体系下的人权保护机构。美洲人权保障有两个相互重叠的机制及机构：《美洲国家组织宪章》及其美洲国家人权委员会；《美洲人权公约》及其重建的美洲人权委员会和美洲人权法院。

4. 非洲人权保护机制及机构。非洲统一组织在《非洲人权和民族权宪章》下，建立了以调查和来文审查程序为执行措施的非洲人权法律保护机制。以非洲人权和民族权委员会作为监督机构。

（三）人权非政府组织

国际人权联盟、人权观察、国际人权联合会、保护人权反奴役协会。

（四）国际人权公约体系下的人权机构

1. 消除种族歧视委员会

消除种族歧视委员会(Committee on the Elimination of Racial Discrimination)是根据联合国《消除一切形式种族歧视国际公约》设立的负责监测缔约国履行公约义务的情况的条约机构，成立于 1970 年。

2. 消除对妇女歧视委员会

消除对妇女歧视委员会根据《消除对妇女一切形式歧视公约》第 17 条于 1982 年设立。

3. 人权事务委员会

人权事务委员会是根据《公民权利和政治权利国际公约》第 28 条设立的监督公约执行情况的条约机构。该机构的职能与《公约》本身的实施制度相联系。

4. 儿童权利委员会

儿童权利委员会是根据《儿童权利公约》设立，以监督该公约的执行。除审查来自政府和其他来源的报告和信息外，委员会还发表对有关规定的一般性意见，甚至主持有关的公众讨论。

5. 禁止酷刑委员会

禁止酷刑委员会是《禁止酷刑公约》的监督执行机构。

二、普遍性的国际人权保护的实施制度和程序

(一)报告与审查制度

报告制度是指各缔约国将其履行条约的情况向有关人权机构提交报告的义务。审查制度是指由专门的人权机构来审议报告，审议报告后可以提出一般性的建议或评论。

(二)国家来文及和解制度

国家来文及和解制度是指人权公约的缔约国通过有关国际人权机构监督其他缔约国履行义务的重要制度。《公民权利及政治权利国际公约》规定了国家来文及和解制度。根据《公约》第四十条、第四十一条规定，即缔约国可以随时声明承认人权事务委员会有权接受和审议一缔约国指控另一缔约国不履行公约义务的通知，人权委员会在认定用尽了国内救济措施之后，有权处理已接受人条款的缔约国之间的指控，以便求得有关事项的解决。有的人权公约规定了强有力的执行机制，如《消除一切种族歧视国际公约》，消除种族歧视委员会无需根据任择条款，就有权处理有关任何缔约国之间的指控。

(三)个人申诉制度

个人申诉制度是指基于条约中的任择条款，并且必须在确认用尽国内救济之后，才能受理个人来文及申诉。如《消除一切种族歧视国际公约》和《公民权利及政治权利国际公约》都规定了个人申诉或来文指控制度。

第四节 中国人权问题

一、中国积极参与和支持人权领域的活动

中国一贯尊重《联合国宪章》促进和保护人权的宗旨和原则，积极参与和支持国际人权领域的活动，并取得了明显效果。截至 2011 年，中国已加入并正式批准的国际人权公约如下：

1.《改善战地武装部队伤病者境遇之日内瓦公约》；

2.《改善海上武装部队伤病者及遇海难者境遇之日内瓦公约》；

3.《关于战俘待遇之日内瓦公约》；

4.《关于战时保护平民之日内瓦公约》；

5.《消除对妇女一切形式歧视公约》；

6.《消除一切形式种族歧视国际公约》；

7.《关于难民地位的公约》；

8.《关于难民地位议定书》；

9.《1949 年日内瓦四公约关于保护国际性武装冲突受难者的附加议定书》(第一议定书)；

10.《1949 年日内瓦四公约关于保护非国际性武装冲突受难者的附加议定书》(第二议定书)；

11.《防止及惩治灭绝种族罪公约》；

12.《禁止并惩治种族隔离罪行国际公约》；

13.《禁止酷刑和其他残忍、不人道或有辱人格的待遇或处罚公约》；

14.《反对体育领域种族隔离国际公约》；

15.《残疾人职业康复与就业公约》；

16.《男女工人同工同酬公约》；

17.《儿童权利公约》；

18.《经济、社会、文化权利国际公约》；

19.《就业政策公约》；

20.《最低就业年龄公约》；

21.《〈儿童权利公约〉关于儿童卷入武装冲突问题的任择议定书》；

22.《〈儿童权利公约〉关于买卖儿童、儿童卖淫和儿童色情制品问题的任择议定书》；

23.《禁止和立即行动消除最恶劣形式的童工劳动公约》；

24.《联合国人员和有关人权安全公约》；

25.《消除就业和职业歧视公约》；

26.《残疾人权利国际公约》；

27.《联合国打击跨国有组织犯罪公约关于预防、禁止和惩治贩运人口特别是妇女儿童行为的补充议定书》。

中国尊重《世界人权宣言》、《德黑兰宣言》、《发展权宣言》等国际人权文书，并将一如既往地同国际社会一道，为更好地加强人权领域的国际合作而共同努力。对于已批准和加入的国际人权公约，中国政府一贯认真履行公约所规定的义务，并根据规定提供公约执行情况的报告，充分发挥国际人权公约在促进和保护本国人权方面的积极作用。作为联合国安理会常任理事国，以及联合国人权委员会成员国，中国认真负责的履行维护世界和平和保障人权的义务。自从1971年恢复在联合国的合法席位后，中国开始参与联合国大会和经社关于人权问题的讨论，并从1979年起连续三年作为观察员出席人权委员会会议。1981年，中国在联合国经社理事会第一届常会上当选为该委员会成员国，并连选连任至今。1998年是《世界人权宣言》通过50周年。中国常驻联合国代表秦华孙在联合国纪念《世界人权宣言》发表50周年大会上强调，生存权和发展权是最基本的人权。2003年10月，中国人权研究会按规定向联合国经社理事会提交了首份工作报告。

中国自2011年起，每年发布《中国人权事业发展报告》（人权蓝皮书）。截至2016年中国共发布六本《中国人权事业发展报告》（人权蓝皮书）。中国人权蓝皮书是对中国人权状况及其进展进行客观记录和评析的报告，由中国人权研究会编写，社会科学文献出版社出版。中国在人权方面取得显著成绩和巨大进步。

二、中国政府在人权问题上的立场和实践

（一）在人权概念上，我们主张人权是指人按照其本质应该平等享受的权利

人权概念不仅包括个人人权，而且包括集体人权。个人人权的内容包括公民权利和政治权利，经济、社会和文化权利，集体人权内容包括自决权、发展权等。生存权和发展权作为两项基本人权，是最核心的内容。2016年6月，中国公布了《〈国家人权行动计划

(2012—2015 年)〉实施评估报告》(以下简称《报告》),这是继 2009 年 4 月发布《国家人权行动计划(2009—2010 年)》之后,中国政府制定的第二个国家人权计划。制定并发布国家人权行动计划,是中国政府信守人权领域的庄严承诺、落实尊重和保障人权的宪法原则、全面推进中国人权事业发展的一项重大举措。报告指出,2012—2015 年,全国检察机关不批准逮捕总数为 816379 人。报告说,2012 至 2015 年,中国农村贫困人口减少 6663 万人。报告说,截至 2015 年年底,全国打拐 DNA 数据库已为 4000 多名失踪儿童找到亲生父母。刑法修正案(九)加大了对拐卖妇女儿童犯罪收买方的刑事处罚力度,收买被拐妇女儿童的行为一律追究刑事责任。2014—2015 年,全国共破获拐卖儿童案件 2216 起。全国有儿童福利机构 1605 个,独立的未成年人救助保护机构 407 个,比 2012 年同期显著增长。2015 年,被家庭收养的孤残儿童人数为 2.3 万人,占孤残儿童总数的 4.4%,全国救助机构共救助儿童 14.97 万人次。2016 年 12 月 1 日,国务院新闻办公室发表《发展权:中国的理念、实践与贡献》白皮书。我国在司法领域,保障人权也取得了很大进展。2012年刑诉法中提出的非法证据排除规则。

(二)中国政府一贯主张人权问题虽然有国际性的一面,但本质上是属于一国内部管辖的事项

我国政府主张各国应当在相互平等和相互尊重的基础上开展人权对话与合作,反对将人权问题政治化。中国政府一贯主张对话与合作是促进国际人权发展的唯一途径。我国政府主张评价一国的人权状况不能割断历史,脱离国情。国际条约有关人权的规定主要通过国内法得到实现,保护人权的主要责任在于主权国家自身。人权是相对的、具体的,不是绝对的、抽象的。各国有权根据自己的实际情况对人权的保护和限制作出具体规定。如果把不同国家法律规定上的差异作为衡量一国人权状况的依据,甚至套用某个国家或区域的模式去强制推行,或者利用人权作为推行其外交政策的工具,干涉别国内政,是中国坚决反对的。自 20 世纪 70 年代初开始,美国国务院每年向国会提交人权国别报告,中国是美国人权报告的重点关注对象。美国人权国别报告一再抹黑中国人权现状,这是对中国人权状况的恶意攻击。任何国家都不要试图利用人权问题干涉其他国家的内政。

(三)中国政府一贯主张没有主权,就没有人权,反对利用人权干涉他国内政、推行霸权主义和强权政治的做法

中国政府坚决反对任何国家借人权问题干涉国内政,面对国际上的人权高于主权的这种观点,中国政府认为其实质是一国人权问题如何解决不是由本国来决定,而是要由外国决定。这种否定国际公认的不得侵犯国家主权准则的主张,只会给推行霸权主义、强权政治铺平道路。因此,中国政府认为没有主权,就没有人权。美国"2015 年度国别人权报告"也提及香港,我国政府认为对中国香港特区的人权状况,最有发言权的应该还是包括香港同胞在内的中国人自己。香港回归以来,"一国两制"和基本法得到了切实贯彻落实,香港居民依法享有充分的权利和自由,这是无法否认的客观事实。美国这个报告罔顾事实,对香港事务妄加评论,无端指责,对此我们是坚决反对的。我国政府主张香港是中国的特别行政区,香港事务属于中国内政,任何外国都无权干涉。

(四)开展国际合作,消除障碍,是国际社会推进人权事业的当务之急

人权的国际保护是指国际社会根据国际人权条约,对实现基本人权的某些方面承担特

定的或普遍的国际合作义务，并对违反国际人权条约义务，侵犯人权的行为加以防止和惩治的活动。人权的国际保护主要是针对大规模侵犯人权的行为。例如殖民主义、种族主义、外国侵略与占领、种族歧视、种族隔离、种族灭绝、贩卖奴隶、国际恐怖活动等。这些行为不仅严重侵犯人权，而且危害世界和平和安全，国际社会应当给予更多的关注。中国坚决反对任何国家利用人权问题推行自己的价值观念、意识形态、政治标准和发展模式。

本 章 练 习

【思考题】

1. 人权具有什么性质，内容有哪些？
2. 国际人权保护的实施制度是什么？
3. 中国在人权问题上有何立场与实践？

【综合训练】

2016 年 6 月，在瑞士日内瓦举行了联合国人权理事会第三十二次会议高级别专题讨论会。成立于 2006 年的人权理事会是联合国系统中的政府间机构，其前身是联合国人权委员会，由 47 个会员国组成。理事会负责在全球范围内加强促进和保护人权工作，解决侵犯人权的状况并提出建议。中国代表在发言中指出，人权是人类的共同事业，需要国际社会本着建设性态度通力合作，共同推动。会场内外不少代表与学者表示，中国在人权上的进步有目共睹。中国在人权事业上取得的成就值得肯定，中国代表在发言中提出的建议中肯详细，有利于加强中国与其他成员国间的交流与对话。但是，有些西方政客和组织总抱着人权政治化和干涉别国内政的企图，不仅对中国人权事业的发展和进步"选择性失明"，而且处心积虑地进行歪曲和抹黑。

分析：结合中国在人权问题上取得的成就，分析中国政府在人权问题上的立场？

【要点提示】

中国是世界上最大的发展中国家，推动现代化发展和人权进步一直是中国政府和人民的不懈追求。1. 在人权概念上，我们主张人权是指人按照其本质应该平等享受的权利。人权概念不仅包括个人人权，而且包括集体人权。个人人权的内容包括公民权利和政治权利，经济、社会和文化权利，集体人权内容包括自决权、发展权等。生存权和发展权作为两项基本人权，是最核心的内容。2. 中国政府一贯主张人权问题虽然有国际性的一面，但本质上是属于一国内部管辖的事项。3. 中国政府一贯主张没有主权，就没有人权，反对利用人权干涉他国内政、推行霸权主义和强权政治的做法。4. 开展国际合作，消除障碍，是国际社会推进人权事业的当务之急。

第十章　国际条约法

【知识目标】

掌握条约的种类、缔结程序、保留、无效；条约的登记和对第三国的效力；条约解释的基本规则；条约必须遵守原则。

【能力目标】

能分析国际及中国的国际条约问题。

第一节　概　　述

一、条约的概念和特征

条约作为国家间交往的重要手段，也是现代国际法的起源之一，在国际法上有重要地位。1969 年《维也纳条约法公约》第 2 条第 1 款第 1 项规定，条约是指国家之间，以国际法为标准所缔结的书面协定，不论它的名称是什么，不论它被记载于单独一项或者几项相关的文书中。一般认为，条约是国际法主体之间，依国际法所缔结的以创设缔约各方权利义务为目的，具有法律约束力的协议。

国际法上的条约具有以下主要特征。

(一)条约的缔结者为国际法主体

就是说缔约者必须具备国际法主体资格。一方不是国际法主体所签订的协议，或非国际法主体间签订的协议都不是条约。国家是条约中最主要、最常见的主体。此外，正在争取独立的民族以及政府间国际组织，在一定的范围内是国际法的主体，它们之间以及它们与国家之间缔结的协议现在也被视为条约。国家或者其他国家法主体与外国自然人或法人签订的协议，无论内容或性质多么重要都不是国际条约。

同时，条约依赖于当事方之间的合意，一国的单方面行为不可能构成条约。例如一国发表的声明、宣告等都不是条约。所以，条约的缔结者至少为两个。

(二)条约的缔结依据为国际法

1969 年《维也纳条约法公约》和 1986 年《关于国家和国际组织间或国际组织相互间条约法的维也纳公约》都有明确规定，条约的缔结程序和内容必须符合国际法的规则。条约中所规定的权利义务，应是国际法上的权利义务。同时，一个条约的成立和生效同样需以国际法来衡量，而并非依照某一缔约国的国内法。

(三)条约的缔结前提为缔约方的意思表示一致

条约的缔约方必须就某问题达成协议，形成一致意见，从而才有可能签订条约。

161

（四）条约的内容为国际法主体在国际法上的权利和义务，对缔约主体具有法律约束力

权利和义务为条约的内容，是条约的一个本质特征。如果国家间的协议并不对当事方创设权利和义务，不具有法律约束力，就不是条约。有些国际文件，如国家间发表的共同宣言或者声明，若仅仅是对它们共同关心的国际问题表示共同的态度或政策，并不意图就具体事项规定相互的国际法上的权利义务，或者在制订文件时即表示不认为该文件具有法律约束力，这样的国际文书不是国际条约，即使这类文件在国际关系上可能具有重大的政治意义。

（五）条约的形式主要是书面的

国际实践中，条约通常以书面形式缔结。虽然 1969 年《维也纳条约法公约》和 1986 年《关于国家和国际组织间或国际组织相互间条约法的维也纳公约》仅将适用于公约的条约定义为书面形式，但也并不排除其他形式条约的存在和有效性。实践中，口头条约在历史上和现代都有，并不能因非书面的形式而影响其法律效力。但是，由于口头条约在当事方发生纠纷后不易举证，容易引起国际争端，因此，现代国际法上的条约多采用书面的形式，口头形式极其少见。

二、条约的名称和种类

（一）条约的名称

条约一词有广义和狭义两种用法。广义的条约泛指国际法主体间缔结的一切规定它们相互间国际法上权利义务的国际文书。狭义的条约仅指以条约为名称的国际协定。条约法中的条约是指广义的条约而言的。在国际法上，条约的名称没有统一的标准，采用什么名称主要取决于缔约国的自由选择。但条约名称的不同，并不表示其在国际法的法律性质和效力上有差异，而仅表明他们在缔结的方式、程序和生效的形式上可能有所差别。不同名称的条约，其效力、执行和解释等问题，都适用同样的条约法规则。同时，一个国际法文件是否构成条约，也不能仅仅看其名称。相同名称的文件，有些可能是条约，有些则不是。是否构成条约需要对该文件根据条约构成的各要件来衡量。

在国际实践中，较为常用的条约名称主要有以下几种：

1. 条约

条约是广义条约中最正式的一种，通常用于规定缔约方之间最基本或最主要的法律关系或地位。如边界条约、领事条约、中立条约、和平友好条约等。

2. 公约

公约通常是许多国家或在国际组织主持下为解决某一重大问题举行国际会议，通过多边谈判方式缔结的多边条约。如 1982 年《联合国海洋法公约》、1961 年《维也纳外交关系公约》等。

3. 专约

专约通常是指有关专门事项的协议。如两国为了通商事项而缔结通商专约，为了规定两国间的领事制度而缔结领事专约等。

4. 协定

协定通常用于解决某一方面具体问题的行政和技术协议，如航空协定、贸易协定等。

5. 议定书

议定书通常是辅助性的法律文件，解决的问题比协定还要具体一些。一般有独立议定书和附属议定书之分。独立议定书本身就是一个条约，需要单独批准。如 1925 年《禁止在战争中使用窒息性、毒性或其他气体和细菌作战方法的议定书》。附属议定书是一个条约的附属文件，用以补充、说明、解释主要条约的规定，如《欧洲联盟条约》的后面附加了17 份议定书，他们连同该条约一起生效。

6. 宪章、盟约、规约

这类名称的条约多用于建立国际组织的协议，属于多边条约的性质，如《联合国宪章》、《国际联盟盟约》、《国际法院规约》等。

7. 宣言、声明

宣言或声明通常是两国或数国就某一重大问题举行会谈或会议，而后公开发表的文件。一般来说，宣言或声明的情况较为复杂，是否构成条约，应当以当事方的意见和文件的内容来判断。如果一份宣言明确规定了当事方具体的权利和义务，该宣言就是条约。如1984 年中英间的《关于香港问题的联合声明》。如果仅仅是两国或数国在会议后，就某些重大问题发表的政策性声明，不规定具体的权利和义务，则不属于严格意义上的条约。另外还有一种情况，即宣言本身就是规定行为规则的条约。如 1856 年《巴黎海战宣言》。

8. 换文

换文通常是指当事国双方通过互换外交照会，就解决彼此之间不太重要的事项达成的协议。如 1955 年中国和印度尼西亚关于双重国籍问题的条约实施办法的换文。

9. 最后文件

最后文件指在国际会议上通过的，规定一般国际法规则或解决一般国际法问题的多边条约。如 1815 年《维也纳公会最后文件》。

10. 联合公报

联合公报和宣言或声明相似。通常是两个国家在会谈或会议之后，就会谈或会议所公开发表的文件。多数联合公报不构成条约，但如果其中当事双方有创立、改变或废除法律权利和义务的，则视为条约。

11. 备忘录

备忘录是国家间通报事项的一种形式。一般来说，单方发出的备忘录并不具有条约的意义，若对方表示同意，则为条约。如 1984 年《中英香港问题备忘录》具有条约的意义，且备忘录是中英双方同意的事项。

(二)条约的分类

国际法上没有统一的条约分类的方法。在国际法学界通常有以下几种不同的分类标准。

1. 按照条约的性质分为造法性条约和契约性条约

特别是在研究条约作为国际法起源时，这种学理上的分类有着重要的意义。造法性条约是指那些规定在一定时期内当事方在某方面或某事项上的普遍行为规则的条约，即以创立国际法上的法律规则为目的的条约，所以多为一般性的、开放性的多边条约。如 1949年《联合国宪章》。契约性条约则限于特定的交易，规定某个特定事项或特定义务。如两国之间的边界条约等。

2. 按照缔约方的数目可分为双边条约和多边条约

有两个缔约方的条约是双边条约，各方可以是一个或数个国家。如 1947 年《对意和约》，其中一缔约方是意大利，另一缔约方则是包括前苏联、美国、英国和中国等在内的 20 个国家。多边条约则是有两个以上缔约方的条约。其中，多边条约还可为开放性条约和非开放性条约。开放性条约允许单方面的加入，或规定一个专门的接纳程序。非开放性条约则在缔结之后不允许其他国际法主体成为缔约方。

3. 根据条约的内容领域来不同可分为政治、经济、文化等各方面或领域的条约

我国外交部编辑的《中华人民共和国条约集》就把我国缔结的条约分为政治、经济、法律、边界、文化等 14 类。这种分类的好处是便于查找条约，但与条约的效力、修改和终止等问题没有直接的关系。

三、条约法及其编纂

条约法是指调整国际法主体因缔结、履行、解释和废止国际条约等活动而发生的关系的国际法规范之总和。在 1969 年《维也纳条约法公约》通过之前，条约法的大部分规则是国际习惯法的规则。在历史上，条约法的编纂最初由个人进行，所起的影响和作用不大。第一次世界大战后，国际联盟和美洲国家联盟曾尝试对条约法进行编纂，但都没有取得成功。从严格意义上说，条约法的编纂是联合国成立之后开始的。1949 年联合国国际法委员会决定把条约法的编纂作为其最优先的工作。到 1966 年国际法委员会完成了条约法公约的草案。1969 年 5 月 23 日维也纳外交会议通过了《条约法公约》，并于 1980 年 1 月 27 日生效。该公约包括序言、85 条条文和一个附件，共 8 编，主要内容包括条约的缔结和生效、条约的遵守、条约的适用和解释、多边条约的加入和保留、条约对第三国的效力、条约的修改和修正、条约的终止和停止施行以及条约的保管机关、通知、更正和登记等。它不仅将习惯条约法成文化，而且还对过去的习惯规则进行了适当的发展。

维也纳会议之后，为了适应国际经济组织作为当事方的条约越来越多的情况，联合国国际法委员会又根据第二十四届联大 2501 号决议，从 70 年代中期开始对国家和国际组织间或国际组织相互之间所缔结的条约问题进行研究。1986 年 3 月 21 日在维也纳外交会议上通过了《关于国家和国际组织间或国际组织相互间条约法的维也纳公约》。该公约现在尚未生效。公约由 86 条和 1 个附件组成，其内容在实质性规定方面和 1969 年《维也纳条约法公约》大体一致。

第二节　条约的缔结

一、条约的缔结程序

条约的缔结程序是指缔结条约经过的过程和履行的一定手续，是条约有效成立的形式和依据。但是国际法上并无条约缔结程序的统一规则，各国一般都参照 1969 年《维也纳条约法公约》的规定。同时，有的国家还专门制定了具体的缔约程序性法律，如我国 1990 年颁布的《中华人民共和国缔结条约程序法》。

根据各国的缔约实践，缔约程序一般包括：谈判、签署、批准和交换批准书。具体所采用的缔约方式和程序则取决于缔约方的约定和选择。

（一）谈判

条约谈判是有关缔约方为在条约的内容和有关事项上达成一致意见而进行的协商、交涉的过程。条约的缔结，一般是由谈判开始的。通过谈判，有关缔约主体就条约的形式和内容等各方面获得一致的协议，最后议定条约约文。条约的谈判必须以主权平等原则为基础，本着友好协商、相互谅解的精神进行，任何一方都不应对另一方施加压力，不得对另一方进行欺诈或对谈判代表进行贿赂。

谈判可以由有缔约权的国家机关进行，但多数情况是由国家主管当局授权的全权代表代为进行。国家元首、政府首脑和外交部长谈判缔约，或使馆馆长议定派遣国和接受国之间的条约约文，或国家向国际会议，或国际组织，或其机关之一派遣的代表，议定在该会议、组织或机关中的一个条约约文，由于他们对外代表国家的特殊身份，无须出具全权证书，即被认为代表其国家。全权代表进行谈判缔结条约须具备全权证书。

全权证书，是一国主管当局所颁发，指派一人或数人代表该国谈判，议定或认证条约约文，表示该国同意受条约约束，或完成与条约有关的任何其他行为的文件。全权证书应当是书面的，通常由国家元首签署，外交部长副署，并说明谈判代表的权限。全权证书一般在谈判开始时交由对方或缔约方议定的专门机构互验互查。在实践中，全权证书有时也可能延迟到条约约文需要认证或需要作出接受约束的表示时才出具。如果一个条约是由未经授权的人员所为，除非当事国事后确认，一般不产生法律效力。

谈判达成协议之后，即可起草条约约文。双边条约约文的起草，可由一方提出草案或双方共同起草。多边条约可由参加谈判的各国代表共同起草，也可通过设立专门机构起草，然后交各国代表会议讨论商定。

条约起草完毕，进入条约约文的议定阶段，即谈判各方对条约的形式和内容加以确定以便形成正式的条约约文。1969 年《维也纳条约法公约》第 9 条规定，约文的议定应经参加起草该条约约文的全体国家的同意；国际会议议定条约约文，以出席和投票国家的 2/3 多数表决通过，除非这些国家以同一多数决定适用另一规则。在实践中，协商一致有时候也会成为约文议定的方式。

条约约文形成后，谈判暂告结束，各方代表向其本国政府请示，以便正式签署条约。

（二）签署

条约的签署是缔约程序中的一个重要的环节。签署是指有权签署的人将其姓名签于条约约文之下。签署首先具有对约文认证的作用，是约文认证的一种方式。所谓约文的认证是指谈判方共同承认该约文是正确的，应作为当事方之间拟缔结的条约约文。

根据条约本身的规定或有关各方的约定，签署在不同情况下可以有不同的法律意义。

（1）认证条约约文，即确认约文是作准的、最后的。

（2）在特定情况下表示签署者所代表的国家初步同意缔结该条约，虽然条约对于该国尚无法律约束力，但该国签署之后不应作出有损条约目的、宗旨的行为。若签署国嗣后明确表示不予批准，则该签署只具有认证的作用。

若经条约规定或各有关方约定，条约不需要缔约国批准，签署意味着签字国同意受条约的约束，那么此时的签署就具有了认证和接受约束的双重意义，即条约一经签署生效，对缔约国有法律约束力。条约在正式签署前，有时需要经过草签或暂签。草签通常由谈判代表将其姓氏或姓名的首字母签于条约约文下面，表示该约文不再更改，但其本身不具有法律效力。草签通常用于在约文议定后须经过一段时间才举行条约签署的情况。暂签是等待政府确认的签署，表示一种特殊的待定状态。在签署人所代表的本国确认以前，它只有认证条约约文的效力，经该国确认后，即发生正式签署的效力。

签署通常有一定的仪式。根据国家主权平等原则，双边条约的签署一般采用轮换制，双方代表在签字时，左为首位右为次位。本国代表在本国保存的文本上的首位签字，另一方则在次位签字，依次轮换。多边条约的签署，一般采取按照各国国名的字母顺序依次签字，或者不确定任何次序。

（三）批准

条约的批准是缔约程序中最关键环节。批准是指缔约国国家元首或者最高权力机关对其全权代表所签署条约的确认，表示承受条约的约束。1969年《维也纳条约法公约》第14条列举了以批准表示同意受条约约束的四种情况：

（1）条约规定以批准方式表示同意。

（2）另经确定各谈判国协议需要批准。

（3）该国的代表已对该条约作须经批准的签署。

（4）该国对条约作出须经批准的签署意见，可见诸其代表的全权证书，或已于谈判时有此表示。在国际实践中，多数条约都直接规定了条约需要经过批准才对缔约国产生约束力。如果条约中没有明确规定是否须经批准的，可以认为该条约须经过批准。有的国家的则在其国内法中明确规定了某些特定条约必须经过批准。

对条约的批准是国家的主权行为。是否批准及何时批准一项条约，由各国自行决定。国家没有必须批准其所签署的条约的义务。一般来说，国家代表所签署的条约国家都是予以批准的。但在国际实践中也有长期不予批准或拒绝批准的事例。如1919年美国总统威尔逊亲自签署的《凡尔赛和约》，就因参议院的否决而没能得到批准。拒绝批准，则会导致条约无效或者条约对拒绝批准国无效。

除批准外，一国表示受条约约束的方式还有加入、接受或赞同等。

条约的加入是指未对条约进行签署的国家表示同意受条约的约束，成为条约当事方的一种方式。加入多用于开放性多边条约，可以加入的条约由条约本身规定或相关国家约定。

1969年《维也纳条约法公约》第14条第2款规定，一国承受条约约束的同意以接受或赞同方式表示者，其条件与适用于批准者相同。

当然，如前文所述，若条约不需要批准的，签署即表示缔约国同意受条约的约束。另外，暂签的条约经其本国核准确认后也表示该国同意受条约的约束。

（四）交换批准书

条约在批准后，一般还需要交换批准书。交换批准书是指缔约双方相互交换各自国家权力机关批准该条约的证明文件，使该条约产生法律效力的行为。批准书一般由国家元首或国家权力机关，外交部长副署签署。批准书由三部分组成：第一部分为序文，声明国家权力机关已经对该条约进行了审查；第二部分为主文部分，载明条约约文或只记载条约的名称、序言等；第三部分为结尾，声明该条约已经批准，正式宣告条约将予以遵守。交换批准书的时间和地点，一般会在条约中明文规定。按照国际惯例，交换批准书的地点不在举行签署仪式的国家，而在对方缔约国。条约自批准书交换起，产生对缔约方的约束力。

在多边条约中，由于缔约方较多，无法直接交换批准书，一般是将批准书交存条约保管机关。

二、条约的保留

(一)保留的概念与范围

1969 年《维也纳条约法公约》第 2 条规定，条约的保留是指一国于签署、批准、接受、核准或加入条约时所作的片面声明，无论措词或名称为何，其目的在于摒除或更改条约中若干规定对该国适用时的法律效果。条约的保留具有以下特征：

第一，条约的保留应在签署、批准、接受、核准或加入条约，在表示接受条约约束之时作出。第二，保留是保留国单方面的声明。保留是以国家主权平等原则和缔约自由同意要件为根据的，所以，对某一条约的条款作出保留是一国主权的体现。第三，保留可以采用任何的措辞或名称。第四，条约保留的实质目的，是为了排除条约中某些条款对保留国的约束力。

双边条约一般不发生保留问题，保留只适用于多边条约。在多边条约的谈判中，各国的政策利益有所不同，要达成完全严格一致同意往往很困难，保留为达成条约提供了求同存异的途径。所以，保留制度是在条约得以缔结或其广泛性与条约严格性、完整性之间的一种平衡和妥协工具或手段。

国家在缔结多边条约时可以对相关条款作出保留，但并非所有的多边条约都允许不受限制的保留。根据 1969 年《维也纳条约法公约》第 19 条规定下列情况下不得提出保留。

(1)条约规定禁止保留的。

(2)条约仅准许特定的保留，而有关保留不在条约准许的范围之内的。

(3)保留与条约的目的和宗旨不符的。

(二)保留的接受与反对

保留是一国单方面作出的，对于保留，其他的缔约国可以作出同意或反对。有权决定本国是否接受该保留造成的对有关权利义务排除或变更的约束。对于一项保留是否需要其他缔约国予以接受，1969 年《维也纳条约法公约》第 20 条作了如下规定。

(1)凡条约规定准许保留的，无须其他缔约国事后予以接受。

(2)如果从谈判国的限数目及条约的目的和宗旨，可判断在全体当事国间适用全部条约是每一当事国同意承受该条约约束的必要条件时，保留则须经全体当事国接受。

(3)倘若条约是国际组织的组织约章，除了条约本身另有规定外，保留一般须经该组织的主管机关接受。

(4)凡不属于上述情况的，除条约本身另有规定外，是否接受一项保留，由缔约国自主决定。

　　除条约另有规定外，缔约一国在接到保留国的通知后，12 个月的期间届满之日，或至其表示同意承受条约约束之日为止未对保留提出反对，该保留应视为业经该国接受。

　　（三）保留及反对保留的法律效果

　　保留只涉及保留国与其他缔约国之间的关系，并不影响其他缔约国相互之间的关系。1969 年《维也纳条约法公约》第 21 条规定：凡依照公约有关规定对另一当事国成立的保留，在保留国与接受保留国之间，按保留的范围，修改该保留所涉及的一些条约规定；而在其他当事国之间，该项保留不影响条约的规定；在保留国与反对保留国之间，若反对保留国并不反对该条约在保留国与反对保留国之间生效，则在该两国之间仅仅不适用所保留的条款，条约的其他条款，在两国之间继续有效。

　　（四）保留及反对保留的撤回

　　1969 年《维也纳条约法公约》第 22 条规定，除条约另有规定外，条约的保留及反对都可以随时撤回，但是撤回应通知有关当事国，撤回自接受保留国或提出保留国收到通知时起，开始发生效力。

　　（五）保留的程序

　　1969 年《维也纳条约法公约》第 23 条规定，保留、明示接受保留及反对保留，都必须以书面的形式提出，并应致送缔约国及有权成为条约当事国的其他国家。撤回保留或对保留的反对，也必须以书面形式提出。

　　我国在参加有关国际公约时，也曾经对一些条约提出过保留。如我国在 1975 年加入《维也纳外交关系公约》时，曾对该公约关于教廷使节以及使馆行政与技术职员、事务职员的外交特权与豁免等规定作出过保留。在 1980 年加入《海牙公约》和《蒙特利尔公约》时，对有关争端由国际法院强行管辖的条款也作出了保留。

三、条约的登记

　　条约在生效后应在联合国秘书处进行登记并在联合国的专门条约集上予以公布。

　　双边条约的登记可由任何一缔约国进行。一缔约国已进行登记，则免除其他缔约国的登记义务。多边条约一般由保管者进行登记。条约或国际协定也可由联合国依职权进行登记，联合国依职权进行登记后，免除其他所有缔约国的登记义务。条约登记后应发给由秘书长或其代表签署的登记证明。

　　条约的登记并非条约的缔结程序。登记与否，不影响条约对缔约国的效力。登记仅产生援引效果。即未在联合国秘书处登记的条约或国际协定，不得在联合国任何机关援引。

　　我国是 1969 年《维也纳条约法公约》的缔约国。并且 1990 年 12 月 28 日第七届全国人民代表大会常务委员会第十七次会议通过了《中华人民共和国缔结条约程序法》。该法对缔约权、条约的起草、全权代表的委派、双边条约的签署、批准、核准、多边条约的加入和接受、条约的文字、保存、登记公布等，都作出了相关的规定。

第三节 条约的效力

一、条约的生效要件

条约的有效成立，必须具备形式要件和实质要件。所谓形式要件，是指条约必须具备条约约文以及对条约的签署或批准等基本形式要素。实质要件，是条约得以成立并有效的实质基础。如果条约缺失相应的实质要件，便不能构成国际法上有效的条约。一般来说，条约的实质要件有具有完全的缔约能力和缔约权；自由同意；符合一般国际法强制规律。

(一)具有完全的缔约能力和缔约权

缔约能力又称缔约资格，是指国家和其他国际法主体拥有的合法缔结条约的能力。1969年《维也纳条约法公约》第6条规定：每一国家皆有缔约之能力。因此，主权国家拥有完整、全面的缔约能力。国家内部的行政单位、地方政府一般没有与外国缔结条约的资格，除非得到国家的授权。一般来说，非国际法主体没有普遍地合法缔结条约的资格。

缔约权是指拥有缔约能力的主体，根据其内部的规则赋予某个机关或个人对外缔结条约的权限。缔约权是由国家和其他国际法主体的内部法律决定的，在一国内部哪些政权机关行使缔约权各国法律规定并不相同。一般来说，国家元首对外代表国家，有权缔结条约，但更常见的是中央政府行使缔约权。地方政府一般无缔约权，除非得到授权。有些联邦制国家成员邦也享有一定的缔约权，但这些权力不得超出联邦宪法的规定。

条约的有效缔结，要求缔约方必须具备完全的缔约权。一国不能以本国机关违反国内法关于缔约权限的规定而主张其所缔结的条约无效，除非这种违反国内法关于缔约权限规定的行为非常明显，涉及根本重要的国内法规则。对于被授权缔约的代表超越对其权限的特殊限制所缔结的条约，除非事先已将对这位谈判代表的权限的特殊限制通知其他谈判国，否则其本国不得以此作为其所缔结的条约无效根据。

(二)自由同意

缔约当事方自由地表示同意受条约约束，是构成条约有效的基本条件之一。在缔约过程中，条约存在错误或者缔约一方对另一方进行诈欺、强迫或对另一方谈判代表进行贿赂、强迫，违背了当事方自由同意的原则，所签订的条约无效。

条约错误是指与缔约时假定存在并构成国受条约约束的必要根据的事实或情势有关的错误。该国可援引错误，主张其表示受条约约束不是真正的同意，因而所缔结的条约无效。如错误是由有关国家本身行为所助成，或如当时情况足以使该国知悉有错误的可能，则不能援引该错误主张条约无效。仅与条约约文用字有关的错误，不影响条约的效力。

在缔约谈判时，一方对另一方进行诈欺，以武力或威胁对另一方实施强迫，从而违反缔约国的自由同意，受诈欺或强迫的国家可以主张所缔结的条约无效。对谈判代表进行贿赂，通过行为或威胁对谈判代表实施强迫而获得其同意受条约约束的表示，同样违反缔约国的自由同意，代表受贿赂或受强迫的国家可以主张条约无效。

(三)符合一般国际法强制规律

一般国际法强制规律是国际法的强行法规则，它是相对于任意法的一个概念。强行法是为了整个国际社会的利益而存在的，是国际社会全体公认为不能违背、并且以后只能以同等性质的规则才能变更的规则，所以它不能以个别国家间的条约排除适用。

二、条约的生效

条约的生效是指在法律上成立的条约对各当事国发生约束力。条约的生效在国际法上没有统一的规定，而是由当事方自行决定。在国际实践中，条约生效的日期和方式通常有以下几种情况。

（一）自签署之日生效

有些条约无须批准，往往规定自签署之日起生效，如果缔约各方在不同日期签署，则一般以最后一签署日生效。有些条约规定签署后经过一定的时间生效。

（二）自批准之日生效

如果双方同日批准，条约该日生效；如果先后批准，以后一个批准日为条约的生效日。

（三）交换批准书后生效

有的条约经批准后，尚须交换批准书后方能生效。一般比较重要的条约、政治性条约多采取这种方式。

（四）条约规定于一定的日期生效

有些条约明确规定了某一特定具体日期作为生效的日期。

（五）交存批准书或加入书后生效

多边条约经常规定一定数目的国家交存批准书，或在交存一定数目的批准书和加入书后经一定时间生效。也有些多边条约要求在所规定的一定数目的国家中必须包括若干具备一定条件的国家，才能生效。如《联合国宪章》第110条第3款规定：美利坚合众国政府通知已有中国、法国、苏联、英国与美国，以及其他签字国之过半数将批准书交存时，本宪章即发生效力。

在条约无规定、谈判国也无约定的情况下，条约在经确定所有谈判国都已同意受该条约约束时生效。

三、条约的适用

（一）条约适用的范围

（1）约适用的时间范围。条约一般都自生效之日起开始适用。但原则上条约没有追溯力，即不能适用于在该约生效之前已完成的事实，除非缔约国有特别的规定或用其他方法确定该条约有追溯力。

（2）条约适用的空间范围。一项条约适用的空间范围可以依据各缔约国的协议及有关当事国的意见决定。如果当事国没有相反的意见，则一般认为条约适用于各该当事国的全部领土。实践中，有些国家在签订某项条约时，也会通过某种方式明确该条约对其领土的适用范围。

（二）条约的冲突

条约的冲突是指在条约适用上，一国就同一事项先后参加的两个或几个条约的规定不一致。条约冲突，必然会引起条约的优先适用问题。根据《维也纳条约法公约》第30条的规定，条约冲突中后的适用原则如下：

（1）《联合国宪章》义务优先，即联合国会员国间所订立的条约与《联合国宪章》冲突的，宪章的义务应优先适用。

（2）若条约表明不违反先订或后订条约或不得视为与先订或后订条约不合时，该先订或后订条约之规定应居优先。

（3）若先订条约全体当事国也为后订条约当事国，且先订条约并未终止或停止施行，应适用后订条约。先订条约仅于其规定与后订条约规定相合的范围内适用。

（4）若先后就同一事项签订的两个条约的当事国部分相同、部分不同时，在同为两条约当事国之间，适用后订条约；在同为两条约当事国与仅为其中一条约的当事国之间，适用两国均为当事国的条约。

四、条约对缔约国的效力

（一）条约必须遵守

《维也纳条约法公约》规定，凡有效的条约对其各当事国均有约束力，必须由其善意履行。条约必须遵守是一项传统的习惯法规则，源于罗马法对契约的遵守的概念，后被移用到国际法中，成为公认的国际法原则。所以对于在主权平等，充分表达自己意愿基础上签订的有效条约，缔约国应按照条约的规定，善意地解释条约并忠实地履行条约义务，任何当事方都不得以任何借口违反条约规定，不得从事违反条约目的和宗旨的任何活动。当事国不得援引其国内法规定为理由而不履行条约。当事方如果违反条约必须遵守原则，不履行有关的条约义务，就构成国际不当行为，应承担国际责任。

但是，条约必须遵守原则也并不是绝对的，它也受到一些限制。如违反强行法规则、情势发生变迁等都可以成为条约遵守的例外。

（二）条约的执行

条约在缔约国的执行，属于国内法范围。对于生效的条约，缔约国应采取必要的措施，以保证条约在本国的执行。条约的执行以各国国内法的接受为前提。国家在国内法上接受条约主要采取转化和并入两种方式。在采取转化方式的国家中，就条约之各项具体内容分别作国内立法从而使之转化为国内法的一部分。此种情况下，由于条约与国内法是截然分开的，也就不会产生条约在国内法中的效力问题。只有在对条约采取并入方式时，才涉及条约在国内法中的效力问题。

在采取并入方式的前提下，国内机关和个人能否在国内法条约来指控有关国内法律和行政措施的问题，很多国家把条约分为自执行条约和非自执行条约。自执行条约并入国内法后，无须再用国内立法进行补充，即由国内司法机关予以适用。非自执行条约则必须再用国内立法予以补充规定，国内司法机关才能适用。

在允许个人援用的前提下，当条约与国内法发生冲突时，效力优先者的确定在实践中大致有三种做法：一是国内法优于条约；二是条约优于国内法；三是国内法与条约地位相等。如果产生冲突，则采取和谐解释的原则和后法优于前法的原则解决。

五、条约对第三国的效力

第三国指非条约当事国的国家。《维也纳条约法公约》第 34 条规定：条约非经第三国同意，不为该国创设义务或权利。这就是条约对第三者无损益的原则。同时公约第 35 条和第 36 条进一步将条约与第三国的关系作了说明：如果一个条约有意为第三国创设一项义务，必须经第三国以书面形式明示接受，才能对第三国产生义务。如果一个条约有意为第三国创设一项权利时，原则上仍应得到第三国的同意。但是，如果第三国没有相反的表示，应推断其同意接受这项权利，不必须以书面形式明示接受。《联合国宪章》中有些条款也为第三国创设了权利。如规定非会员国为争端当事国时，在一定条件下可以将争端提请大会或安理会注意。另外，开放性多边条约都为非缔约国创设了加入该条约的权利。

第四节　条约的解释与修订

一、条约的解释

条约的解释是指对条约约文和规定的真实含义予以说明和解释。条约在履行过程中，由于缔约国对约文内容的理解不同，出现分歧，就需要对条约进行解释。

（一）条约的解释机关

1. 缔约国

缔约国有权对条约进行解释。条约解释的目的在于明确缔约国的真正意图，确定条文的含义，所以解释权应由缔结条约的当事方进行解释。同时，根据主权平等原则，每一缔约国对条约所作的解释具有平等效力。任何一方都无权任意解释，也无权把自己的解释强加给对方。

2. 国际仲裁及司法机关

一些国际公约的争端解决条款中，如果规定当事国可把条约解释引起的争端交付仲裁或司法解决，仲裁或司法机关则可据此成为有权的解释机关。但是其并非当然的条约解释机关，只有当事国就条约的解释不能达成协议，诉诸仲裁或司法解决时，仲裁或司法机关才有权解释条约，而且其所作的解释只对该当事国有约束力。

3. 国际组织

国际组织仅有权解释建立该组织的条约、公约或章程等与其有关的条约。

（二）条约的解释规则

1969 年《维也纳条约法公约》第 31 条至第 33 条规定了条约解释应遵循的主要方法和规则。

1. 条约解释的通则

条约应依其用语按其上下文并参照条约目的及宗旨所具有的通常意义，善意进行解释。应与上下文一并考虑的还有：

（1）当事国嗣后所订关于条约的解释或适用的任何协定。

（2）嗣后在条约适用方面确定各当事国对条约解释协定的任何惯例。

（3）适用于当事国之间关系的任何有关国际法规则。

2. 条约解释的补充资料

如果以上述规则解释条约，意义仍不明确或难以解释，或所得结果显属荒谬或不合理时，可以使用解释条约的补充资料，包括条约的准备工作及缔约情况，如谈判记录、历次草案和讨论条约的会议记录等。

3. 以两种以上文字认证的条约解释

（1）条约约文以两种以上文字认证作准的，除依条约规定或当事国的协议，遇到意义分歧时应以某种约文为根据外，每种文字的约文应同一作准。

（2）以认证作准文字以外的其他文字作成条约译本，只有在条约有规定或当事国有协议时，才视为作准约文，否则只能作为条约解释时的参考。

（3）在各种文字的作准约文中，条约的用语应被推定具有相同意义。

（4）除按规定应以某一约文为准外，在几个作准约文中发现意义有差别，而适用通常解释规则不能消除时，应采用顾及条约目的及宗旨的最能协调各约文的意义。

二、条约的修订

条约的修订是指条约在缔结之后，缔约国在条约有效期内改变条约规定的行为。因为双边条约修订中所涉及的谈判、新条约的缔结和生效问题与原条约所适用的规则相同，所以条约的修订主要涉及多边条约。1969年《维也纳条约法公约》将多边条约的修订分为修正和修改。修正是指在多边条约的全体当事国之间修订条约；修改则是指在多边条约的部分当事国之间修订条约。

（一）多边条约的修正

1969年《维也纳条约法公约》第39条规定：条约得以当事国的协议修正。除条约另有规定外，多边条约之修正应依照第40条规定的规则来进行。

（1）在全体当事国间修正多边条约的任何提议必须通知全体缔约国，各缔约国均有权参加对此种提议采取行动的决议以及修正该条约的任何协定的谈判和缔结。

（2）条约修正后，凡有权成为条约当事国的国家也应有权成为修正后条约的当事国。

（3）修正条约的协定对已为条约当事国而未成为该协定当事国的国家无约束力。对此，应根据条约冲突的规则适用。

（4）修正条约的协定生效后成为条约当事国的国家，如果该国没有其他意见，应视为修正后条约的当事国；在该国与不受修正条约协定约束的当事国关系上，应视为未修正条约的当事国，适用未修正条约。

（二）多边条约的修改

1969年《维也纳条约法公约》第41条规定：多边条约的两个以上当事国可以在下列情形下缔结协定仅在彼此间修改条约。

（1）条约内规定可作此种修改的。

（2）有关修改非为条约所禁止，并且不影响其他当事国享有条约上的权利或履行其义务，也不涉及对有效实行该整个条约的目的和宗旨至关重要的规定。

除了条约本身规定了具体修改程序外，若干当事国间对条约的修改，应将其缔结修改条约协定的意见和对条约所修改的内容，通知其他当事国。

第五节 条约的终止和停止施行

条约的终止是指一个有效的条约由于法定原因的出现，不再继续对当事方具有约束力。条约的停止施行是指由于法定原因的出现，一个有效条约所规定的权利和义务在一定时期内暂时对于当事方不具有约束力。

一、条约终止和停止施行的原因

根据 1969 年《维也纳条约法公约》第 54 条至第 64 条的规定，条约终止和停止施行的原因可以概括为以下三个方面。

（一）条约本身规定

按照缔约自由原则，缔约国有权在条约中约定终止或停止施行的任何原因。实践中缔约方通过条约本身规定所引起的条约终止的情况主要有以下几种。

（1）条约规定的期满并且没有延期。

（2）条约规定的其他解除条约的条件成立。如《防止及惩治灭绝种族罪公约》第 15 条规定，本公约在其缔约国数目不足 16 国时，自最后一项解约通知生效之日起失效。

（3）单方解约和退约。条约是经过全体缔约国一致同意才缔结的，在条约有效期内，各缔约国有忠实履行条约的义务。除条约明文规定允许一方退约或解约外，一般不经其他缔约国同意，不得单方面终止或退出条约。根据《维也纳条约法公约》的规定：只有经确定某一条约的当事国原意，容许有废止或退出的可能，或由条约的性质可认为含有废止或退出的权利，当事国才可以单方废止或退出该条约。在这种情况下，当事国必须提前 12 个月通知其废止或退出条约的意见。条约中明文规定条约暂时停止施行的条款不多，比较常见的如国际组织文件中的暂停会员国资格条款，以及有关人权的条约中的暂停履行部分义务的条款。

（二）条约当事方共同的同意

《维也纳条约法公约》第 54 条规定：条约可因当事方在缔约后明示或默示赞同而终止或停止施行。一项条约某当事方与条约缔约国协商后，经全体当事国同意，条约可以终止或停止施行。

（三）国际法上条约终止和停止施行的一般原因

1. 条约履行完毕

条约国缔约各方分别将条约规定的权利义务完全履行完毕而终止是条约终止的最常见形式。

2. 条约嗣后不能履行

条约缔结后，如果实施条约所必不可少的标的物永久消失或毁坏，导致不可能履行条约时，当事国可因此为理由终止或退出条约。如果不能履行属于暂时性的，则当事国只能暂停条约的实施。并且，如果这种履行的不可能是由于当事方本身违反国际法造成的，则当事国须承担相应的国际责任。

3. 条约长期不适用

条约缔结后，如果一方长期不适用，其他方也不提出异议，默认这种状况继续下去，条约就可以终止。

4. 条约被代替

条约的全体当事国就同一事项缔结后订条约，如果以后订条约为准，或先后订立的两条约内容不合，使两条约不能同时适用，则先订条约终止。

5. 嗣后出现与条约不相容的强行法规则条约在缔结时与当时存在的强行法规则不冲突，但是与后来出现新的强行法规则不符时，该条约自新强行法规则产生之时起成为无效而终止

6. 一方违约

条约当事国一方违约时，他方可以终止该条条约或暂停条约的施行。这是作为对对方不法行为的一种对抗。《维也纳条约法公约》第 60 条规定：双边条约当事国一方有重大违约情况时，他方有权援引违约为理由终止该条约，或全部或局部停止其施行。多边条约当事国一方有重大违约时，其他当事方有权以一致同意，在这些当事方与违约方的关系上，或在全体条约当事方之间，全部或部分停止施行或终止该约。所谓重大违约是指有以下情况的。

(1)一国单方面废弃条约，并且此种废弃是本公约所禁止的。

(2)违反条约规定，且这项规定是实现条约的目的和宗旨所必要的。

7. 情势根本变更

情势根本变更是指条约缔结后，出现了在缔结条约时不能预见的根本性变化的情况，则缔约国可以终止或退出该条约。这是条约必须遵守原则的一个特殊例外。为了防止对本原则的滥用，保持较稳定的条约关系，《维也纳条约法公约》第 62 条对情势根本变更的适用规定了严格的条件限制。

(1)缔约时的情势必须发生了不可预见的根本性变化。

(2)缔约时的情势构成当事国同意受条约约束的必要根据。

(3)情势变更的效果将根本改变依条约尚待履行的义务范围。

(4)确定边界的条约不适用情势变迁原则。

(5)如果情势的改变是由于一个缔约国违反条约义务或其他国际义务造成的，这个国家就不能援引情势变迁终止或废除有关条约。

8. 条约当事方丧失国际人格

当一国分裂为数国或并入其他国家而丧失其国际人格时，所缔结的双边条约即行终止，除非有一个新国家继承该国的对该条约的权利和义务。

9. 断绝外交关系或领事关系

断绝外交关系或领事关系使得以此种关系为适用条约必不可少条件的条约终止。其他条约不受断绝外交关系或领事关系的影响。

10. 战争

战争发生使交战的缔约国间的政治条约、双边的商务条约终止。其他双边条约暂停施行。但关于战争法规方面的双边条约或多边条约不得终止。

二、条约终止和停止施行的程序及后果

(一)条约终止和停止施行的程序

《维也纳条约法公约》第 65 条、第 66 条规定，条约失效、终止、退出条约或停止施行条约应依循以下程序。

(1)条约当事方之一在终止、退出或暂停施行条约时，必须将其主张书面通知该条约的其他当事方，此项通知应载明对条约所提议采取的措施及其理由。

(2)如果其他当事方在接到通知满 3 个月后未提出反对，作出通知的当事国就可以施行其所提议采取的措施。

(3)如果其他当事国提出反对，则该条约各当事国应通过《联合国宪章》第 33 条所指示的和平解决争端的方法进行解决。

(4)如果在提出反对之日以后 12 个月内不能依上述方法解决，任何一方可提请国际法院解决，或双方提交仲裁，或请求联合国秘书长开始强制和解程序。

(二)条约终止和停止施行的后果

《维也纳条约法公约》第 70 条、第 72 条具体规定了条约终止和停止施行的法律后果。如果当事国在条约或其他协议中约定了条约终止和停止施行的后果，则按照条约或当事国的约定执行。

否则，条约的终止解除各当事国继续履行条约的义务，并且不影响当事国在条约终止前通过实施条约而产生的任何权利、义务或法律情势。

条约的停止施行，解除停止施行条约的当事国于停止施行期间在彼此关系上履行条约的义务。除此以外，并不影响条约所确定当事国之间的法律关系。同时，在停止施行期间，当事国应避免足以阻挠条约恢复施行的行为。

第六节　中国与国际条约法

中国政府奉行独立自主的和平外交政策，发展与世界各国的友好合作关系，同时积极参与区域性、全球性国际组织的活动。对外缔结了大量政治、经贸、环境、司法协助等领域的双边条约和多边公约，为保持国民经济地平稳较快发展，全面建设小康社会，加深中国与世界各国及国际组织的全方位合作提供了良好的法律保障。

仅 2007 年中国对外缔结的国家及政府间的双边条约、协定及其他具有条约性质的文件就约 500 项。其中政治、外交及法律方面的条约和协定 27 项；经济贸易方面的条约和协定 390 项；财政金融和贷款方面的条约和协定 14 项；此外还有卫生、文化、教育、农业、安全、科技、航空等方面的协定。参加 18 项多边条约，涉及人权、能源、环境、教育、贸易、海事等多个领域。

以《维也纳条约法公约》为基础，结合我国的具体国情，1990 年 12 月 28 日第七届全国人民代表大会常务委员会第十七次会议上通过《中华人民共和国缔结条约程序法》，为我国对外缔约问题做出基本规定。

一、关于缔约权和缔约能力

(一)中国的缔约权由全国人大常委会、国家主席和国务院共同行使

《中华人民共和国缔结条约程序法》第 3 条规定：中华人民共和国国务院，即中央人民政府，同外国缔结条约和协定。中华人民共和国全国人民代表大会常务委员会决定同外国缔结的条约和重要协定的批准和废除。中华人民共和国主席根据全国人民代表大会常务委员会的决定，批准和废除同外国缔结的条约和重要协定。中华人民共和国外交部在国务院领导下管理同外国缔结条约和协定的具体事务。

(二)香港和澳门特别行政区的缔约权问题

根据我国宪法和《香港特别行政区基本法》和《澳门特别行政区基本法》的有关规定，这两个特别行政区可分别以中国香港和中国澳门的名义单独地同世界各国、各地区或国际组织缔结经济、贸易、金融、航运、通讯、旅游、文化、体育等方面的协定。这种有限的缔约权是国家通过立法赋予的，不能超越法律所规定的范围。这与国家本身的缔约能力和缔约权是不能相提并论的。

(三)在缔约能力问题上坚持一个中国原则，不承认台湾当局盗用中国名义缔结的条约

因为根据国际法，世界上只有一个中国，在同一个中国的领土上是不可能同时出现两个具有缔约能力的国际法主体的。因此，对于 1949 年 10 月 1 日中华人民共和国成立以后，台湾地方当局签订的双边条约或多边条约，我国政府一概不予承认。中国政府曾多次严正声明，任何外国政府同台湾当局签订的条约以及台湾当局盗用中国名义参加多边条约时所作的签署、批准或加入行为都是非法的，无效的。对于这类多边条约，我国政府将予以研究，然后根据情况，决定是否加入。在缔约能力问题上坚持一个中国原则是我国一贯的原则立场。

二、缔约程序

(一)谈判和签署条约、协定的决定程序

《中华人民共和国缔结条约程序法》第五条规定。

(1)以中华人民共和国名义谈判和签署条约、协定，由外交部或者国务院有关部门会同外交部提出建议并拟订条约、协定的中方草案，报请国务院审核决定。

(2)以中华人民共和国政府名义谈判和签署条约、协定，由外交部提出建议并拟订条约、协定的中方草案，或者由国务院有关部门提出建议并拟订条约、协定的中方草案，同外交部会商后，报请国务院审核决定。属于具体业务事项的协定，经国务院同意，协定的中方草案由国务院有关部门审核决定，必要时同外交部会商。

(3)以中华人民共和国政府部门名义谈判和签署属于本部门职权范围内事项的协定，由本部门决定或者本部门同外产部会商后决定；涉及重大问题或者涉及国务院其他有关部门职权范围的，由本部门或者本部门同国务院其他有关部门会商后，报请国务院决定。协定的中方草案由本部门审核决定，必要时同外交部会商。

经国务院审核决定的条约、协定的中方草案，经谈判需要作重要改动的，重新报请国务院审核决定。

（二）缔约代表的委派

《中华人民共和国缔结条约程序法》第 6 条规定，谈判和签署条约、协定的代表按照下列程序委派。

以中华人民共和国名义或者中华人民共和国政府名义缔结条约、协定，由外交部或者国务院有关部门报请国务院委派代表。代表的全权证书由国务院总理签署，也可以由外交部长签署。以中华人民共和国政府部门名义缔结协定，由部门首长委派代表。代表的授权证书由部门首长签署。部门首长签署以本部门名义缔结的协定，各方约定出具全权证书的，全权证书由国务院总理签署，也可以由外交部长签署。

下列人员谈判、签署条约、协定，无须出具全权证书。

（1）国务院总理、外交部长。

（2）谈判、签署与驻在国缔结条约、协定的中华人民共和国驻该国使馆馆长，但是各方另有约定的除外。

（3）谈判、签署以本部门名义缔结协定的中华人民共和国政府部门首长，但是各方另有约定的除外。

（4）中华人民共和国派往国际会议或者派驻国际组织，并在该会议或者该组织内参加条约、协定谈判的代表，但是该会议另有约定或者该组织章程另有规定的除外。

（三）条约的批准和核准

《中华人民共和国缔结条约程序法》第 7 条规定，以下条约和重要协定的批准由全国人民代表大会常务委员会决定。

（1）友好合作条约、和平条约等政治性条约。

（2）有关领土和划定边界的条约、协定。

（3）有关司法协助、引渡的条约、协定。

（4）同中华人民共和国法律有不同规定的条约、协定。

（5）缔约各方议定须经批准的条约、协定。

（6）其他须经批准的条约、协定。

条约和重要协定签署后，由外交部或者国务院有关部门会同外交部，报请国务院审核；由国务院提请全国人民代表大会常务委员会决定批准；中华人民共和国主席根据全国人民代表大会常务委员会的决定予以批准。

双边条约和重要协定经批准后，由外交部办理与缔约另一方互换批准书的手续；多边条约和重要协定经批准后，由外交部办理向条约、协定的保存国或者国际组织交存批准书的手续。批准书由中华人民共和国主席签署，外交部长副署。

除了第 7 条所列范围以外的国务院规定须经核准或者缔约各方议定须经核准的协定和其他具有条约性质的文件签署后，由外交部或者国务院有关部门会同外交部，报请国务院核准。协定和其他具有条约性质的文件经核准后，属于双边的，由外交部办理与缔约另一方互换核准书或者以外交照会方式相互通知业已核准的手续；属于多边的，由外交部办理向有关保存国或者国际组织交存该核准书的手续。核准书由国务院总理签署，也可以由外交部长签署。

三、条约在我国的适用

(一)条约在中国的适用范围

我国是单一制国家，条约适用的空间范围当然包括我国全部领土。但是，依据 1984 年《中英联合声明》和 1990 年《中华人民共和国香港特别行政区基本法》的有关规定，中华人民共和国缔结的国际协议，中央人民政府可根据香港特别行政区的情况和需要，在征询香港特别行政区政府的意见后，决定是否适用于香港特别行政区。这样，中国缔结的条约，不一定都适用于香港特别行政区，甚至也有一种情况是仅适用于香港特别行政区的。澳门特别行政区的情况也是如此。在台湾问题上，我国缔结和参加的国际条约，除另有协议外，也应当适用于台湾。

(二)条约在我国的适用方式

我国在适用国际条约方面是采取一种直接并入适用与转化适用相结合的方式。从法理上讲，我国采取这种以直接适用为主的混合方式，是由我国本身的立法和缔结条约的体制所决定的。根据我国宪法，缔约权和立法权在很大程度上是一致的，两者主要都由全国人民代表大会及其常委会行使。缔约权与立法权的基本一致，为国际条约在我国的直接适用创造了条件。从国际法上来看，这也表明了我国一贯恪守条约必须遵守原则，忠实履行依条约所承担的各项国际义务的诚意和决心。这既有利于维护我国的良好信誉和越来越多的对外交往与合作，也有利于推动整个国际法朝着一个更加公平合理和不断完善的方向发展。

本 章 练 习

【思考题】

1. 条约的特征有哪些?
2. 试述条约的缔结程序。
3. 试述条约的保留。
4. 试述条约对第三国的效力。
5. 条约解释的规则有哪些?

【综合训练】

英伊石油公司案。1933 年 4 月伊朗政府(当时称波斯)与英国一家私有公司——英伊石油公司签订一项协定，授予后者在伊朗境内开采石油的特许权。1951 年 3 月至 5 月间，伊朗议会颁布若干法律，宣布对其境内的石油工业实行国有化的原则，并规定了有关程序。这些法律的实施引起了伊朗政府与英伊石油公司间的争端。英国政府支持该英国公司的观点，并以行使外交保护权的名义，于 1951 年 5 月 26 日以单方申请的形式在国际法院对伊朗提起诉讼。

英国政府主张国际法院对该争端有管辖权的主要依据是英、伊双方曾发表的接受法院强制管辖权的声明，和属于声明范围的伊朗与第三国及与英国缔结的若干协定。伊朗政府对国际法院对该争端的管辖权提出反对意见，其主要理由是：根据伊朗接受法院强制管辖权声明的文本，法院的管辖权限于有关在该声明发表后伊朗缔结的条约的争端。

1951年7月5日，在法院对争端是否有管辖权的问题还悬而未决的情况下，应英国政府的请求，法院发布临时保全措施。1952年7月22日，法院以9票赞成，5票反对，作出法院对该案没有管辖权的最终判决。同时宣布终止此前发布的保全措施。

分析：

1. 英伊石油公司与伊朗政府所签订的石油特许权协定是否符合国际法上的条约？为什么？

2. 一国政府是否有权变更或废除它与一外国公司签订的合作开采其自然资源的协定？该国政府是否对其为公共目的单方废除这种协定的行为承担国际责任？

【要点提示】

条约是国际法主体之间的依国际法所缔结的以创设缔约各方权利义务为目的的具有法律约束力的协议，其主体只能是国际法主体。

第十一章　国际组织法

【知识目标】

掌握国际组织制度；国际组织的法律地位；国际组织的机构和表决程序；联合国及联合国的专门机构及区域性国际组织。

【能力目标】

能分析联合国及主要区域性国际组织的实践。

第一节　概　　述

一、国际组织的概念和类型

(一)国际组织的概念

凡是若干国家的政府或民间团体、个人，基于特定目的，以一定协议形式而建立的各种机构，都可以称为国际组织。国际组织有广义和狭义之分。广义的国际组织包括政府间国际组织和个人或社会团体所设立的非政府间国际组织。狭义的国际组织特指政府间国际组织，即主要由主权国家参加的依据国家间协议设立的国际组织。国际法意义上的国际组织通常指政府间国际组织，具有以下主要特征。

(1)国际组织的参加者主要是国家。虽然有的国际组织接纳非国家的政治实体或地区作为其准成员或非正式成员，但其基本成员主要还是主权国家。

(2)国际组织是国家之间的组织，而不是凌驾于国家之上的组织。它不能违反国家主权原则而干涉本质上属于任何国家内部管辖的任何事项。

(3)国际组织最基本的原则是所有成员国主权平等的原则。在国际组织内，各成员国不论大小强弱，在法律上一律平等。

(4)国际组织具有独立性。国际组织为了一定的宗旨和目的建立起来，成员为了实现国际组织的目的和宗旨，在一定范围内赋予国际组织若干职权和法律行为能力。国际组织一旦建立，就拥有独立的法律人格，通过它的机关开展活动。

(5)国际组织是以国家间多边条约为基础而建立的。国际组织的机构、职权范围、议事程序以及成员国的权利义务都应以多边条约为根据。

(6)国际组织是常设的。国际组织都有处理日常事务的常设机构，具有相对的持续性和稳定性，这是国际组织不同于国际会议的基本特点。

(二)国际组织的类型

世界上的国际组织名目繁多，形式各异，宗旨、目标和性质各不相同，根据不同的标准可以进行不同的分类。

从活动宗旨和职权范围来分，国际组织可分为一般性国际组织与专门性国际组织。前者的宗旨、活动领域和职权范围比较广泛，涉及政治、经济、社会、文化等各个方面，诸如联合国、非洲统一组织等。后者一般只具有专业技术性职能，主要进行科技、文化、教育、卫生等专业性技术性活动，如联合国科教文组织、国际劳工组织、国际电信联盟等。

根据成员构成的地域范围，国际组织又可分为全球性国际组织和区域性国际组织两大类。前者例如联合国、世界贸易组织等。后者例如欧洲联盟、美洲国家组织、东南亚国家联盟等。

二、国际组织的形成和发展

国际组织的形成是国际关系发展到一定阶段的产物。国家出现以后，随着社会生产、文化技术，特别是交通运输方面的进步，国家之间逐渐出现了民间交往。随着国家间关系的密切，又逐渐出现了官方的国际会议。到 17 世纪中叶，国际关系有了更大的发展，国家间的多边会议增多。至 19 世纪，各国间有了关于调整交通、电信等方面关系的国际协定存在。在实施这些多边国际协定过程中，逐渐产生了若干为特定目的而建立起来的一种比较稳定的组织形式，如国际电信联盟、邮政总联盟、国际度量衡联盟、国际铁路运输联盟等。这类组织主要以专门的、行政的、技术性的国际协作为其职能，一般只设秘书处一个机关，虽然权力很小，不能进行独立活动，但它是现代国际组织形成与发展过程中的一个重要阶段。

进入 20 世纪以后，特别是经历两次世界大战之后，国际组织的发展明显加快。这一时期，不仅出现了一般政治性国际组织，而且许多专门性的国际行政组织也日益完善。在相隔四分之一个世纪的时间中，地球上建立了两个著名的国际组织。第一次世界大战后建立了国际联盟。尽管它存在多方面的缺陷，但它是人类历史上第一个具有广泛职权的世界性国际组织。在第二次世界大战中，又建立了联合国。它是迄今地球上会员国最多、职权范围最广、对国际关系影响最深远的一个国际组织。

"二战"以后，国际政治、经济力量发生了很大变化，整个国际关系出现了异常复杂的形势和局面。科学技术的进步，国际贸易的发展，促使国家间的相互依存性增强。此外，环境污染、灾害、贫穷等，已被视为危害整个人类社会的问题，国家之间加强了解决上述问题的合作。于是，各种类型的国际组织犹如雨后春笋，以前所未有的速度迅猛发展。目前，全世界共有各类国际组织 5.3 万余个，其中以国家名义参加的国家间的国际组织已有 7350 多个，非政府国际组织 5.2 万余个。

三、国际组织的一般制度

(一)成员制度

国际组织成员资格的取得和丧失按各国际组织的章程决定。国际组织根据国际合作的需要可以有几类成员。

(1)完全成员，也是正式成员。参加组织的全部活动，是组织存在的基础。一般都有代表权、发言权、表决权和组织章程规定的其他权利，同时承担合作、财政及组织章程规定其他义务。

（2）部分成员。在组织规章允许情况下只是该组织的某个或某些机构的成员。它们只参加这些机构的活动，承受该机构活动的权利和义务。

（3）联系成员。是指不符合正式成员资格或对国际组织活动不十分感兴趣的国家可以成为某个国际组织的非正式成员。虽无表决权，但可参加该组织的一定活动承担某些义务。

（4）观察员。是指能够并愿意致力于某一国际组织的活动而被邀请参加该组织的一些活动的成员。它不是正式成员，一般都无发言权和表决权。

（二）主要机关及其职能

各国际组织的机构数目和名称各异，但一般都有最高权力机关，执行机关和行政机关三种机构。

（1）最高权力机关。一般称为大会。其职能是制定组织的方针政策，制定及修改规章，监督其下属各机关工作，选举下属机关之成员，审核组织的预决算等。

（2）执行机关。指国际组织内负责执行其决定的机关，通常称为理事会或执行局或执行委员会。

（3）行政机关。指国际组织中负责处理日常工作的行政机构，一般称为秘书处。它的职能是处理行政管理方面的事务。

（三）国际组织的决策方式

1. 全体一致通过

该表决制度是指组织内所有成员国都平等地享有一个投票权，组织的决议须经出席会议并参加投票的会员国一致同意方可通过。一致同意制是建立在国家主权平等的基础之上的。但是，它过于强调成员国的个别意志，实际上赋予了每个成员国否决权，现在多数国际组织不实施这种表决程序，只有一些成员较少，但权利较大的组织如石油输出国组织、东非共同体等实行全体一致的表决形式。

2. 多数通过

多数通过制可分为：简单多数，以出席并参加表决的成员过半数同意即可通过。特定多数，指国际组织的决议或决定须以 2/3 或更多的多数票才能获得通过。特定多数的决策方式多适用于对重要问题的决策。另外，有时是特定多数加特定会员国制，即除了特定多数外，还要求特定的会员同意才能通过。如安理会对于非程序性议案，需经包括全体常任理事国国在内的九票同意才能通过。

3. 加权表决制

该表决制度是指根据一定标准，给予成员国不同数量或不同等质量的投票权。即所谓的加权投票权。加权的标准包括人口、出资额、贡献与责任或其他能够显示在该领域重要性的指标。它主要适用于国际经济和金融组织。加权表决制具有一定的合理性，它比较真实地反映了一个国际组织内成员国在人口，经济势力，对组织贡献大小方面的差异，有助于保障组织的资金来源和决议的形成和执行。

4. 协商一致制

会议以主席为中心，向地区集团、各会员国征求意见，努力达成一致。在会议上发表达成一致意见的决议，或者由主席发表声明予以通过。这种表决方式是 20 世纪 60 年代在国际组织和国际会议中发展起来的一种新的决策程序。其最大的特点在于广泛协商，取得一致同意基础上不经表决而通过决议。一般认为，这种表决方式可以避免硬性投票表决可能带来的弊端，具有灵活性和实用性。

（四）国际组织的决议

决议是指国际组织各机构依其程序规则通过的决定。其法律效力决定于通过该决议的机构职权和该决议本身所含的实质性内容。从法律效力看，国际组织的决议有三种：

（1）有约束力的决议。主要是指国际组织的内部规则，即使国际组织能够运转、工作的规则，此外还包括在某些方面对成员作出的有约束力的决议。

（2）有限制性约束力的决议。即这些决议对组织的成员有约束力，但是约束力受到一定条件的限制。

（3）无约束力的决议。在国际组织所作出的无拘束力的决议中，一类是对其成员国，有时也对组织的其他机关或其他国际组织作出的，旨在希望改变一种存在的情势。另一类是对重要问题所做出的正式而庄严的决定。虽无法律约束力，但有些决议是将习惯国际法予以编纂、或宣告一般法律原则、或具体解释已有的法律义务、或提出一些新的法律原则以填补法律空白，这些决议往往在实践中被承认有法律约束力或为国际法的原则规则的形成和确立起重要作用。

第二节　联　合　国

一、联合国的建立

中世纪欧洲国家间的关系是靠少数政治家协商来调整的。1648 年的威斯特伐利亚公会开创了近代史上处理国家关系的基本模式，包括多边国际会议形式、集体制裁和尊重国家主权、领土等原则，以及互派常驻外交使节等。第一次世界大战后首次出现了国际性组织——国际联盟，它以保证国际和平与安全，限制军备，尊重各会员国领土完整和政治的独立，和平解决国际争端，促进国际合作为宗旨，具有开创性。但是，国际联盟仅为少数几个大国服务，没能阻止世界大战的再次爆发。

1942 年 1 月 1 日，正在对德、意、日法西斯作战的中、美、英、苏等 26 国代表在华盛顿发表了《联合国宣言》。当时，联合国只是作为对德、意、日法西斯进行战争的各国的总称。1943 年 10 月 30 日，中、美、英、苏四国在莫斯科发表《普遍安全宣言》，提出有必要建立一个普遍性的国际组织。1944 年 8 至 10 月，苏、英、美三国和中、英、美三国先后在华盛顿橡树园举行会谈，讨论并拟定了组织联合国的建议案。1945 年 4 月 25 日，来自 50 个国家（波兰因故未参加）的代表在美国旧金山召开了联合国国际组织会议。6 月 26 日，50 个国家的代表签署了《联合国宪章》。同年 10 月 24 日，中、法、苏、英、美和其他多数签字国递交了批准书后，宪章开始生效，联合国正式成立。1947 年联合国大会决定 10 月 24 日为联合国日。

二、联合国的宗旨与原则

《联合国宪章》是联合国组织的基本法，对会员国有法律约束力，宪章由序言和19章共110条组成。《国际法院规约》是宪章的组成部分。宪章的内容主要有规定联合国的宗旨和原则、会员、组织结构，职权范围和活动程序，联合国的地位等，这些是联合国一切活动的法律依据。

《联合国宪章》第一章第一条规定了联合国的宗旨。

（一）维持国际和平与安全

宪章把维持国际和平及安全规定为联合国的首要目的。宪章规定：采取有效集体办法，以防止且消除对于和平的威胁，制止侵略行为或其他和平的破坏。把这一宗旨放在第一项的突出地位，说明维持国际和平与安全具有特别重要的意义。它所指出的解决争端的和平方法和预防与制止破坏和平行为的集体办法，在宪章的第六章与第七章中分别作了具体规定。

（二）发展各国间的友好关系

宪章规定：发展国际间以尊重人民平等权利及自决原则为根据的友好关系，并采取其他适当办法，以增强普遍和平。各国人民平等及民族自决的原则，是发展各国友好关系的基础。没有这个基础，就谈不上维持国际和平与安全。

（三）促进国际间有关经济、社会及文化方面的合作、社会及文化方面的合作

宪章规定：促成国际合作，以解决国际间属于经济、社会、文化及人类福利性质的国际问题，且不分种族、性别、语言或宗教，增进并激励对于全体人类的人权及基本自由的尊重。要维持国际和平与安全，除前述要求外，还必须广泛地促进经济、社会、文化等的合作，尊重全人类的人权和基本自由，不进行任何歧视，以消除引起战争的经济及其他原因。宪章第九章至第十三章的有关条文，为实现这些规定作了具体安排。

（四）构成协调各国行动的中心

宪章规定：以联合国作为协调各国行动的中心，以达成上述共同目的。这里强调联合国应当成为协调一切国家的行动并使之进行协作的重要场所。其主要活动方式在于通过协商，取得协调，以实现上述各项规定。

为了实现联合国的各项宗旨，宪章第2条规定了联合国及其会员国应遵循的七项原则。

（1）所有会员国主权平等。

（2）各会员国应该忠实履行根据宪章规定所承担的义务。

（3）各会员国应该以和平方法解决国际争端。

（4）各会员国在国际关系中不得以不符合联合国宗旨的任何方式，进行武力威胁或使用武力。

（5）各会员国对联合国依照宪章所采取的任何行动应尽力予以协助。

（6）联合国在维护国际和平与安全的必要范围内，应确保使非会员国遵循上述原则。

（7）联合国组织不得干涉在本质上属于任何国家国内管辖的事项，但此项规定不应妨碍联合国对威胁和平、破坏和平的行为及侵略行径采取强制行动。

三、联合国的会员国

《联合国宪章》第二章规定联合国会员资格的取得与丧失。联合国作为一个世界各国不论其社会制度如何都可加入的世界性国际组织。根据取得会员资格程序的不同，联合国会员国可以区分为两大类。第一类为创始会员国，共 51 个。凡参加旧金山会议或者以前曾签署联合国家宣言的国家，签署了宪章并依法予以批准的，都属于这一类。第二类为后来按宪章规定接纳的会员国。宪章规定，凡爱好和平的国家，接受宪章所载义务。经联合国组织认为确能并愿意履行这些义务的，都可以成为联合国的会员国。凡要求加入联合国的国家必须提交一份申请书，声明接受联合国宪章所载义务。由安理会推荐，经联合国 2/3 多数的会员国通过。即被接纳为会员国，安理会对联合国某一会员国采取防止行动或强制行动时。联合国大会可根据安理会建议中止该国行使会员国的权利和特权，安理会可决定恢复这些权利和特权的行使。对一再违背宪章原则的会员国，大会可根据安理会的建议可能受到停止会员权利、除名、丧失大会投票权三种组织制裁。

联合国成立以来，组织不断发展，截至 2012 年末，共有 193 个会员国。另外，有 2 个常驻联合国观察员国：梵蒂冈、巴勒斯坦。

四、联合国的主要机关

联合国有六个主要机关：大会、安理会、经济及社会理事会、托管理事会、国际法院和秘书处。

(一)大会

大会主要是一个审议和建议的机关。根据联合国宪章规定，大会有权讨论宪章范围内的任何问题或事项，并向会员国和安理会提出建议。大会接受并审议安理会及联合国其他机构的报告；选举安理会非常任理事国、经社理事会和托管理事会的理事国；选举国际法院的法官；根据安理会推荐批准接纳新会员国和委任秘书长。联合国的预算和会员国分摊的会费比额都需经大会讨论决定。每一会员国在大会有一个投票权。宪章还同时规定，关于安理会正在审议的任何争端或局势，非经安理会请求，大会不得提出任何建议。

大会每年举行一届常会，于 9 月份的第三个星期二在联合国总部开幕，通常持续到 12 月中下旬。大会可在会议期间决定暂时休会，并可在以后复会，但必须在下届常会开幕前闭幕。

联合国大会的会议厅，是一幢坐东朝西的长方形建筑，会场宽敞明亮，气派宏伟。它是纽约联合国总部巨大建筑群中的一座，每年的联合国大会都在这里举行。

大会主席台由灰绿色大理石砌成，台上设有三个座位。大会主席居中，联合国秘书长在左，专门负责联大事务的副秘书长在右。主席台的下面是用黑色大理石制作的讲台，讲台正面镶有一个金色的联合国标志。在联大的会议厅内，每个会员国，不论国家大小都有 6 个固定席位。每届常会开会时，多数会员国派其外交部长或其他部长级官员率代表团出席，一些国家元首和政府首脑也到会发表讲话。大会全体会议由大会主席(或副主席)主持。大会设主席 1 人，副主席 21 人，由全体会议选举产生。安理会五个常任理事国是副主席，其余副主席席位则按地区分配原则选出。

大会现设六个主要委员会。各委员会由全体会员国组成,各委员会选举主席一人,副主席二人和报告员一人,负责讨论大会分配给该委员会的议题并提出建议。各委员会的决议以简单多数表决通过,然后提交大会全体会议通过,成为大会决议。大会还设有总务委员会和全权证书委员会两个程序委员会。总务委员会负责就议题项目的通过、议题的分配和会议的组织工作提出报告,交大会全体会议决定;全权证书委员会负责审查各国出席会议代表的全权证书。大会另有两个常设委员会:行政和预算问题咨询委员会及会费委员会。行政和预算问题咨询委员会负责联合国方案预算的技术审查,并协助第五委员会工作;会费委员会由大会负责就各会员国间分摊联合国的会费问题向大会提供意见。大会还设有一些其他机构或委员会使大会工作得以继续不断进行。

大会应安理会或过半数会员国的请求或经过半数会员国对任何会员国的请求表示赞同后,可于15天内召开联合国大会特别会议,24小时内召开紧急特别联合国大会。截至2016年4月,大会已召开了30届特别联合国大会和10届紧急特别联合国大会。

联合国大会具有广泛的职权,概括地说:大会有权讨论有关联合国及其宪章内的任何问题和事项;除安理会正在处理的以外,它可以随时就这些问题向会员国和安理会提出建议。宪章对下列几个方面特别作了规定。

(1)大会可以审议在维持国际和平与安全中合作的一般原则,并可向会员国和安理会提出这方面的建议。

(2)可以讨论会员国、安理会向其提出的有关国际和平与安全的问题并可提出建议。

(3)可以提起安理会注意足以危及国际和平与安全的情势;可以就和平解决任何情势建议应采取的措施。

(4)发动研究并提出建议,以促进政治方面的国际合作,鼓励国际法的逐渐发展与编纂;促进经济、社会等方面的国际合作,协助实现一切人的人权和基本自由。

(5)接受并审议安理会和其他机构的报告;选举安理会、经社理事会、托管理事会等须经选举的理事国;同安理会彼此独立地选举国际法院的法官;根据安理会的推荐委派联合国秘书长;根据安理会的推荐通过决议接纳会员国;根据安理会的建议中止会员国的权利或开除会员国。

(6)执行国际托管制度的职能;审议和批准联合国的预算,分配会员国的经费负担,审查各专门机构的行政预算。大会的职权侧重于各国的国际合作;促进国际法的编纂;促进人权的实现;接受和审议其他机构的报告;选举安理会的非常任理事国;与安理会各自投票选举国际法院的法官;根据安理会的推荐委任联合国秘书长;根据安理会的建议接纳新会员国;中止会员国的权利或开除会员国;审议批准联合国的预算;分派各会员国应缴纳的经费,审议各专门机构的行政预算;联合国大会在维持国际和平与安全方面主要是协助安理会进行工作,提请安理会注意有关情势。

大会表决的原则是:凡属重要问题的决定,例如关于和平与安全的建议,安理会、经社理事会以及托管理事会理事国的选举,接纳新会员国,会员国权利的中止及会员国的开除,托管及预算事务等,均须经出席并参加投票的会员国以2/3的多数通过;其他问题只须以简单多数通过。

（二）安理会

联合国安全理事会简称安理会，是联合国的 6 大主要机构之一。根据联合国宪章的宗旨及原则，安理会负有维持国际和平与安全的责任，是唯一有权采取行动的联合国机构。

安理会的职权：安理会在维持国际和平与安全方面负有主要责任。只有安理会有权作出全体会员国都有义务接受并执行的决定。其职权有：

（1）在和平解决会员国之间的争端方面，安理会对于任何争端或可能引起国际摩擦或争端的任何情势可以进行调查，以断定其继续存在是否足以危及国际和平与安全。

（2）在维持国际和平与安全，制止侵略方面，安理会应断定任何对和平的威胁，和平的破坏和侵略行为是否存在，可以促使当事国遵行安理会认为必要或适当的临时措施。

（3）安理会除上述职权外，还负责拟定军备管制方案；在战略性地区行使联合国的托管职能；建议或决定应采取的措施以执行国际法院的判决；选举国际法院法官；向大会推荐新会员国和联合国秘书长；向大会建议中止会员国的权利或开除会员国等。

安全理事会的表决程序：安理会每个理事国享有一个投票权。程序事项由 15 个理事国中的 9 个可决票决定；程序以外的事项由 15 个理事国中的 9 个可决票决定，但要包括 5 个常任理事国。对于某一问题是否属于程序问题，常任理事国可以行使否决权，否认其为程序问题。此即为五大国一致原则和双重否决权。

1946 至 1990 年，常任理事国共使用否决权 200 多次。其中苏联使用最多，美国其次，其他 3 个常任理事国包括中国在内也均使用过否决权。1991 年后世界格局发生了巨大变化，大国之间的关系趋向于缓和与合作。5 大常任理事国在提案表决之前力求协商一致，使用否决权的次数少多了。根据联合国统计资料，1991 至 2016 年，美国、俄罗斯各使用了 15 次，中国使用了 9 次，英国和法国未曾使用过否决权。

安理会由 5 个常任理事国和 10 个非常任理事国组成。5 个常任理事国是中国、法国、俄罗斯（1991 年 12 月苏联解体后席位由俄罗斯联邦接替）、英国、美国。非常任理事国由联合国大会选举产生，最初为 6 个，1965 年开始增加到 10 个，席位按地区分配，即亚洲 2 个、非洲 3 个、拉美 2 个、东欧 1 个、西欧及其他国家 2 个。非常任理事国任期 2 年，经选举每年更换 5 个，不能连选连任。根据地域分配原则，每次新选出的 5 个成员国中应包括来自亚洲和非洲的 3 个国家、一个东欧国家和一个拉美或加勒比地区国家。每个理事国都有 1 个投票权，程序问题要至少 9 票才能通过。常任理事国对实质问题都拥有否决权，只要有 1 票反对就不能通过。非常任理事国无否决权。

安理会主席由常任理事国和非常任理事国，按国名的英文字母顺序按月轮流担任。联合国大会、秘书长以及任何会员国都可以提请安理会注意可能危及国际和平与安全的争端和局势。联合国大会决定停止某会员国权利或开除某会员国均须由安理会事先提出建议。

从联合国成立以来，否决权一直成为修改宪章的一个中心问题。但随着国际形势的发展，各国对待否决权的态度是各不相同的。总的说来，要求实现大小国家一律平等，修改或适当限制否决权，是发展中国家在修宪问题上的一项重要主张。为了贯彻宪章所有会员国主权平等这一根本原则，发展中国家的要求是合理的。我国政府一贯尊重并支持这一要求。

（三）经济及社会理事会

经济及社会理事会简称经社理事会，是负责联合国经济及社会事务的最主要的机构。理事会的主要职能是：协调联合国及各专门机构的经济及社会工作；研究有关国际间经济、社会、文化、教育、卫生及有关问题；就其职权范围内的事务，召开国际会议，并起草公约草案提交联合国大会审议；其他联合国大会建议执行的职能。其 54 个理事国由联合国大会选举产生，任期 3 年，席位按地区分配，每年由联大改选其中的 1/3。安理会常任理事国通常能当选为经社理事会理事国。理事会每年春夏两季在纽约和日内瓦举行两次常会。中国自 1972 年起一直当选为经社理事会理事国。

（四）托管理事会

托管理事会是联合国实行国际托管制度的主要机构。适用于国际托管的土地是第二次世界大战结束时，尚未独立的前国际联盟的委任统治地和战后割离自敌国的土地。分战略托管地和非战略托管地两种。理事会由管理托管地的联合国会员国、不管理托管地的安理会理事国和联合国大会选举的其他不管理托管地的会员国（任期 3 年）组成。联合国成立时全世界有 11 个托管地，其中有 10 个相继独立。

1994 年，最后一个托管国——美国管理下的太平洋岛屿战略托管地密克罗尼西亚群岛中的部分岛屿独立，至此，世界上所有托管地区都已获得独立或自治，托管理事会的使命已完成。但它修改了其工作规则，在情况需要时还将履行其职责。

（五）国际法院

国际法院是联合国的主要司法机构。关于国际法院的组织、职权和程序，在第十一章中论述。

（六）秘书处

秘书处是联合国的行政管理机关。秘书处是联合国其他机构服务并执行这些机构制定的方案和政策。由秘书长和联合国组织所需要的职员组成，秘书长是联合国的行政首长。

秘书长是大会由安全理事会推荐的，任期为五年。除去其行政职责外，宪章要求秘书长执行安理会、大会及其他主要机构所委托的其他职务。宪章还授权秘书长可以"将其所认为可能威胁国际和平及其安全的任何事件"提请安理会注意。

1997 年 12 月 19 日，第 52 届联大通过决议，采纳安南秘书长的建议，增设联合国常务副秘书长一职。常务副秘书长是秘书长办公室的一个组成部分，将根据现有决策制度，受秘书长委托，承担包括协助秘书长管理秘书处业务，在秘书长不在的情况下在联合国总部代理秘书长，加强联合国在经济和社会领域的领导，代表秘书长出席会议和公务活动等职责。秘书长将在与会员国协商后按照《联合国宪章》任命常务副秘书长，常务副秘书长的任期不超过秘书长的任期。

联合国职员由秘书长按照大会所确定的规章任命。宪章规定，雇用职员和决定服务条件时的首要考虑是保证最高的工作效率、才干和品德的必要性，同时应该注意到在尽可能广泛的地域基础上录用职员的重要性。

按照宪章规定，秘书长和秘书处职员只对联合国负责，秘书处作为在总部和外地处理联合国日常工作的国际工作人员，不得寻求或接受任何政府的指示。

第三节 联合国的专门机构

一、概述

联合国专门机构是指根据协定而同联合国建立关系的或根据联合国的决定而成立的各种对某一特定业务部门有广泛国际责任的政府性专门性国际组织。

联合国的专门机构具有如下基本特征。

(一)是政府间的组织

专门机构是根据各国政府订立的国际条约建立的。这是联合国专门机构最根本的特征,因此非政府间组织不能成为联合国的专门机构。

(二)对某一特定业务领域负有广大国际责任

这些领域包括经济、社会、文化、教育、卫生及其他有关部门。因此,区域性的专门组织不能成为联合国的专门机构。

(三)同联合国具有法律关系

各专门机构根据同联合国经社理事会签订的特别协定或联合国的决定同联合国建立法律关系。这种关系表现为:联合国承认专门机构的职权范围;专门机构承认联合国有权向它提出建议并协调其活动,且定期向联合国提出工作报告;双方互派代表出席彼此的会议,但均无表决权;经请求时,相互把有关议事项目列入自己的会议议程;彼此交换情报与文件;彼此协调在人事、预算和财政方面的安排等。经社理事会负责协调联合国与各专门机构的关系。为此,经社理事会分别设立了同政府间机构协商委员会和协调行政委员会两个委员会。

(四)有独立的法律地位

各专门机构依据特别协定或联合国的决定被正式纳入联合国体系。但是,它们不是联合国的附属机构,而具有独立的法律地位。各专门机构有自己的基本文件、成员国、组织结构、议事规则、经费来源和工作总部。其决议与活动无须联合国批准。联合国只是以经社理事会同专门机构协商并向其提出建议等方式来协调彼此间的活动。

联合国专门机构无论在组织上或在活动上都是独立的,它们不是联合国的附属机构。因此它们有本身的组织文件,机关体系,议事规则等。

此外,联合国一些办事处、计划署和基金,例如联合国难民事务高级专员办事处、联合国开发计划署或联合国儿童基金会,负责改进世界各地人民的经济和社会状况。这些机构向大会或经济及社会理事会负责。

二、联合国专门机构简介

(一)国际电信联盟

国际电信联盟是联合国专门机构之一。其前身为根据1865年签订的《国际电报公约》成立的国际电报联盟和1906年由德、英、法、美和日本等27个国家在柏林签订的《国际无线电公约》。1932年,70多个国家的代表在马德里开会,决定把两个公约合并为《国际电信公约》并将国际电报联盟改名为国际电信联盟。1934 年该联盟正式成立。1949 年，国际电信联盟成为联合国的一个专门机构，总部从瑞士的伯尔尼迁到日内瓦。中国 1920 年加入国际电报联盟。1972 年，国际电信联盟理事会承认中国的合法席位，1973 年被选为电联理事国。

国际电信联盟的宗旨是：维护和扩大会员国之间的合作，以改进和合理使用各种电信；促进提供对发展中国家的援助；促进技术设施的发展及其最有效的运营，以提高电信业务的效率；扩大技术设施的用途并尽量使之为公众普遍利用；促进电信业务的使用，为和平联系提供方便。最高权力机构为全权代表大会，由代表会员国的代表团组成。联盟下属的 5 个常设机构是：总秘书处、国际电报电话咨询委员会、国际无线电咨询委员会、国际频率登记委员会和电信发展局。

（二）世界气象组织

世界气象组织成立于 1950 年 3 月 20 日，总部设在瑞士日内瓦。该组织于 1972 年 2 月恢复了中国的合法权利。1973 年以来中国一直为执行理事会成员。该组织的宗旨是促进设置站网方面的国际合作以进行气象、水文以及与气象有关的地球物理观测；促进建立和维持气象及有关情报快速交换系统；促进气象和有关规则的标准化；推进气象学应用；鼓励气象及有关领域内的研究和培训。世界气象大会为最高权力机构，由全部成员国代表组成，执行委员会是执行机构。根据专业性质设有 8 个技术委员会，任务是根据大会、执行理事会和区域协会的决定，组织和协调本专业领域内的多项活动。

（三）万国邮政联盟

万国邮政联盟简称万国邮联或邮联，它是商定国际邮政事务的政府间国际组织，其前身是 1874 年 10 月 9 日成立的邮政总联盟，1878 年改为现名。万国邮联自 1948 年 7 月 1 日起成为联合国一个关于国际邮政事务的专门机构，总部设在伯尔尼。中国于 1914 年加入该联盟。1972 年 4 月在万国邮政联盟承认中国为该组织的唯一合法代表后，与该组织关系恢复正常。万国邮政联盟的宗旨是促进、组织和改善国际邮政业务，并向成员提供可能的邮政技术援助。该组织的活动主要是通过定期修改邮联法规，协调会员在邮政管理及国际邮政服务方面的工作。万国邮政联盟由邮政联盟大会、行政理事会、邮政经营理事会和国际局组成。万国邮政联盟大会是邮联的最高机构，每 5 年召开一次。大会休会期间由执行理事会作为邮联的执行机构，由 40 个成员组成，每年举行一次年会。设在伯尔尼的国际局作为邮政有关机构的秘书处，并在对外关系中代表邮政联盟。

（四）世界知识产权组织

1967 年 7 月 14 日，国际保护工业产权联盟（巴黎联盟）和国际保护文学艺术作品联盟（伯尔尼联盟）的 51 个成员在瑞典首都斯德哥尔摩共同建立了世界知识产权组织，以便进一步促进全世界对知识产权的保护，加强各国和各知识产权组织间的合作。1974 年 12 月，该组织成为联合国 16 个专门机构之一。世界知识产权组织的总部设在瑞士日内瓦，在美国纽约联合国大厦设有联络处。中国于 1980 年 6 月 3 日加入该组织。

该组织主要职能是负责通过国家间的合作促进对全世界知识产权的保护，管理建立在多边条约基础上的关于专利、商标和版权方面的 23 个联盟的行政工作，并办理知识产权法律与行政事宜。该组织的很大一部分财力是用于同发展中国家进行开发合作，促进发达国家向发展中国家转让技术，推动发展中国家的发明创造和文艺创作活动，以利于其科技、文化和经济的发展。该组织的主要机关有理事会、成员国会议、协调委员会和国际局。

（五）国际劳工组织

国际劳工组织的前身是成立于 1919 年的合法保护劳工国际协会，1946 年改为该名，并成为联合国的一个专门机构。总部设在瑞士日内瓦。该组织宗旨是：促进充分就业和提高生活水平；促进劳资双方合作；扩大社会保障措施；保护工人生活与健康；主张通过劳工立法来改善劳工状况，进而获得世界持久和平建立社会正义国际劳工大会是最高权力机构，每年召开一次会议；闭会期间理事会指导该组织工作，国际劳工局是其常设秘书处。主要活动有从事国际劳工立法，制定公约和建议书以及技术援助和技术合作。

（六）国际复兴开发银行

国际复兴开发银行通称世界银行。1945 年 12 月 27 日，28 个国家政府的代表签署了《国际复兴开发银行协定》，宣布国际复兴开发银行正式成立。1947 年 11 月 5 日起成为联合国专门机构之一，是世界上最大的政府间金融机构之一。总部设在美国华盛顿。1980 年 5 月，中国恢复了在世界银行的合法席位。世行成立初期的宗旨是致力于战后欧洲复兴。法国是第一个从世界银行得到贷款的国家。1948 年以后转向世界性的经济援助。通过向成员国提供用作生产性投资的长期贷款，为不能得到私人资本的成员国的生产建设筹集资金，以帮助成员国建立恢复和发展经济的基础。该组织主要下设机构有：理事会是最高权力机构，执行董事会是办理日常工作的业务机构；行长是执行董事会的主席和银行工作人员的首脑。

（七）国际货币基金组织

国际货币基金组织于 1945 年 12 月根据在联合国货币与金融会议上通过的《国际货币基金协定》成立。总部设在华盛顿。中国是该组织创始国之一。1980 年 4 月 17 日，该组织正式恢复中国的代表权。

该组织宗旨是通过一个常设机构来促进国际货币合作，为国际货币问题的磋商和协作提供方法；通过国际贸易的扩大和平衡发展，把促进和保持成员国的就业、生产资源的发展、实际收入的高水平，作为经济政策的首要目标；稳定国际汇率，在成员国之间保持有秩序的汇价安排，避免竞争性的汇价贬值；协助成员国建立经常性交易的多边支付制度，消除妨碍世界贸易的外汇管制；在有适当保证的条件下，基金组织向成员国临时提供普通资金，使其有信心利用此机会纠正国际收支的失调，而不采取危害本国或国际繁荣的措施；按照以上目的，缩短成员国国际收支不平衡的时间，减轻不平衡的程度等。国际货币基金组织的最高权力机构是各国财政部长和中央银行行长组成的理事会。中国作为单独一个选区，派有自己的执行董事。执行董事会所定的政策由总裁来执行，总裁由执行董事会推选，负责基金组织的业务工作，任期 5 年，可连任，另外还有三名副总裁。

（八）联合国粮食及农业组织

联合国粮食及农业组织于 1945 年 10 月 16 日正式成立。1946 年 12 月成为联合国的一个专门机构，总部设在意大利罗马。联合国粮农组织的宗旨是，通过加强世界各国和国际社会的行动，提高人民的营养和生活水平，改进粮农产品的生产及分配的效率，改善农村人口的生活状况，以及帮助发展世界经济和保证人类免于饥饿等。粮农组织下设全体成员大会、理事会和秘书处。大会是该组织的最高权力机构，理事会在大会休会期间行使大会委托给它的权力。

（九）联合国教科文组织

联合国教育、科学及文化组织属联合国专门机构，简称联合国教科文组织。1946年11月正式成立。总部设在法国巴黎。中国是联合国教科文组织创始国之一。1971年恢复合法地位。1972年恢复在该组织的活动。1979年2月，中国联合国教科文组织全国委员会正式成立。1997年11月4日，中国继续当选为执行局委员。中国自1972年10月恢复在该组织的活动，首次出席大会即当选为执行局委员，此后中国一直连任这一职务。

该组织的宗旨和职能是通过教育、科学和文化促进各国间合作，对和平和安全作出贡献，以促使正义、法治和人权与基本自由的普遍尊重。联合国教科文组织是各国政府间讨论关于教育、科学和文化问题的国际组织，其主要机构有大会、执行局和秘书处。大会为该组织最高权力机构，每两年开会一次，决定该组织的政策、计划和预算。执行局为大会闭幕期间的管理和监督机构；秘书处负责执行日常工作，由执行局建议，经大会任命总干事领导秘书处的工作。

（十）世界卫生组织

世界卫生组织于1948年4月7日成立。总部设在瑞士日内瓦。中国是世卫组织的创始国之一。1972年5月10日，第25届世界卫生大会通过决议，恢复了中国在世界卫生组织的合法席位。世卫组织的宗旨是使全世界人民获得尽可能高水平的健康。该组织给健康下的定义为身体、精神及社会生活中的完美状态。世卫组织的主要职能有促进流行病和地方病的防治；提供和改进公共卫生、疾病医疗和有关事项的教学与训练；推动确定生物制品的国际标准。该组织的主要机关有世界卫生大会、执行委员会和秘书处。世界卫生大会是世卫组织的最高权力机构。执委会是世界卫生大会的执行机构。

（十一）国际原子能机构

国际原子能机构是一个同联合国建立关系，并由世界各国政府在原子能领域进行科学技术合作的机构。1957年成立，总部设在奥地利的维也纳。国际原子能机构规定，任何国家只要经过机构理事会推荐和大会批准，并交存对机构规约的接受书，即可成为该机构的成员国。国际原子能机构的宗旨是加速扩大原子能对全世界和平、健康和繁荣的贡献，并确保由机构本身，或经机构请求、或在其监督管制下提供的援助不用于推进任何军事目的。国际原子能机构的组织机构包括大会、理事会和秘书处。

第四节　区域性国际组织

一、概述

区域性国际组织是以一定地区为范围的政治性或经济性的组织。同世界性国际组织相比，区域性国际组织的成员国是特定地区内的若干主权国家，它们疆域相邻。因此，区域组织具有明显的地域性质。同时，区域组织的成员国往往在民族、历史、语言、文化或精神上具有密切联系，培育了某种共同意识；或者在现实国际生活中具有彼此准确性的政治、军事、经济或社会问题，形成某种相互领带关系。因此，同其他类型的国际组织相比，区域组织具有更加稳定的社会、政治基础。

二、主要区域性国际组织简介

（一）美洲国家组织

在现存区域性组织中，历史最悠久的是美洲国家组织。它成立于1889年，原名美洲共和国国际联盟。1910年改称美洲共和国联盟。1948年，在波哥大召开的第九届美洲国家会议，通过了波哥大宪章，同时将该组织确定为现在的名称美洲国家组织。总部设在华盛顿。美洲国家组织现有成员国35个。波哥大宪章规定美洲国家组织的宗旨为：加强美洲大陆的和平与安全；解决成员国之间的政治、司法和经济问题；促进成员国的经济、社会和文化的发展。波哥大宪章还规定：美洲国家之间可能发生的一切国际争端，在提交联合国安理会之前，必须交由本宪章所规定的和平程序处理；而且重申了美洲国家的集体安全原则。美洲国家组织的主要机构是：成员国大会，为该组织的最高权力机构。常设理事会，为执行机构。秘书处，是该组织的常设中央机构。此外，还有外长协商会议、咨询机构和专门机构。

（二）阿拉伯国家联盟

阿拉伯国家联盟是阿拉伯世界最重要的区域性组织，1945年3月，叙利亚、约旦、伊拉克、沙特阿拉伯、黎巴嫩、埃及、也门（现阿拉伯也门共和国）等七国代表在开罗举行会议，拟订并通过了《阿拉伯国家联盟宪章》，阿拉伯国家联盟正式宣告成立，总部原来设在开罗，1949年3月迁到突尼斯，现有成员国22个。阿拉伯国家联盟的宗旨是：密切成员国之间的合作关系，协调彼此间的政治活动，捍卫阿拉伯国家的独立和主权，全面考虑阿拉伯国家的事务和利益；各成员国在经济、财政、交通、文化、卫生、社会福利、国籍、护照、签证、判决的执行以及引渡等方面密切合作；成员国相互尊重对方的政治制度，不得诉诸武力解决彼此之间的争端，成员国与其他国家缔结的条约和协定对阿盟其他成员国不具约束力。其主要机构是：理事会，是该组织的决策机关。秘书处，负责执行理事会的决议。此外，还设有经济理事会、联合国防御理事会等机关。

（三）非洲联盟

1963年5月22日至26日，31个非洲独立国家元首、政府首脑或他们的代表在埃塞俄比亚首都亚的斯亚贝巴举行会议，25日通过了《非洲统一组织宪章》，决定成立非洲统一组织（简称非统组织）。1999年9月，非洲统一组织第四届特别首脑会议通过了《苏尔特宣言》，决定成立非洲联盟。2002年7月来自非洲52个国家的领导人和代表在南非德班举行非洲统一组织最后一届首脑会议和非洲联盟第一届首脑会议，宣告结束非洲统一组织和正式成立非洲联盟，非洲联盟现有54个成员国。

非洲联盟的宗旨是促进非洲国家的统一与团结；协调和加强非洲国家在各个方面的合作，建立有效机制加快非洲大陆的政治、经济和社会一体化进程，最终实现货币、人员和货物的自由流动，发展非洲国家各层次的新型伙伴关系，动员各国社会各界力量共同实现非洲大陆的繁荣富强。非洲联盟的主要机关有国家元首和政府首脑大会、外长执行委员会、常设代表委员会和非洲联盟委员会。

（四）欧洲联盟

欧洲联盟简称欧盟，是由欧洲共同体发展而来的，是一个集政治实体和经济实体于一身、在世界上具有重要影响的区域一体化组织。现有成员国 28 个。欧洲联盟的宗旨是通过建立无内部边界的空间，加强经济、社会的协调发展和建立最终实行统一货币的经济货币联盟，促进成员国经济和社会的均衡发展，通过实行共同外交和安全政策，维护欧洲联盟的国际实体地位。

欧盟的主要组织机构有：

（1）欧洲理事会。即首脑会议，由成员国国家元首或政府首脑及欧盟委员会主席组成；负责讨论欧洲联盟的内部建设、重要的对外关系及重大的国际问题。

（2）欧盟理事会即部长理事会。主席由各成员国轮流担任，任期半年。

（3）欧盟委员会是欧洲联盟的常设机构和执行机构。负责实施欧洲联盟条约和欧盟理事会作出的决定，向理事会和欧洲议会提出报告和立法动议，处理联盟的日常事务，代表欧盟对外联系和进行贸易等方面的谈判等。

（4）欧洲议会是欧洲联盟的执行监督、咨询机构。在某些领域有立法职能，并有部分预算决定权，并可以 2/3 多数审核欧盟委员会，迫其集体辞职。

（5）欧洲法院是欧盟的仲裁机构。负责审理和裁决在执行欧盟条约和有关规定中发生的各种争执。

（6）欧洲审计院负责欧盟的审计和财政管理。

2000 年以来欧盟面临两大主要危机：债务危机和政治危机。不断升级的债务危机将欧盟置于两难境地并成为危及欧盟经济复苏的头号杀手。而 2016 年英国公投脱离欧盟，使英国可能成为历史上第一个脱离欧盟的国家，并很可能引发多米诺骨牌效应，让更多欧洲国家纷纷效仿，这将成为欧洲整合趋势出现倒退的拐点。

（五）东南亚国家联盟

1967 年 8 月，印度尼西亚、新加坡、泰国、菲律宾和马来西亚在泰国首都曼谷举行会议，发表了《东南亚国家联盟成立宣言》，即《曼谷宣言》，正式宣告东南亚国家联盟（简称东盟）的成立。东南亚国家联盟的宗旨和目标是：

（1）以平等与协作精神，共同努力促进本地区的经济增长、社会进步和文化发展。

（2）遵循正义、国家关系准则和《联合国宪章》，促进本地区的和平与稳定。

（3）促进经济、社会、文化、技术和科学等问题的合作与相互支援。

（4）在教育、职业和技术及行政训练和研究设施方面互相支援。

（5）在充分利用农业和工业、扩大贸易、改善交通运输、提高人民生活水平方面进行更有效的合作。

（6）促进对东南亚问题的研究。

（7）同具有相似宗旨和目标的国际和地区组织保持紧密和互利合作，探寻与其更紧密的合作途径。

东盟主要机构有以下几项内容。

（1）首脑会议。自成立以来，东盟举行了多次首脑会议和非正式首脑会议，就东盟发展的重大问题和发展方向作出决策。

（2）外长会议。是制定东盟基本政策的机构，每年轮流在成员国举行。

（3）经济部长会议。是东盟经济合作的决策机构。

（4）其他部长会议。包括财政、农林、劳工、能源、旅游等部长会议，不定期地在东盟各国轮流举行，讨论相关领域的问题。

（5）秘书处。东盟的行政总部，负责协调各成员国国家秘书处，向部长会议和常务委员会负责。

（6）专门委员会。包括9个由高级官员组成的委员会。

（六）北大西洋公约组织

1949年4月4日，美国、加拿大、英国、法国、比利时、荷兰、卢森堡、丹麦、挪威、冰岛、葡萄牙和意大利等12国在美国首都华盛顿签订了北大西洋公约，宣布成立北大西洋公约组织，简称北约。截至2004年3月29日，北约成员国有28个。北约成立的宗旨是通过集体防御，维护北大西洋地区的和平、安全、稳定和利益。

北约的主要机构有：

（1）北大西洋理事会。简称外长会议，为北约最高决策权力机构。

（2）防务计划委员会。简称国防部长会议，是北约最高军事决策权力机构。

（3）常设理事会。为北大西洋理事会和防务计划委员会休会期间的最高执行机构。

（4）军事委员会。为北约最高军事指挥机构。

（5）北约议员大会。原名为北大西洋议会，自1999年6月1日起改为现名，是北约成员国议会间组织。

（七）上海合作组织

上海合作组织，简称上合组织，是中国、俄罗斯、哈萨克斯坦、吉尔吉斯斯坦、塔吉克斯坦和乌兹别克斯坦6个国家组成的一个国际组织，另有5个观察员国：蒙古国、伊朗、巴基斯坦、印度和阿富汗，工作语言为汉语和俄罗斯语。上海合作组织的前身是上海五国会晤机制。2001年6月14日至15日，上海五国元首在上海举行第六次会晤，乌兹别克斯坦以完全平等的身份加入"上海五国"。15日，六国元首举行首次会议，并签署了《上海合作组织成立宣言》，上海合作组织正式成立。这是中国首次在其境内成立国际性组织及以其城市命名，宣称以"上海精神"解决各成员国间的边境问题。

上海合作组织的宗旨是加强各成员国之间的相互信任与睦邻友好；鼓励各成员国在政治、经贸、科技、文化、教育、能源、交通、环保及其他领域的有效合作；共同致力于维护和保障地区的和平、安全与稳定；建立民主、公正、合理的国际政治经济新秩序。上海合作组织现有两个常设机构，分别是设于北京的秘书处以及设于乌兹别克斯坦首都塔什干的地区反恐怖机构。上海合作组织每年举行一次成员国国家元首正式会晤，定期举行政府首脑会晤，轮流在各成员国举行。

（八）亚洲基础设施投资银行

亚洲基础设施投资银行简称亚投行，成立于2014年10月24日，截至2016年10月7日，已有60个成员国。亚投行主要业务是援助亚太地区国家的基础设施建设。在全面投入运营后，亚投行运用一系列支持方式为亚洲各国的基础设施项目提供融资支持——包括贷款、股权投资以及提供担保等，以振兴包括交通、能源、电信、农业和城市发展在内的各个行业投资。亚投行的治理结构分理事会、董事会、管理层三层。理事会是最高决策机构，每个成员在亚投行有正副理事各一名。董事会有 12 名董事，其中域内 9 名，域外 3 名。管理层由行长和 5 位副行长组成。

第五节　联合国问题的新发展

一、冷战结束后联合国面临的问题

进入 21 世纪，各国人民所面临的是一个全新的国际形势。和平、发展与合作是世界的主要潮流，也是各国人民的普遍愿望。另一方面，世界也面临着一系列挑战，如局部地区动荡不安、武装冲突时有发生、贫富差距加大、全球化进程带来的问题等。在大多数国家心目中，联合国是维护国际和平、促进世界发展、建立平等法制社会的核心。但冷战结束以后，特别是近年来，出现了许多联合国成立时没有预见到的新问题。

(一)联合国现有的体制落后于形势的需要

《联合国宪章》规定：为保证联合国行动迅速有效起见，各会员国将维护国际和平与安全的主要责任，授予安理会并同意安理会于履行此项责任下之职务时，即系代表各会员国。此规定与关于大小各国平等权利相矛盾。安理会成员国能代表一般成员国，而一般成员国则不能代表安理会成员国，这就是一种事实上的权利不平等。况且安理会常任理事国还有一票否决权。另外，安理会常任理事国中有三个是西方国家，而只有一个发展中国家的构成比例，与当今广大发展中国家迫切要求联合国重视并解决经济、社会发展问题的强烈愿望，以及世界格局多极化发展趋势不相适应。

(二)联合国的维和行动面临新课题

联合国宪章对维护世界和平与安全的着眼点主要是针对全球大战和国与国之间的战争。而冷战后，内战型冲突成为军事冲突的主要类型，成为地区和世界不安定的重要因素，向联合国原有的维和设想提出了挑战。

(三)越来越多的全球性问题的解决，要求联合国进行改革，要求联合国进行改革

要解决这些全球性问题，联合国原有的机构已难以适应。

(四)联合国的财政危机日趋严重，需要对联合国的某些规定作相应的调整，需要对联合国的某些规定作相应的调整

联合国的资金来源主要是会员国缴纳的会费、捐助和职员缴纳的税金。许多发展中国家由于经济困难无力缴纳会费而形成拖欠。但一些发达资本主义国家，尤其是美国出于对联合国现状的不满而故意拖欠或拒付，联合国出现财政危机。

二、联合国的改革问题

因为联合国的体制和结构是根据《联合国宪章》设置的，所以联合国的任何重要改革都会涉及修改《联合国宪章》的问题。关于审议和修改《联合国宪章》的程序有两种：第一种是对《联合国宪章》个别条款的修正，第二种是举行审查宪章的全体会议。《联合国宪

章》第108条规定了第一种程序，第109条规定了第二种程序。此两种程序都规定对《联合国宪章》的任何修改必须有2/3多数会员国依其国内宪法程序批准，其中必须包括所有的安理会常任理事国的批准才能生效。这样，任何一个常任理事国对宪章的修改建议都有否决权。因此，对《联合国宪章》修改的程序和条件是非常严格的。

迄今为止，联合国对宪章作了三次修正。反映了"二战"后国际形势的发展和大批新独立国家加入联合国后的巨大变化，意义重大。但从宪章的总体结构看，这只是对宪章某一方面的"微调"。此后，尽管在来自发展中国家关于改革联合国各种建议的强大压力下也曾作出过种种努力，但终因"冷战"的影响而未能取得任何实质性进展。

"冷战"结束后，联合国改革的必要性得到前所未有的广泛共识。从在第57届联合国大会上，联合国秘书长提交的《加强联合国：进一步改革纲领》报告到2004年联合国改革问题高级别名人小组提交的题为"一个更安全的世界：我们的共同责任"报告，艰辛的努力终于有了初步进展。

联合国改革的内容是多方面的，包括安理会改革、联合国其他重要机构的改革、联合国维和原则和危机处理机制的改革及联合国的经费改革等，但受到最关注的是安理会的扩大问题与联合国的维和作用问题。有多个国家向联合国秘书长提交了安理会改革方案的书面意见。其中，要求增加安理会成员国和常任理事国的呼声很高。联合国秘书处的一份报告说，联合国多数成员赞成把安理会成员由15个增加到19至25个。2005年日本、德国、印度和巴西组成"争常四国"向第59届联大秘书处提交了有关安理会扩大的框架性决议草案，要求增加不具有否决权的常任理事国和4个非常任理事国席位。中国认为，四国联盟的决议草案危害联合国改革进程，如果四国对决议草案付诸表决，中国将投票反对。与此同时，许多成员国要求改变安理会成员地域分配不均衡的状况。另外一个关于安理会改革的议题是常任理事国否决权问题。许多国家批评安理会的否决权制度，认为这造成常任理事国支配安理会的状况，违反了国家主权平等原则，有悖于国际事务民主化的潮流，应当予以取消或加以限制。

冷战后，联合国的国际维和行动明显增加，有些军事维和不但没有能有效地控制地区冲突的发展，反而使一些地区的冲突更加国际化，这也引起了联合国成员国的激烈讨论。

第六节　中国与联合国

中国参加了联合国的全部组建工作，是联合国的创始会员国。1943年10月，中、美、苏、英四国签署《普遍安全宣言》，中国第一次平等地与世界大国共同宣布，一致赞同在战后建立一个普遍性的国际组织。1943年11月，中、美、英三国首脑举行了开罗会议，发表《开罗宣言》。1944年敦巴顿橡树园会议，中国代表参加了第二阶段会谈，为该建议案的形成与完善作出了努力。1945年，中国与美、英、苏、法一起作为联合国的发起国参加了旧金山制宪会议，签署并批准了《联合国宪章》，并成为安理会常任理事国。中国共产党代表董必武参加了旧金山会议并在《联合国宪章》上签了字。

1949年中华人民共和国中央人民政府成为代表中国的唯一合法政府，根据公认的国际法原则，新政府理当立即享有在联合国的一切合法权利，但由于美国等国的阻挠，中国的合法席位遭到了长期的剥夺。1949 年 10 月 1 日中华人民共和国成立以后，中华人民共和国外交部长即通知联合国大会主席、秘书长和安理会，不承认"蒋介石集团"的代表在联合国和安理会的代表权。1950 年苏联在安理会提议，不承认"蒋介石集团"的代表的全权证书，并将其逐出联合国，承认中华人民共和国中央人民政府的代表为中国代表，将该事项列入议程，但均遭到否决。在整个 20 世纪 50 年代至 60 年代的历届联合国大会上，中国在联合国的代表权问题，因美国一再以所谓"时机不成熟、暂不讨论"和"中国代表权是必须由联大以 2/3 多数才能决定的重要问题"为借口而被搁置。这些违反《联合国宪章》规定及国际法原则的做法，实质上是对中国内政的干涉。事实证明，这种严重有损联合国的普遍性及有效性的做法，遭到了国际社会愈来愈多的抵制。1971 年 10 月 25 日，第 26 届联合国大会终于以 76 票赞成、35 票反对、17 票弃权的压倒多数通过了阿尔巴尼亚、阿尔及利亚等 23 国提出的要求恢复中华人民共和国在联合国的一切合法权利，并立即把"蒋介石集团"的代表从联合国一切机构中驱逐出去的提案。这是中国以及许多发展中国家和其他一些国家，经过长期不懈努力得来的结果。中国恢复了在联合国的合法席位之后，全面介入联合国的工作，成为维护世界和平，促进世界发展的重要力量。

一、中国积极参与维和行动

中国政府积极参与联合国解决中东、非洲、亚洲、欧洲及拉丁美洲的"热点"问题，在联合国大会和安理会上维护正义，反对侵略，主张和平解决争端，并支持和参加联合国的维和行动。1988 年 9 月，中国正式申请加入联合国维持和平行动特别委员会；1989 年，中国首次派人参加了联合国纳米比亚过渡时期协助团，帮助纳米比亚实现从南非独立的进程；1990 年，中国军队首次向联合国维和行动派遣军事观察员；1992 年 4 月，中国第一支"蓝盗"部队——军事工程大队赴柬埔寨执行任务；1997 年 5 月，中国表示原则同意参加联合国"维和待命安排"；1999 年，中国政府正式宣布派遣维和警察参与联合国维和行动；2000 年 1 月，中国首次派遣 15 名民事警察到东帝汶执行联合国维和任务；2001 年 12 月，中国正式成立国防部维和事务办公室，统一协调和管理中国军队参与联合国维和行动的工作；2002 年 1 月，中国正式参加联合国维和行动第一级待命安排机制；2003 年 4 月起，中国首次派遣一支由 175 人的工兵连和 43 人的医疗分队组成的维和部队赴刚果（金）参加联合国维和行动，此后还分别轮换了三批部队官兵，圆满完成了联合国赋予的各项任务；2003 年 7 月，中国向利比里亚派遣一个包括运输连、工兵连和医疗分队在内的共 550 人的维和部队，这是迄今为止中国参与联合国维和行动规模最大、人数最多的一次；2004 年 10 月 17 日凌晨，中国维和警察防暴队 95 人乘联合国专机，前往海地执行联合国维和任务，这是中国第一支赴国外执行维和任务的防暴队伍。

二、中国联合国会费缴纳

作为一个负责任的发展中大国，中国一直积极承担应尽的财政义务，并在维和摊款方面担负起作为安理会常任理事国的特殊责任。自 1971 年恢复在联合国的合法席位以来，中国的联合国会费经历了先涨后跌再涨三个阶段。由于特殊的历史背景，中国承担联合国会费比额最高的时期，是在恢复联合国合法席位之初的几年。中国的会费比额从 1971 年的 4% 增加到 1974 年的 5.5%，并一直延续到 1979 年。改革开放后，中国确立了"一切以经济建设为中心"的方针，外交政策趋于务实。经过了艰苦的努力，中国的会费比额才得以下降，从 1980 年的 1.62% 调整到 1995 年的 0.72%。中国经过改革开放，经济发展已初见成效，国家财富迅速积累。中国的联合国会费比额也随之重新上涨。1996 年微调至0.74%，2000 年达到 1%。之后，中国在联合国缴纳的会费比额进入狂飙突进的时期，几乎每次调整，都要上涨超过 0.5 个百分点。2013 年涨至 5.148%，按照 2015 年 12 月 23 日通过的 2016 年至 2018 年联合国经常预算的分摊比额，中国应缴纳会费比额上升至7.921%，位居会员国第三位，仅次于美国的 22% 和日本的 9.68%。中国多次表示，只要计算方法公平、公正、合理，该缴纳的费用，中国会及时、足额缴纳，必须增加的资源、必须拨付的款项，中国都一直支持。

三、中国与联合国改革

中国支持联合国进行必要、合理的改革。改革的目的是加强联合国在国际事务中的主导作用，提高应对新威胁和新挑战的能力，更好地反映广大发展中国家的共同呼声和需要。2005 年 6 月 7 日中国政府发布《中国关于联合国改革问题的立场文件》。中国认为，联合国在国际事务中的作用不可或缺，作为最具普遍性、代表性和权威性的政府间国际组织，联合国是实践多边主义的最佳场所，是集体应对各种威胁和挑战的有效平台，应该继续成为维护和平的使者，推动发展的先驱。通过改革加强联合国的作用，符合全人类的共同利益。中国愿与各国一道，推动联合国改革取得积极成果。

本 章 练 习

【思考题】

1. 联合国的宗旨和原则是什么？
2. 安理会的表决程序是什么？
3. 中国应如何参与联合国改革？

【综合训练】

接纳会员国案。1946 年，爱尔兰、葡萄牙和约旦先后申请加入联合国。作为安理会常任理事国的苏联均投了反对票，理由是该三国当时未与苏联建立外交关系。1947 年，保加利亚等五国相继申请加入联合国。苏联主张对五国申请作"一揽子"表决，这一主张受到澳大利亚、英国和美国的反对。在安理会随后就是否推荐意大利和芬兰加入联合国表决时，苏联又均投了反对票。安理会迟迟不能作出决定。为此，联合国大会请求国际法院发表咨询意见："联合国会员国在依宪章第 4 条应邀在安理会或联大以投票方式就是否接纳一国为联合国会员国的问题发表见解时，在法律上是否有权以该条第 1 款未明确规定的条件作为同意接纳的条件？能否以将其他国家与该有关国家一同接纳为联合国会员国作为其投赞成票的附加条件？"

1948 年国际法院发表咨询意见，指出根据该款规定，申请加入联合国的国家必须具备五个条件。

(1) 是一个国家。

(2) 热爱和平。

(3) 接受宪章所载之义务。

(4) 能够履行这些义务。

(5) 愿意履行这些义务。

宪章第 4 条第 2 款的措辞也表明，不能在该条第 1 款所列举的条件之外附加任何政治考虑。也不能基于任何政治考虑而拒不接纳某一符合这些条件的申请国。而且，第 4 条的规定必然意味着，对于每一项接纳申请，应当分别对其法律依据进行审查和表决，否则不可能确定某一特定申请国是否符合了必要的接纳条件。据此，法院对联合国大会提出的问题作出了否定的答复。

1949 年 9 月，当安理会就是否推荐接纳 8 个国家为联合国会员国的问题进行表决时，苏联又均投了反对票。根据阿根廷的建议，联合国大会于同年请求国际法院发表咨询意见："根据宪章第 4 条第 2 款的规定，当安理会因申请国未获得必要的多数票或因某一常任理事国对推荐决议投反对票而没有作出接纳推荐时，大会能否通过决议将该国接纳为联合国会员国？"

1950 年国际法院就上述问题发表了咨询意见认为，该款规定的安理会的推荐和大会的决议是接纳新会员国的两个必不可少的程序，而且在大会决议之前必须要有安理会的推荐。法院指出，从宪章的总体结构上看，安理会和大会均为联合国的主要机关，前者并不处于从属地位。而且，从这两个机关对宪章第 4 条的一贯解释来看，大会也只有在安理会推荐的基础上才能决定将一国接纳为联合国会员国。法院对问题作出了否定的答复。

分析：

1. 联合国接纳会员国的条件是什么？

2. 联合国和安理会各自的具体权限有什么不同？

【要点提示】

本案主要涉及接纳一国加入联合国的条件以及联合国大会和安理会关于接纳一国加入联合国的权限等问题。国际法院的两项咨询意见基本在法律上澄清了联合国接纳会员国的条件以及大会和安理会在这一问题上的权限。

第十二章 和平解决国际争端

【知识目标】

掌握国际争端政治解决方法及其特点；国际争端法律解决方法及其特点。

【能力目标】

能够分析国际争端及中国国际争端解决的实践。

第一节 概 述

一、国际争端的概念和特点

国际法上的国际争端，是指国际法主体之间，主要是国家之间，关于法律上或事实上的观点不一致，或者是政治利益和特定权利上的矛盾对立。相对于国内法上的争端，国际争端主要有以下特点。

第一，争端的主体主要是国家。国际争端的主体是国际法主体，反映的是国际法主体之间，主要是国家之间的关系。所以，国际争端不同于国内争端，也不同于涉外民事交往中的争议。

第二，国际争端发生的原因是法律或事实上的观点不同，或者政治利益和权利的冲突。法律上的观点不同，主要指的是国际法而非各国国内法上的观点的差异。国际争端并非是国家间意识形态的分歧，而是政治利益和权利的冲突。

第三，国际社会不存在超国家的裁决机构，国家在解决争端中仍起决定作用。联合国国际法院，是目前主要的国际性司法机构，但它对案件的管辖权也是建立在争端当事国共同自愿的基础上的。所以国际争端的解决仍是由国家在平等协商的基础上，选择适当的方法来进行解决。

二、国际争端的类型

国际争端，就其产生的原因和内容可分为政治性争端、法律性争端和事实性争端。

政治性争端，是指直接涉及当事国主权独立等重大政治利益的争端。对这类争端，国际法尚未形成确切的权利义务规则，很难用法律方法解决，一般通过政治的方法（又称外交方法）加以解决。所以，这种争端也称为不可裁判的争端。

法律性争端，是指争端当事国提出的要求和论据是以国际法为根据的争端，因此也称为可裁判的争端，即可以通过国际仲裁和国际法院的法律方法来解决的争端。

事实性争端，是指国家间对某种情况或事项的事实真相发生争执。需要的是对事实本身的澄清而不是对其是非作出评判。所以对于事实性争端，往往用调查事实的方法加以解决。

在国际关系和国际法实践中，由于国际争端的性质、内容以及产生的原因错综复杂，上述几种性质的争端往往相互交错，很难截然分开。据此，政治的解决方法可以适用于任何性质的争端，只要当事国同意，都可以采取政治的方法来解决国际争端。

三、国际争端的解决方法

传统国际法将解决国际争端的方法分为强制方法和非强制方法两种。

强制方法是指争端一方为使他方同意其所要求的对争端的解决和处理，而单方面采用的带有某些强制性的措施和方法。这些措施包括战争与非战争的武装行为、平时封锁、干涉、反报和报复等。

非强制方法是指在争端各方自愿的基础上，解决国际争端的方法。它分为政治方法和法律方法。政治方法指外交方法和通过联合国途径解决，主要包括谈判、协商、斡旋、调停、调查、和解等。法律方法指通过法律途径来解决国际争端，包括仲裁和法院解决。这类方法在现代国际法中又称为和平解决方法，是现代国际法所要求的解决国际争端的方法。现代国际法确立了和平解决国际争端的基本原则，要求国际争端以和平的途径加以解决。使用战争或武力解决争端是被禁止的。武力只能在符合《联合国宪章》的条件下才能运用。因此战争不再成为现代国际法中解决争端的合法方式。

平时封锁是指和平时期一国的海军对另一国的海岸进行封锁，禁止有关船只的出入。现在，平时封锁只能作为由安理会决定的，维持或恢复国际和平与安全必要时所采取的一种措施，所以也不能是一种国家解决争端采用的合法方式。

干涉是指第三方介入其他国家间的争端，并强迫按照干涉国的方式解决争端。这种方式由于干涉他国内政，侵犯了别国主权，所以在现代国际法中，也不能被认为是合法的。

现代国际法确立了和平解决国际争端的基本原则，并不意味着完全否定了传统国际法中解决国际争端的强制方法。国际社会缺少立法机关的现实使得自助成为国际法主体维护本身的国际法权利和实施国际法必不可少的手段。只要符合特定的条件，并严格遵守国际法，采取传统国际法中的反报和报复这两种强制方法也是被允许的。

反报是指一国对于他国的不礼貌、不友好但不违法行为，采取相同或相似的不礼貌、不友好但不违法行为予以回报。通常发生在外交、贸易、关税、航运以及移民和外侨政策等领域。

报复是一国对于他国的国际不法行为，采取与之相应的措施作为回应。报复在传统国际法中主要被认为是一种迫使对方接受对其国际不法行为引起争端的解决方式，在符合以下条件的情况下，报复在现代国际法中仍然可以使用。

（1）报复措施须针对对方确已实施的国际不法行为进行。

（2）实行报复要符合对称性原则。报复的目的是为了使争端得以解决，所以采取报复措施应在对方国际不法行为的对应范围和程度内，不能过度。在1928年德国和葡萄牙之间的瑙里拉仲裁案中，仲裁庭认为德国采取的报复与葡萄牙对国际法的违反之间存在明显的不相称。

报复不得使用武力。报复可以采用多种方式，包括停止执行某些条约、扣押对方船只和财产、实行贸易禁运等，但是禁止使用武力的报复。《联合国宪章》规定在国际关系上不得使用武力或武力相威胁，从根本上否认了武力报复的合法性。但是依照《联合国宪章》第 51 条的规定：国家在受武力攻击时，有自卫的自然权利。自卫也是对对方不法行为的对抗，所以有人认为自卫也是一种报复。从本质意义上说，自卫和报复是两个不同的概念，前者只是一种消极的防御行为，而后者则是积极的强制措施。

反报和报复针对的是不友好或非法的行为，一旦行为国停止了其受对抗的行为，则反报或报复应立即停止。根据和平解决国际争端的国际法基本原则，反报和报复带有某种强制性，在作为争端解决方式上，是不被提倡或限制采用的。但这两种方法，在国际实践中仍经常可以看到，在不违背国际法原则和相关规则的条件下，国际法并未禁止其作为对抗措施。

四、和平解决国际争端原则

和平解决国际争端是当代国际法的基本原则之一。这一原则的渊源可以追溯到 1899 年和 1907 年的两个和平解决国际争端的海牙公约。1899 年的海牙公约第一次规定了用和平手段解决国际争端。而 1907 年的海牙公约更明确声称：为了在各国关系中尽可能防止使用武力，各缔约国同意竭尽全力以保证和平解决国际争端。同时还规定了具体的争端解决方法，即斡旋与调停、国际调查委员会、仲裁，并规定设立常设仲裁法院。但是，海牙公约的规定只能看成是一种建议，因为它未规定有约束的义务。1919 年《国际联盟公约》规定：各缔约国，为增进国际间合作并保持其和平安全起见，特允承受不从事战争的义务。但是这种对战争的限制有其局限性，并非废止战争，而只是延缓战争的进行。第一次将战争作为非法手段并将和平解决国际争端规定为一项普遍性国际义务的，是 1928 年《巴黎非战公约》中提到的。该公约规定：所有各国关系的改变，只可用和平方法来实现，各缔约国承诺放弃战争权利，各国间的争端或冲突不论属何性质，因何发端，永远不得用和平以外的方法解决。同年国际联盟大会通过的《日内瓦和平解决国际争端总议定书》又规定：缔约国之间的各种争端，凡是不能以外交方法解决的，应提交和解程序、司法程序或者仲裁。

以上这些国际法文件虽然规定了和平解决国际争端的义务乃至程序，但均没有将和平解决国际争端作为国际法的一项基本原则予以确认。第二次世界大战后，《联合国宪章》对和平解决国际争端原则在国际法上的确立，起到了至关重要的作用。

《联合国宪章》的宗旨中明确规定：以和平方法且依正义及国际法的原则，调整或解决足以破坏和平的国际争端或情势。为此，还设立了国际法院作为司法解决的主要途径。同时，宪章还明确禁止以武力或武力威胁的方法解决国际争端，而应以宪章第 33 条规定：谈判、调查、调停、和解、公断、司法解决、区域机关或区域办法的利用、或各该国自行选择的其他和平方法，和平解决国际争端。1970 年 10 月 24 日通过的《国际法原则宣言》也重申了：以和平方法解决其国际争端避免危及国际和平、安全及正义的原则。规定：国际争端应根据国家主权平等的基础并依照自由选择方法的原则解决。可见，和平解决国际争端原则已成为国际社会广泛接受的解决国际争端所必须遵守的基本原则。

　　和平解决国际争端，作为国际法的一项基本原则，在国际实践中主要强调以下三个方面的内容。

　　(1)国际争端必须以和平方式解决，不得将战争作为解决国际争端的方法，禁止使用武力与武力威胁。

　　(2)国际争端的当事者一方不得把自己的意志强加给对方，在争端的解决中，双方的地位是完全平等的。

　　(3)国际争端的和平解决，允许争端双方自由选择一切合法的方式，但一方不能单方面确定争端解决的方法。

第二节　解决国际争端的政治方法

　　和平解决政治争端的政治方法是由有关国家通过外交途径进行的，因而也称为外交方法。从1899年海牙《和平解决国际争端公约》的规定开始，外交方法就在国际争端的解决发挥着重大的作用。在普遍性的国际组织出现后，国际组织依其章程规定的权限和程序主持或参与解决国际争端，也应属于和平解决国际争端的政治方法。

一、和平解决国际争端的外交方法

　　和平解决国际争端的外交方法主要包括谈判、协商、斡旋、调停、调查及和解。这类方法充分尊重了当事各方意愿，当事国始终拥有自由选择和裁量的权利。同时外交方法适用于解决任何性质的争端，而政治性争端则只能通过外交方法才能得以解决。

　　(一)谈判与协商

　　谈判是争端当事国就其争端直接进行交涉交换意见以求解决的方式。谈判是解决国际争端的最基本方式。通过谈判，可以使争端各方开诚布公地交换意见，可以避免第三方的介入，有利于争端的友好解决。虽然谈判是一种独立的争端解决方法，但是在实践中，又往往被其他方法所包含。事实上，一切外交方法都离不开谈判。谈判形式多样，可以公开也可以秘密，可以口头也可以书面。

　　协商是以前被作为谈判的一个部分或一个步骤，而当代也常常被作为一个独立的方法使用。尤其是20世纪50年代后，通过国际会议进行协商来解决国际争端得到了世界各国的普遍重视。谈判一般仅限于当事国之间，协商有时也可以邀请中立国参加，依照协商一致的方式达成协议。

　　实践中，谈判和协商往往是密切相连的，如在协商基础上开始或继续谈判、在谈判中不断进行协商、以协商一致的方式产生谈判结果等，它们往往很难严格区别开。谈判和协商可能达成协议，也可能破裂或无限期进行或延期。从其性质上说，除非特别约定，否则谈判和协商都是一种任意性的行为。当事国可以同意进行谈判和协商，也可以拒绝。即使进行了谈判和协商，当事国也没有必须达成有约束力协议的义务。

　　(二)斡旋与调停

　　在争端当事国由于种种原因不能直接参与谈判，或者经过谈判和协商没有达成一致意见时，往往有第三国介入，进行斡旋或调停。

斡旋是争端以外的第三方为促成当事国进行谈判或争端解决，采取和提供某些协助活动。斡旋的目的，就是促使当事国进行直接的谈判，所以第三方本身不介入谈判也不提出任何解决争端的方案。

调停是指第三方以调停人的身份出面，就争端的解决提出程序性或与争端相关的实质性建议或方案，并直接参加或主持谈判，以协助争端解决。但是，调停国提出的方案本身没有约束力，调停国对于进行调停或调停成败也不承担任何法律义务或后果。调停与斡旋的区别在于第三方是否参与谈判。在国际实践中，斡旋和调停往往是相互联系的，有时候斡旋人在斡旋不能成功的情况下会采取调停的方式，直接介入到争端当事国的谈判之中。斡旋和调停一般是第三方出于善意主动进行的，也可以是应当事国一方或各方邀请进行的。斡旋或调停的第三方可以是国家或国际组织，甚至是个人。例如，1905 年美国总统罗斯福对日俄战争当事国进行斡旋，促使双方在朴茨茅斯举行直接谈判，并签订了和约。

（三）调查与和解

调查是指在涉及事实性问题争端中，有关当事方同意将有关事实真相的调查交由第三方进行，以解决争端。

调查多以委员会的方式进行。调查委员会依争端当事方之间的专门协议临时组成。一般由争端当事国各选 1 至 2 人，然后由这些人再共同选出非争端当事国国民 1 人或 3 人，以维持多数。同时，当事方还需要就委员会的调查内容、组成、期限、权限等方面作出约定。调查委员会的任务限于查明事实，向各当事国提交调查结果报告，不对争端的对错与否作出判定。报告的约束力性质由当事国所订的协议决定。一般地，各国不必然承担对报告承认的义务。

和解又称调解，是指争端当事国通过协议或其他商定的方式，将争端提交给国际委员会，由该委员会断定事实并提出某种解决争端的建议或方案。和解与调查关系极为密切，因为和解方法中包含着调查的程序，需要由和解委员会对争端进行事实调查，提出调查报告。但是和解制度的重心，则在于在调查事实的基础上提出解决争端的程序性或实质性的建议或方案，以促成争端当事国达成进一步的协议，使争端得以最终解决。和解委员会可以是临时的，也可以是常设的。一般地，提交和解、接受和解报告及在委员会促成下达成最后解决协议，都是当事国自愿的行为，除非有特别规定或约定，对每个过程各国都没有必须进行的义务。

上述和平解决争端的外交方法，实践中通常是相互联系的，往往不是截然独立地采取某种方式，各种方式之间出现了越来越多的交叉重叠趋势。

二、国际组织与国际争端的解决

运用国际组织解决国际争端是 20 世纪特别是联合国成立以后发展起来的一种方法。需要说明的是，传统上运用国际组织所解决的国际争端一般被认为是政治性的，所以我们把国际组织对争端的解决列为政治解决方式的一种特殊形式。但是，也应该看到由于国际组织已渗透到国际社会的各个方面，因此被运用来处理的也可能是政治性以外的争端。同时，根据其章程某些国际组织完全有可能具有某种类似法律方式解决特定国家或特定问题的权限，并可能导致对争端国有约束力的决定或决议。

因此，将国际组织方法作为解决争端的一类方法集中讨论，是鉴于国际组织在当今处理国际争端中，作用非常广泛、经常甚至制度化的趋势。实质上，从国际组织本身来说，它往往是不同程度和范围的政治方法和法律方法兼备。或者说，国际组织解决国际争端方法与传统上政治或法律解决方法是有交叉和重叠的。

联合国是当今国际社会最重要的国际组织，在国际争端的解决中发挥着重大的作用。同时，《联合国宪章》第33条列举了区域机关或区域办法，规定由区域性国际组织参与解决争端或经区域相关国家之间采取措施解决。

（一）联合国与国际争端的解决

《联合国宪章》在关于联合国宗旨的规定中指出：以和平方法且依正义及国际法的原则，调整或解决足以破坏和平的国际争端及情势。并且关于联合国的原则的规定中强调：各会员国应以和平方法解决其国际争端，避免危及国际和平、安全及正义。所以和平解决国际争端是联合国的最重要的任务之一。

联合国中具有和平解决国际争端职能的机构除国际法院外，主要是联合国大会、安理会及秘书长。根据《联合国宪章》及联合国大会1988年12月5日通过的《关于预防和消除可能威胁国际和平与安全的争端和局势以及关于联合国在该领域的作用的宣言》，联合国机构参与解决的国际争端不是指一般的争端，主要是指足以或可能威胁国际和平与安全的争端。

（1）联合国大会对于任何争端的情况，具有广泛的讨论的权利。对于重大的争端还可以召开特别或紧急特别大会进行讨论，并可以除安理会正在处理的事项外，向会员国或安理会提出任何事项的建议。大会还可以就有关事项的调查，成立常设或辅助机构。大会的讨论或建议一般没有法律约束力，但有广泛的政治和舆论影响。

（2）安理会是联合国中解决国际争端的组织，特别是解决可能危及国际和平与安全的重大争端的最主要的机关。具体来说，安理会在解决国际争端方面主要包括以下职权。

①建议权。安理会对于足以危及国际和平与安全的争端，可以在争端的任何阶段，可以就任何的争端解决程序或方法提出建议。安理会的建议尽管会在国际社会产生重大的道义或政治影响，但该建议不是决议，其本身没有法律约束力。

②调查权。安理会可以对于任何国际争端或可能引起争端的情况进行调查。

③决议权。对于发展到破坏和平的严重情况，安理会得作出维持和恢复和平的决议，该决议对于会员国具有法律约束力。

④采取执行行动权。当争端发展到威胁或破坏国际和平与安全的严重局势时，安理会可以依据《联合国宪章》第七章的规定，决定采取多种必要的措施。但是安理会的行动，只是针对和平的威胁或破坏，或侵略行为所采取的，而不是针对一般的国际争端。

（3）根据《联合国宪章》，联合国秘书长可以对于危及国际和平与安全的任何事项提请安理会注意和经安理会同意向大会报告。《宪章》并未规定秘书长在解决争端中的其他职权，但在联合国的实践中，秘书长在和平解决争端中，起了非常重要的作用。秘书长的活动包括斡旋、调停、充当争端或局势的报告人、协助安理会进行事实调查、提出包括区域办法在内的建议、被授权负责维和部队有关事项等。

(二)区域机关或区域办法

联合国各个区域性组织或专门性组织也在解决国际争端中发挥重要作用。《联合国宪章》第 33 条列举了国际争端解决的区域机关或区域办法，并在第 52 条至 54 条中明确，区域办法是：用以应付关于维持国际和平及安全而宜于区域行动的事件的方法。联合国在解决区域性争端方面与区域性组织协调，并利用区域办法解决区域争端。这种办法正越来越显示它的作用。区域性的和解程序，仲裁程序等各种解决国际争端的方法逐渐通过大量的区域性公约制定出来。如 1933 年的南美《非战、互不侵犯及和解公约》、1958 年生效的《关于和平解决国际争端的欧洲公约》、1963 年的《非洲统一组织章程》等。在 1977 年的非洲统一组织首脑会议上，又成立了一系列调解委员会协助调解非洲国家间的分歧。

宪章规定，会员国在将地方性争端提交安理会前，应先用区域办法加以解决，安理会对此应加以鼓励。但是宪章为了将区域办法纳入联合国轨道，对区域办法也作了一定的限制。如运用区域性组织解决国际争端时，不得违背联合国宪章的原则；不得妨碍安理会职权的行使；区域性组织和方法应限于其区域或成员国之间，不应超出区域或会员国以外，除非争端各方另有约定；若无安理会授权，不得以区域办法或由区域机关采取任何执行行动；区域机关已采取或正在考虑的行动，不论何时应向安理会充分报告等。

第三节　解决国际争端的法律方法

解决国际争端的法律方法是指用仲裁(公断)和法院裁判解决国家间的争端。其共同特点是经法律程序依法裁判是非，解决争端。法律方法适用于解决法律性争端，事实性争端有的也可依法律裁判。政治性争端，一般则难以用法律方法来解决。法律方法具有独立性，但在实际运用中往往作为外交方法的补充，即一般只有在争端不能以外交方法解决时，当事方才会将其提交法律程序。而且，在法律程序进行的任何阶段，当事方都可以撤案，转而用谈判或和解来解决争端。

一、仲裁

仲裁又称公断，是指根据争端当事国之间的协议，将争端交与它们选定的仲裁人作出对争端当事方具有约束力的裁决，从而解决争端的方法。相较于外交方法和法院裁判，仲裁具有以下特点：第一，它是一种争端当事国的自愿接受管辖。需要争端当事国愿意把争端提交仲裁，同时，争端方自己选择仲裁人。第二，仲裁裁决对当事国有约束力。争端当事国把争端提交仲裁，即表明当事国愿意诚实服从和执行仲裁裁决。第三，仲裁裁决是依据法律作出的，当事国有权选择仲裁所依据的法律。

仲裁是一种古老解决争端的方法，1899 年和 1907 年的《和平解决国际争端公约》、1928 年的《和平解决国际争端总议定书》，都将其作为解决争端的方法加以规定。1958 年联合国国际法委员会拟定的《仲裁程序示范规则》，对国际仲裁的内容作了系统阐述。

(一)仲裁协议

仲裁协议是当事方之间在争端交付仲裁及相关事项上达成的协议，是进行国际仲裁的基础和法律依据。仲裁协议有以下三种。

（1）仲裁条约。指缔约国订立的将彼此争端交付仲裁的专门条约。它是一般性的，不针对某一具体专案。仲裁条约有公约，如上述的两个海牙公约；也有双边仲裁专约，如旧中国政府曾与美国、巴西、荷兰等国家订立过《公断条约》。

（2）仲裁条款。指缔约国在条约中设立一个条款，规定将以后履行条约过程中所产生的争端交付仲裁。

（3）专案仲裁协定。指争端发生之后当事方达成的将案件交付仲裁的协定。仲裁协议中一般包括仲裁庭的组成、仲裁程序、裁决的效力、仲裁地点和费用以及其他当事方认为需要约定的任何内容。

（二）仲裁庭

仲裁庭的组成原则上由当事国约定，一般应在达成仲裁协议后3个月内组成。仲裁员应为奇数，最少一人，通常是3~5人。仲裁员由当事国选定，通常是双方各选择数目相等的人选，然后双方共同选定一人作为首席仲裁员。仲裁庭必须依照仲裁协议的规定进行工作，任何违背仲裁协议的行为都可能使仲裁被中止或导致仲裁裁决无效。

国际常设仲裁法院是专门受理国家为仲裁案件的常设仲裁机构。根据1899年《和平解决国际争端的公约》于1900年在荷兰海牙成立。它由从事行政事务性工作的常设行政理事会和国际事务局以及一份仲裁员名单构成。

（三）仲裁程序

当事国将争端交付仲裁时应说明争端的主题，并应就仲裁适用的法律和程序作出约定。如果没有对适用法律作特别约定，则应适用《国际法院规约》规定的国际法。如果没有特别约定程序，或约定仲裁庭对于程序有特定要求，则一般由该仲裁庭确定仲裁程序。

仲裁程序分辩护和审讯两个阶段。辩护为书面程序，由双方提出诉状和辩护状，仲裁法庭有权索取证据和一切相关资料。审讯为口头程序，双方可以派律师、代理人或辅佐人员出庭，在首席仲裁员的指导下，各自阐明观点，分析证据。审讯只有在双方同意并经首席仲裁员裁决才能分开进行。审讯应作出记录，经首席仲裁员、书记官或秘书签字存档。在程序进行中可以裁定采取临时保全措施。仲裁庭在经过辩护和审讯后，进行秘密评议并以多数票作出裁决。

（四）仲裁裁决

仲裁裁决对于当事国具有法律约束力，并为终局性决定。当事国应在裁决规定的期限内执行。如果争端方对裁决的意义和范围不明，可以在裁决作出3月内，请求仲裁庭作出解释。裁决作出后，如果争端方发现对裁决有决定因素的新事实，可以在6个月内申请修改裁决，但修改裁决的请求须在10年内提出。

国际常设仲裁法院是根据1899年第一次海牙和会通过的《关于和平解决国际争端的公约》于1900年成立，设立在荷兰海牙，为第一个普遍性的国际司法机构。处理国家、实体国家、政府组织、民间机构、或者国家与私人之间的争端。常设仲裁法院并非真正意义上的常设法院，它只有一份由成员国提出的仲裁员名单。如果成员国将其争端诉诸仲裁，便可在名单中选定仲裁员，再由选定的仲裁员推选首席仲裁员组成仲裁庭。在国际常设法院和国际法院建立后，常设仲裁法院长期缺乏案源，其作用和影响力日益减小。

二、法院裁判

国际法上第一个严格意义上的司法解决国际争端的机构，是第一次世界大战后由国际联盟创立的国际常设法院。国际常设法院于 1922 年 2 月 15 日成立于荷兰海牙。但是"二战"爆发后，随着国际联盟的解体，于 1946 年 6 月正式解散。在其存续的 20 多年中，国际常设法院审理了大批国际争端案件，对国际和平的维护作出了重要贡献。目前，国家之间已建立了诸多国际司法机构。这些机构的性质、目的和审理案件的管辖范围各有不同，解决国家间争端的国际性司法机关目前主要是国际法院和联合国海洋法法庭。

（一）国际法院

国际法院是根据 1945 年《联合国宪章》的规定而设立的联合国主要司法机关。《国际法院规约》是《联合国宪章》不可分割的重要组成部分，联合国会员国是国际法院规约的当然当事国。根据《联合国宪章》和《国际法院规约》的有关规定，1946 年 4 月 3 日国际法院在海牙召开第一次会议，宣告正式成立。国际法院成立至今的近 60 年中，成功地运用国际司法的方式解决了许多重大的国际争端，为国际社会的稳定和发展作出了应有的贡献，成为当今最普遍最重要的国际司法机构。

1. 国际法院的组成

（1）法官。法院由 15 名法官组成，其中不得有两人为同一国家的国民。法官在联合国大会和安理会中分别独立进行选举，只有在这两个机关同时都获得绝对多数票方可当选，安理会常任理事国对法官选举没有否决权。法官候选人由各国政府委托有关团体提出，候选人应为品格高尚并在各国具有最高司法职位任命资格或为公认的国际法公法学家。当选法官中应注意务使法官全体能代表世界各大文化及各主要法系。法院的院长和副院长从法官中选举产生，任期 3 年，可在其法官任期中连选连任。法官不代表任何国家，不能担任任何政治或行政职务，也不得从事任何其他职业性活动。法官不受任何政府的制约，也不受联合国机构的制约。除了其他法官一致认为其不再符合法官所必要条件的情况外，法官不得被免职。在执行法院职务时，法官享受外交特权和豁免。

（2）专案法官。法官对于涉及其国籍国的案件，不适用回避制度，除非其就任法官前曾参与该案件。在法院受理案件中，如果一个当事国有本国籍的法官，他方当事人也可以选派一人作为专案法官参加本案的审理。如果当事双方都没有本国籍的法官，则双方都可各选派一名专案法官参与该案件的审理。这种临时的专案法官在该案审理中与正式法官具有完全平等的权利。

（3）书记处。书记处设书记官长、副书记官长和工作人员。正副书记官长由法官提名并选举产生，任期 7 年，得连选连任。工作人员由法院根据书记官长提名委派。书记处负责处理法院的文书、档案、日常工作及对外联系等事务。

2. 国际法院的诉讼管辖权

国际法院在行使诉讼管辖权时，主要涉及对人管辖和对事管辖两个方面。

（1）对人管辖。国际法院的对人管辖是指谁可以作为国际法院的诉讼当事方。根据《国际法院规约》第 34 条规定：有三类国家可以作为国际法院的诉讼当事国。

①联合国的会员国。

②非联合国的会员国但为《国际法院规约》的当事国。

③既非联合国的会员国也非《国际法院规约》的当事国。但根据安理会决定的条件，预先向国际法院书记处交存一份声明，表示愿意接受国际法院管辖、保证执行法院判决及履行相关其他义务的国家。作为诉讼当事国，这三类国家的地位是相同的。国际组织、法人或个人都不能成为国际法院的诉讼当事国。

（2）对事管辖。国际法院的对事管辖是指什么事项能够成为国际法院的管辖对象。根据《国际法院规约》第 36 条规定：国际法院的对事管辖主要有以下三类。

①自愿管辖。各当事国提交的一切案件，即当事国可以在任何争端发生后，达成协议，将争端提交国际法院，法院根据当事国各方的同意进行管辖。

②协议管辖。联合国宪章或现行条约或协定中所特定的一切事件，即在缔结有关条约时，已经在条约中约定将条约事项的争端提交国际法院。接受了条约中有关条款就有接受管辖的义务。

③任择性强制管辖。《国际法院规约》第 36 条第 2 款规定：本规约各当事国，得随时声明关于具有下列性质的一切法律争端，对于接受同样义务的任何其他国家，承认法院的管辖为当然而具有强制性，不须另订特别协定。这些争端是对于条约的解释、违反国际义务的任何事实、违反国际义务而产生的赔偿的性质和范围等。这里任择是指当事国自愿选择是否作出声明；一旦作出声明。在声明接受的范围内，国际法院就具有了强制的管辖权，而不需其他协定。

目前，世界上有 60 个左右的国家作出这类声明，但都附有各种保留。中国政府于 1972 年撤回了国民党政府 1946 年作出的接受国际法院的强制管辖的声明。

总的来说，根据国家主权原则，国际法院不是也不可能是凌驾于主权国家之上的超国家的司法机构。所以国际法院的诉讼管辖权是建立在国家同意的基础之上的。也就是说，即使是在强制管辖情况下，也只有在国家明示表示同意接受国际法院管辖时，国际法院才能行使其对特定案件的管辖权。

3. 诉讼中适用的法律《国际法院规约》第 38 条规定：法院对于陈述各项争端，应依国际法裁判。国际法院适用国际法和国际法规定的诉讼程序解决国际争端，这也充分说明了国际法院的性质和任务。

4. 国际法院的诉讼程序

（1）起诉。当事国向法院提交案件的方式依管辖依据的不同而异。自愿管辖时，当事国双方协商后提交特别协议。也有经当事国一方将案件提交法院后，得到他方认可形成协议，称为法院延期。协定管辖和任择强制性管辖时，当事国一方以申请书方式提交案件，由法院通知争端对方。

（2）书面程序。法院确定管辖权后，将命令当事国各方提出诉状、辩护状或证据及其他文件资料。法院初步审理后，可命令各方限期提交答辩状或复辩状等法律文书。

（3）口头程序。指法院可讯问代理人、证人、鉴定人、律师及其他有关人员。书面程序结束后，即进入口头程序。口头程序是法院辩论阶段，法院提出需辩论之点，争端双方对争议点进行充分阐述。除法院另有决定或争端当事方另有要求外，口头程序应公开进行。在分庭简易程序时，没有口头程序。

(4)判决。国际法院对所审理案件，除中止诉讼的情况外，都作出判决。在书面程序和口头程序后，法院法官进行秘密评议并起草判决书，通过三读后进行表决。表决时或反对或同意，但不能弃权。判决以多数法官同意票通过。持个人意见者，可在判决书上附明。个人意见主要有两种：一是个别意见，即同意判决的结论，但不同意判决所依据的理由。二是反对意见，也就是既不同意判决结果也不同意判决所依据的理由。

判决书在法院开庭宣读，并自宣布之日起对各当事国发生约束力。正式判决书有两份，一份法院存档，一份交当事国。另由书记官长制作副本，送联合国秘书长、联合国各会员国和其他国家。国际法院判决为终局判决，不得上诉。《联合国宪章》第94条规定：会员国承诺遵守国际法院的判决，如有一方拒不履行判决，他方得向安理会提出申诉，安理会可以作出有关建议或决定采取措施执行判决。但国际法院自成立以来，尚没有因一方不履行判决向安理会申诉的案例。当然，多数条约中的争端解决条款是允许保留的。中国签署或加入条约，对此类条款基本作保留。

当事国对判决的意义或范围发生争执时，可以请求国际法院作出解释。如果当事国在判决作出后，发现能够影响判决的新决定性的，在诉讼过程中不可能得知的事实，可申请法院复核判决，复核程序同诉讼程序。申请复核至迟应于新事实发现后的6个月内，并在判决之日起不超过10年内提出。

除了上述基本程序外，在特定情况下，国际法院还可以采用诉讼附带程序。附带程序又称特别程序，非案件必经程序。主要包括初步反对意见、临时保全、第三国参加诉讼、中止诉讼等。

初步反对意见是指当事国对于法院的管辖权或对请求方提请或参加诉讼权利的反对，目的是要阻止程序的进行，以免导致不利于自己的判决。反对是否成立由法院裁定。

临时保全是指诉讼过程中，经当事国请求法院批准采取的必要和紧急措施，以保护争端方利益。包括对财产的冻结或扣押，以及禁止某些行为。

第三国参加诉讼主要分两种情况：一是第三国认为案件诉讼可能影响其法律性质的利益，可以提出请求参加诉讼，由法院决定是否准许。二是诉讼涉及多边条约的解释时，诉讼当事国以外该条约其他缔约国有权参加诉讼。若其参加了诉讼，法院判决中对于该条约的解释同样对这些参加国具有约束力。

中止诉讼是指在判决最后宣告前，争端各方已达成不再继续诉讼的协议，法院停止该诉讼。

5. 国际法院的咨询意见

国际法院除了行使诉讼职权外，还有提供法律咨询的重要职能。即对所涉法律问题提供权威性咨询意见，又被称为法院的咨询管辖权。法院提供咨询意见不限于解决争端，还包括对任何法律问题提供咨询。根据《联合国宪章》第96条及《国际法院规约》第65条的规定，有权向国际法院提出咨询请求的机构主要有大会及大会临时委员会、安理会、经社理事会、托管理事会、联合国专门机构、联合国行政法庭要求复核判决的申请书审查委员会。其他任何国家(包括联合国会员国)、团体和个人(包括联合国秘书长)都不能向法院请求咨询。法院的咨询意见不具有法律约束力，但对于问题的解决以及国际法的发展都有重要的影响。

（二）国际海洋法法庭

国际海洋法法庭根据《联合国海洋法公约》于 1996 年成立，总部设在德国汉堡自由汉萨城。它是在海洋活动领域的全球性国际司法机构。

该法庭主要是为了解决关于公约解释和适用的争端而设置的。法庭的诉讼当事人不限于国家，主要包括：

（1）公约所有缔约国。

（2）管理局和作为勘探和开发海底矿物资源合同人的自然人或法人。

规定将管辖权授予海洋法法庭的任何其他协定的当事者。同时，公约对当事人一方为自然人或法人的争端，在将争端提交海洋法法庭时，作出两项补充或限制。其一是规定需用尽当地救济。其二是自然人和法人的担保国或国籍国应邀参加司法程序。

海洋法法庭对海洋争端并无专属管辖权，争端当事国也可以自愿选择将海洋争端交由仲裁机构或国际法院来审理。

第四节　中国和平解决国际争端的实践

一、中国和平解决国际争端的实践

中华人民共和国新政府成立以来，一贯奉行和平外交政策，主张和平解决国际争端，并历来以和平方式处理与其他国家的关系和历史遗留问题及现实问题。中国作为联合国的常任理事国，为和平解决国际争端作出了很大的努力和贡献。在对外关系中，中国历来主张以谈判和协商的方式解决区域争端或国家之间的争端。如 1953 年与 1954 年中国倡导通过国际会议共同协商成功解决了朝鲜半岛局势问题和印度支那问题。对于重大的国籍和边界等问题，中国一向采用与有关国家直接谈判和协商的方法。如 1954 年 4 月 29 日通过谈判和协商，中国与印度政府达成了《关于中国西藏地方和印度的交通和通商的协定》，解决了取消原英国遗留下来的印度在中国西藏地方的特权问题以及印度与中国西藏地方的通商和交通问题。1955 年 4 月 22 日，中国和印度尼西亚通过谈判签订了《中华人民共和国和印度尼西亚共和国关于双重国籍问题谈判的公报》，解决了同时具有中国国籍和印尼国籍的人的双重国籍问题。1960 年 1 月 28 日，中国和缅甸通过外交谈判方式签订了《中华人民共和国和缅甸联邦政府关于两国边界问题的协定》，彻底解决了中国与缅甸之间的边界问题。此后，中国又先后通过谈判和协商的方法，分别与尼泊尔、巴基斯坦、蒙古、阿富汗、老挝、哈萨克斯坦、俄罗斯等邻国全部或部分地解决了边界问题。对于香港和澳门等重大历史遗留问题，中国政府通过与英国和葡萄牙的谈判与协商，提出一国两制的方针，成功地予以解决。中国直接以斡旋者和调停者的身份解决国际纠纷的实践并不多。

对于以仲裁的方法解决国际争端，中国一直采取非常慎重的态度。在中国与外国缔结的国际条约中，除了一些贸易议定书外，几乎都没有载入任何仲裁条款。在中国签署、批准或加入的多边条约或国际公约中，对以仲裁作为解决争端的仲裁条款，中国几乎都作出了保留。80 年代后期，中国对于以仲裁方式解决国际争端的政策有所调整。在中国与外国签订的专业性的贸易、商业、经济、科学技术、文化等非政治性的政府间或国家间协定中，开始同意载入仲裁条款或在争端条款中包括仲裁的方法。在中国签署、批准或加入国际公约时，也开始对一些规定有仲裁解决争端的条款不再保留，但仅限于有关经济、贸易、科技、交通运输、航空、航海、环境、卫生、文化等专业性和技术性的国际公约。在实践中，也开始有一些经济、贸易、海运等方面的争端通过提交国际仲裁得到了解决。2001 年中国加入世界贸易组织，中国接受了关于 WTO 的争端解决机制。

在国际法院方面，1971 年中国恢复了在联合国的合法代表权。1972 年 9 月 5 日，中国政府宣布，不承认国民党政府 1946 年 10 月 26 日提出的关于接受国际法院强制管辖权的声明。同时，中国也从未与其他任何国家订立过将争端提交国际法院的特别协议，对中国签署、批准或加入的国际公约中带有提交国际法院解决争端的争端解决条款，几乎都毫无例外地作出了保留。事实上，中国拒绝通过国际法院解决中国与其他国家之间的争端。80 年代开始以来，联合国在维持国际和平与安全方面的作用有所加强，作为联合国主要司法机关的国际法院在和平解决国际争端方面的作用也受到重视。特别是国际法院的组成发生了变化，来自发展中国家的法官有所增加。在国际法院审理的一些案件中，法院能够主持正义，并作出公正的判决。这些变化使包括中国在内的一些国家开始改变对国际法院的不信任态度。1984 年，中国法学家倪征燠当选为国际法院法官，1993 年，中国又有一位法学家史久镛当选为国际法院法官，并被当选为国际法院副院长。同时，中国对由国际法院解决国际争端的态度也发生了变化。在中国签署、批准或加入国际公约中，除了对一些涉及中国重大国家利益的国际争端仍然坚持通过谈判和协商解决之外，对有关经济、贸易、科技、航空、环境、交通运输、文化等专业性和技术性公约所规定的，由国际法院解决争端的条款一般不作保留，改变过去对提交国际法院解决国际争端条款一概保留的做法。但迄今为止，中国尚未向国际法院提交任何争端案件。

二、南海争端仲裁案

南海争端是东亚地区最复杂、最具挑战性的海洋争端。南海争端的起因纷繁复杂，包括基于历史与法理依据的主权冲突、资源争夺、地缘政治、《联合国海洋法公约》机制诱发的对立主张等。

各争端方之间曾经在 20 世纪 70、80 年代爆发过一些小规模的冲突，但基于中国与东盟国家在 2002 年签署了《南海各方行为宣言》，局势基本平静。菲律宾国会 2009 年通过《领海基线法案》；中国 2009 年向联合国秘书长提交了南海地图，依据出版惯例，该图上标绘有"南海断续线"；越南 2012 年通过《越南海洋法》，并联合马来西亚向联合国大陆架界限委员会提交关于划定南海部分海域大陆架外部界限的申请。南海争端问题逐渐突出。

2013 年 1 月 22 日，菲律宾单方面依据《联合国海洋法公约》附件七将就南海问题提交国际常设仲裁法院。

在 2014 年 12 月 7 日中国外交部发表《中华人民共和国政府关于菲律宾共和国所提南海仲裁案管辖权问题的立场文件》，中国政府已指出仲裁庭对菲律宾所提出的仲裁明显没有管辖权，并阐明了中国不接受、不参与仲裁案的法理依据。中菲争端本质上是涉及领土主权的海洋划界问题，这类问题早在中国于 2006 年根据《联合国海洋法公约》第 298 条发表的声明中就被排除在强制争端解决机制范围之外，该声明称，关于《联合国海洋法公约》第 298 条第 1 款(a)、(b)和(c)项所述的任何争端(即涉及海域划界、历史性海湾或所有权、军事和执法活动以及安理会执行《联合国宪章》所赋予的职务等争端),中华人民共和国政府不接受《联合国海洋法公约》第十五部分第二节规定的任何程序。中国拒绝参与仲裁具有国际法依据的。

2016 年 7 月 12 日,菲律宾诉中国南海仲裁案仲裁庭对"南海仲裁案"作出最终"裁决",判菲律宾"胜诉",声称中国对南海海域没有"历史性所有权",并否定了中国主张的"九段线"。2016 年 7 月 13 日中国国务院发表《中国坚持通过谈判解决中国与菲律宾在南海的有关争议》白皮书。指出:中国最早发现、命名和开发利用南海诸岛及相关海域,最早并持续、和平、有效地对南海诸岛及相关海域行使主权和管辖。中国对南海诸岛的主权和在南海的相关权益,具有充分的历史和法理依据。菲律宾对南沙群岛部分岛礁的领土主张毫无根据。菲律宾单方面提起的南海仲裁案违反中菲通过双边谈判解决争议的协议,侵犯中国作为《联合国海洋法公约》缔约国自主选择争端解决方式的权利,滥用《公约》争端解决程序。应菲律宾单方面请求建立的南海仲裁案仲裁庭自始无管辖权,所作出的裁决是无效的。中国在维护南海的领土主权和海洋权益的同时,坚持通过谈判协商解决争议。

2016 年 7 月 14 日国际法院发布声明指出,南海仲裁案裁决结果由常设仲裁法院下的一个特别仲裁庭作出,国际法院自始至终未曾参与该案。国际法院是联合国主要司法机关,根据《联合国宪章》设立,位于荷兰海牙的和平宫内。这座建筑由非营利机构卡内基基金会为国际法院的前身常设国际法院建造。联合国因使用该建筑每年要向卡内基基金会捐款。和平宫另一"租客"是 1899 年建立的国际常设仲裁法院,不过和联合国没有任何关系。

中华人民共和国外交部郑重声明,该裁决无效,没有拘束力,中国不接受、不承认。不会改变中国对南海诸岛及其附近海域拥有主权的历史和事实,不会动摇中国维护国家主权和海洋权益的决心和意志,也不会影响中国通过直接谈判解决有关争议。美国和日本等国家支持菲律宾,而东盟国家则保持沉默,多个国家明确支持中国在南海问题上的立场。

本 章 练 习

【思考题】

1. 和平解决国际争端原则及其在国际关系中的作用和应用有哪些?

2. 和平解决国际争端的外交方法及其在应用中的相互关系。

3. 比较国际法院裁判和国际仲裁。

【综合训练】

朝鲜核问题案。朝鲜核问题,是指朝鲜开发核应用能力而引起的地区安全和外交等一系列问题。朝鲜半岛自朝鲜战争以来一直存在着军事对峙,朝核问题实际上是冷战对抗的延续。朝鲜指控美国对其国家安全构成最大威胁,美国则坚持朝鲜半岛无核化。朝鲜于1974 年加入国际原子能机构。随后于 1985 年加入《不扩散核武器条约》。1992 年签订《保障监督协定》,接受国际原子能机构的监督并多次接受其核查。

美国从 20 世纪 70 年代起就关注朝鲜的核项目，1988 年下半年，美国宣称朝鲜有可能正在开发核武器项目的信息，此举立刻引起朝鲜当局的强烈反应和国际社会的广泛关注。1994 年 5 月 30 日，联合国安理会提出对朝鲜进行核项目调查并对其进行制裁。1994 年 6 月，美国前总统卡特前往平壤斡旋，与朝鲜政府达成了《朝核问题框架协定》，此一协议是朝鲜核危机的直接渊源。按照《朝核问题框架协定》的要求，朝鲜必须冻结其各种核项目，并在所有核设施上加装监控系统，禁止一切关闭项目的重启。然而，美、日、韩三国协助朝鲜拆卸石墨反应堆并帮助朝建设两座轻水反应堆的承诺一拖再拖。这两座反应堆的发电能力约为 2 千兆瓦。无法顺利进行的原因中，约为 45 亿美元的资金缺口是主要因素。2002 年 8 月，轻水反应堆在朝鲜平壤奠基。在此之前，朝鲜一直在与美国就反应堆的建设资金分摊问题讨价还价。

2002 年 10 月，美国透过侦察机构掌握了朝鲜仍在秘密研制核武器的证据，从而对朝鲜核项目再次提出异议。朝鲜当局当即承认了美国的指控，随即引起国际社会对此的关注，朝美关系再次陷入僵局。由于朝鲜当局坚持能源短缺理由，拒绝美国提出的先停核项目、再谈能源问题的提议，朝鲜核危机正式爆发。

2002 年 12 月，美国以朝鲜违反《朝美核框架协议》为由停止向朝提供重油。朝鲜则指责美国没有按协议规定在 2003 年前提供轻水反应堆、没有真正考虑改善与朝鲜的关系、在 2002 年初把朝鲜列为邪恶轴心并将朝鲜列为核打击对象之一，使朝鲜的主权和生存权受到严重威胁。在美国停止向其提供重油后，朝鲜于 2002 年 12 月 22 日宣布解除核冻结，拆除国际原子能机构在其核设施安装的监控设备，重新启动用于电力生产的核设施，并于 2003 年 1 月 10 日发表声明宣布退出《不扩散核武器条约》。

为了朝核问题的和平解决，中国政府积极进行多方斡旋，促成中、朝、美、韩、日、俄参加首轮六方会谈于 2003 年 8 月在北京召开，开启了六方会谈进程，确立了通过谈判和平解决朝核问题的原则。由于朝美双方立场相距甚远，在弃核范围和方式，以及关于核冻结范围和相应措施等方面存在较大分歧，2007 年 9 月 30 日止，共举行过六轮会谈，取得一定的成果，2009 年朝鲜宣布退出之后，六方会谈至今一直没有复会，被普遍认为已经名存实亡。2009 年后朝鲜半岛局势紧张，朝鲜已经多次发射导弹。2016 年 3 月 2 日，联合国安理会一致通过决议，决定实施一系列制裁措施遏制朝鲜的核、导开发计划，并呼吁恢复六方会谈。

1. 用国际法中的争端解决机制分析朝鲜核问题为什么要通过六方会谈解决？
2. 分析中国在朝核六方会谈中所起的作用。

【要点提示】

和平解决国际争端的方法主要有法律方法和外交方法。外交方法也叫政治方法，是国际争端解决中常用的方法，主要包括谈判、协商、斡旋、调停、调查及和解。

第十三章 战 争 法

【知识目标】

掌握战争开始和结束及战时中立；战争法规的基本原则和规则；对作战手段和方法的限制；对战争受难者的保护；战争罪和严重违反国际人道主义法等罪行及其责任；国际刑事法院。

【能力目标】

能够分析国际战争和武装冲突问题。

第一节 概 述

一、战争的概念及特征

国际法上的战争主要是指两个或两个以上的国家，使用武力引起的敌对或武装冲突及由此引起的法律状态。

国际法意义上的战争具有以下特征。

(一)战争主要是国家之间的武装冲突

战争主要是国家之间进行的行为和状态，但是不仅限于国家，也包括国际法其他主体之间所进行的武装冲突和相关状态。

(二)战争是在敌对主体之间发生的具有一定规模并持续一定期间的武装冲突

但是并非一切武装冲突都构成国际法上的战争。一般小规模的、短暂的武装冲突，如偶然发生的地方性的、短暂的边界冲突，不构成国际法上的战争。

(三)战争既是一种法律状态又是一种事实状态

现代国际法上的战争是一种法律状态。所以确定国际法上战争状态的存在，交战各方是否存在交战意思是决定性因素。同时战争又是一种事实状态，即使交战双方没有明确的交战意思，只要双方发生了大规模的军事行动，第三国或国际组织认为战争业已事实存在，并宣布中立或承认交战双方为交战团体，便可认为已构成国际法上的战争。

(四)战争有合法与非法、正义和非正义之分

传统国际法将战争看做推行国家政策解决国际争端的合法手段，是主权国家不容置疑的绝对权力，不分正义与非正义、合法与非法。第一次世界大战造成了人类空前的浩劫，激起了全世界人民的强烈关注。此后的许多国际法律文件，将战争区分为合法与非法、正义与非正义。按照现代国际法，保卫国家主权和领土完整、反击侵略的自卫战争，以及为反抗殖民主义和种族主义统治而进行的战争是正义的、合法的。侵略战争和殖民战争是非

法的，被当代国际法所禁止。

二、战争的废弃

传统国际法认为诉诸战争以解决国际争端，推行国家政策，是国家的一项绝对权力。国际社会对战争的限制始于 1899 年和 1907 年两次海牙和平会议。两次海牙和平会议通过的《海牙国际争端和平解决公约》要求各国尽量用和平方法解决争端，并约定在请求有关国家斡旋或调停重大争端以前，不发动战争。1919 年的《国际联盟盟约》也在序言中宣布：各缔约国为促进国际合作，保证国际和平与安全，承担不从事战争的义务。

历史上第一个明确规定废弃战争的国际条约是 1928 年巴黎外交会议通过的《关于废弃战争作为国家政策工具的一般条约》（通常简称巴黎非战公约或白里安—凯洛格公约）。该公约第 1 条规定：缔约各方以它们各国人民的名义郑重声明，它们斥责用战争来解决国际纠纷，并在它们相互关系上废弃战争作为实行国家政策的工具。第 2 条又进一步规定："缔约各方同意，它们之间可能发生的一切争端或冲突，不论其性质或起因如何，只能用和平方法加以处理和解决。由于它明确宣布废弃战争作为实行国家政策的工具，因而在国际社会限制战争的历史上具有重要的意义。

1945 年订立的《联合国宪章》也明确地对一切非法使用武力的行为作出了全面禁止。但是，《联合国宪章》并没有禁止所有的武力使用，至少在以下情况下，使用武力是合法的。包括自卫、联合国安理会授权或采取的行动、为争取民族自决权而进行的反对殖民地或外国统治者的民族独立或民族解放运动。

在当代国际社会，内战、民族解放运动以及不宣而战的武装冲突时有发生。鉴于在二战后出现的国际武装冲突中，大多数都没有被宣布或认为是法律上的战争状态，并且基于减少残酷性和人道的考虑，为了尽可能地减轻军事行动对各方造成的破坏，国际实践中已将许多的传统战争法规和规则也适用于这种非战争的武装冲突中。为此，一些国际文件和学者著作中，越来越多地出现了武装冲突法一词，并且武装冲突法有取代战争法的趋势。

三、战争法

战争法是战争或武装冲突中，以条约和习惯为形式，调整交战国之间和交战国与中立国或非交战国之间关系以及作战方法和手段的原则、规则和制度的总和。

虽然现代国际法禁止国家以战争推行国家政策，但是，当代产生战争的土壤仍然存在。因此，通过战争法，限制和约束作战手段和方法，保护中立国、非交战国和交战国的合法权益，保护平民居民，并使交战人员和战争受害者免遭不必要的和非法的伤害，以尽量减少战争的残酷性、破坏性，仍具有重大意义。但战争是政治的继续，战争法不可能制止和消灭战争。

战争法的内容大体上包括两部分。第一部分是战争状态法律关系。包括战争开始和结束，以及在此期间内交战国之间、交战国与中立国或非交战国之间法律关系的原则、规则和规章制度，如宣战、缔结和约、中立等制度。第二部分是战争规则法律关系。包括作战的规则（如关于武器、作战手段和作战方法），以及保护平民、战斗员和战争受难者的原则、规则和规章制度。

传统战争法的第二部分内容，通常又包括两类：一类是以 1907 年的海牙公约为代表和开端的，也包括 1856 年《巴黎海战宣言》、1868 年《圣彼得堡宣言》、1925 年《日内瓦议定书》等关于作战手段和方法的条约和惯例，也称为海牙体系。另一类是以 1949 年日内瓦四个公约为代表和基础的、关于保护平民和受难者的条约和习惯规则，也被称为日内瓦体系。这两个体系在历史发源、规则脉络和侧重点等方面是不同的，其发展也是相对独立的。当然由于二者间内在的深刻联系，在具体规则上往往存在相互渗透和重叠，有时很难截然限定或分开。如 1977 年的《关于 1949 年 8 月 12 日日内瓦公约的两项附加议定书》，不但包括保护平民和战争受难者的原则和规则，而且包括限制作战手段和方法的原则和规则。

四、战争法规的编纂

战争法的正式编纂始于 1856 年的巴黎会议，这次会议缔结了关于海战的巴黎宣言，使传统的战争惯例第一次以成文形式载入战争法史册。1864 年日内瓦会议首开国际条约对战争受难者实行人道主义保护的先例。此后，1868 年的圣彼得堡会议，1899 年和 1907 年的两次海牙会议，1929 年、1949 年和 1977 年的三次日内瓦会议，又进一步完善和发展了战争行为规则和战时人道主义法，使战争法体系日益完备。

现依编纂和缔结的时间顺序将战争法规的主要条约列举如下。

(1)1856 年 4 月 16 日《巴黎海战宣言》。

(2)1864 年 8 月 28 日《改善伤病员待遇的日内瓦公约》。

(3)1868 年 12 月 11 日《关于在战争中放弃适用某些爆炸性弹丸的宣言》，即《圣彼得堡宣言》。

(4)1899 年 7 月 29 日《海牙诸公约和宣言》。

(5)1907 年 10 月 18 日《海牙公约和宣言》。

(6)1925 年 6 月 17 日《关于禁用毒气或类似毒品及细菌方法作战议定书》(《日内瓦议定书》)。

(7)1929 年 7 月 29 日日内瓦二公约，包括：

①《关于改善战地武装部队伤者病者境遇的日内瓦公约》。

②《关于战俘待遇的日内瓦公约》。

(8)1968 年 7 月 1 日《不扩散核武器条约》。

(9)1968 年 11 月 26 日《战争罪及危害人类罪不适用法定时效公约》。

(10)1972 年 4 月 10 日《关于禁止发展、生产和储存细菌(生物)及毒素武器和销毁此种武器的公约》。

(11)1977 年 5 月 18 日《禁止为军事或任何其他敌对目的使用改变环境的技术的公约》。

(12)1977 年 6 月 8 日在日内瓦签订的《关于 1949 年 8 月 12 日日内瓦四公约》的两项附加议定书。

(13)1980 年 10 月 10 日《禁止或限制使用某些可被认为具有过分伤害力或滥杀滥伤作用的常规武器公约》及其四个附件。

①附件一：《关于无法检测的碎片的议定书》。
②附件二：《禁止或限制使用地雷(水雷)、饵雷和其他装置的议定书》。
③附件三：《禁止或限制使用燃烧武器议定书》。
④附件四：《关于小口径武器系统的决议》。

第二节　战争状态

战争的开始和存在，意味着各交战国之间的关系由和平转入战争关系，也意味着交战各方之间开始适用有关战争法的原则、规则和制度，从而产生一系列的法律后果。

一、战争的开始

(一)战争的开始

战争的开始意味着交战国之间的关系从和平进入战争敌对状态。传统战争法认为，战争开始的标志即为宣战。没有经过预先的明白无误的警告，彼此之间不应开始敌对行为。宣战的形式通常有两种：一种是说明理由的宣战声明。另一种是附有条件的最后通牒，当对方在限定期限内没有接受通牒中的条件，即开始采取战争手段。

宣战表明国家之间的战争状态，但在国际实践中，却有着不同的情况。一种是战争状态的出现意味着战争的正式开始，但是却并不意味着有关国家之间一定有武装敌对行为。也就是说，国家之间在进入战争状态之后，有可能会始终没有真正的武装敌对行为。如二战时，一些拉丁美洲国家与轴心国之间的关系就是这样。第二种就是在实践中常常有不宣而战的情况。特别是在1928年《巴黎非战公约》规定废弃将战争作为推行国家政策的工具之后，越来越多地出现了不宣而战的情况。1945年《联合国宪章》禁止武力的非法使用以后，国家间所发生的武装冲突更是如此。然而，不管是在宣战后始终没有实际的武装敌对行为，还是不经宣战而实际存在武装冲突状态，有关战争的原则和规则都将在交战双方之间适用。

(二)战争开始的法律后果

战争开始使交战国之间的法律关系发生重大变化，并由此产生一系列的法律后果，主要体现在以下几个方面。

(1)处理国家间关系所适用的法律发生变化。战争开始后，交战国之间的关系就由和平状态转为战争状态，交战国之间开始适用战争法规，交战国与中立国间则开始适用中立法规。

(2)外交和领事关系的断绝。战争开始后，交战国间的外交关系和领事关系一般自动断绝。交战国关闭其在敌对国的使、领馆。断绝外交和领事关系后，双方的关系应按照《维也纳外交关系公约》和《维也纳领事关系公约》的有关规定处理。

(3)经贸关系的断绝。战争开始后，交战国间的政治、经济、军事等各方面一般都处于敌对状态。所以，断绝经贸往来是敌对国之间通常采取的措施。

(4)条约关系发生变化。战争开始后，交战国之间凡是规定战争行为规范的条约开始正式适用。但是对于国家间的其他条约的效力，则要区分条约的性质和内容来具体对待。

①当事国为交战国条约的。凡以维持共同政治行动或友好关系为前提的条约，如同盟条约、互助条约或和平友好条约立即废止；一般的政治和经济类条约，如引渡条约、商务条约等，除条约另有规定外，也停止效力。这类条约在战后是否自动恢复，一般要由缔约方协议解决；关于规定缔约国间固定或永久状态的条约，如边界条约等，一般应继续维持，除非这类条约另有规定或缔约方另有协议。

②当事国为交战国与非交战国的多边条约。这类条约的效力是否受战争影响，也要视条约情况而分析。一般来说，普遍性的多边条约或有关卫生、医药的条约不因战争开始而终止，但其中与交战行为相冲突的条款，可中止执行，待到战争结束后再恢复执行。当然，如果条约本身有明文规定在战时中止其效力的，则战争开始后条约对交战国无效。如1944年《芝加哥国际民用航空公约》即有这种规定。

（5）对交战国公民与财产的影响。

①对敌对国公民的影响：交战国对其境内的敌对国公民可以实行各种限制，如进行敌侨登记，强制集中居住、进行扣押或准许其限期离境等。但应在战争许可的范围内，尽可能地减免对敌对国公民人身、财产和荣誉方面的限制和强制。

②对敌对国财产的影响：交战国在战争中对敌对国财产的处理应区分国家财产和私人财产、动产和不动产以及军事性的财产和非军事性的财产。

交战国对于其境内的敌国国家财产，除属于使馆的财产档案等外，可以予以没收。对占领区内属军事性的敌国动产可以征用；对不动产可以使从，但不得变卖或作其他改变物权所有者的处置。对于具有军事性的不动产，如桥梁、要塞等可于必要时予以破坏。交战国对于其境内的敌对国公民的私人财产可予以限制，如禁止转移、冻结或征用，但不得没收；对占领区内的敌对国公民的私人财产不应以任何方式干涉或没收，但对可供军事需要的财产可征用。另外，交战国对在海上遇到的敌对国公、私船舶及货物，可予以拿捕没收，但对从事探险、科学、宗教或慈善以及执行医院任务的船舶除外；对中立国商船上的敌对国公民私人财产，除可用于战争目的之外，一般不应拿捕没收；对敌国的公、私航空器及其所载货物均可拿捕没收。

以上是传统战争法中战争开始后引起的法律后果。一般性的武装冲突与战争的法律后果并不相同。尤其是二战以后所发生的武装冲突，冲突各方并不宣战，而且也多不承认相互间战争状态的存在。此种情况下，冲突各方一般继续保持外交关系和领事关系，同时一般也不发生战争所引起其他法律效果。因为不存在战争状态，所以冲突各方只是适用战争法中的作战规则，而不适用调整战争状态的规则。

二、战时中立

（一）战时中立的概念

战时中立，是指在战争期间，非交战国选择不参与战争、保持对交战双方不偏不倚同等对待的法律地位。战时中立国是在战争期间发表宣言或声明承担不参与战争任何一方战争行动的法律义务的国家。一国在战争时是否选择中立的法律地位，往往是从本国的政治利益角度来考虑的，是由该国的政策决定的。战时中立不同于永久中立以及政治意义上的中立和中立主义。总体而言，战时中立有以下几个特点。

1. 战时中立的地位是一国的自由选择

一个国家在其他国家之间发生战争时，除非事先负有条约义务，否则可自由选择是否中立。

2. 战时中立不同于永久中立

战时中立是临时和特定的。国家在战时的中立是战争开始后选择的。同时得由国家自由选择，因而它不是国家必须承担的国际法义务，所以可以随时宣布结束其中立地位。永久中立国的永久中立地位是根据国际条约确立的，它在平时和战时都必须履行其永久中立化的义务，不得任意选择或放弃其地位。

3. 战时中立不同于政治意义上中立和中立主义

作为外交政策上的中立或中立主义，是指一国对其他国家间的争端或对立所采取的一种超脱的政治态度，不参加军事联盟，拒绝在本国领土上设置外国军事基地或驻扎外国军队，以及不偏袒任何国家等。这种政治中立不带来国际法上中立的法律后果。"不结盟运动"就是一种典型的政治中立做法，它是在冷战期间，选择不参加和不卷入当时美苏两个对立军事集团之间的纠纷和冲突的一种做法。

4. 战争法上的战时中立是国家的一种战时地位，而不是个人或团体的地位

中立法规是规定交战国与中立国之间权利义务关系的原则、规则和制度。其目的在于使交战国与中立国之间的利益保持平衡。所以，其主要调整和规范国家间的行为和关系，而不直接以中立国的公民或团体为对象。

5. 传统的战时中立制度在现代国际实践中受到诸多限制

(1)受到非战争状态的武装冲突的限制。在一般的武装冲突中，由于不存在国际法上的战争状态，所以也就没有严格意义上的中立地位。在此种情况下，不参加冲突的国家的地位以及相关的权利义务，国际法尚无明确规定。从国际社会实践来看，一般来说，在这种武装冲突中，未卷入冲突的国家有权保护其在冲突各方境内的侨民的生命和财产，必要时有权撤退其侨民及财产。冲突各方无权对于未参加冲突的国家采取封锁、临检等传统战争法所允许的措施。

(2)受到《联合国宪章》所确立的集体安全制度的制约和限制。根据宪章，联合国会员国在维护国际和平与安全方面，承担根据安理会决定，采取集体协助行动的义务。同时会员国在宪章下的义务与任何其他国际协定所负的义务有冲突时，宪章义务优先。可见，如果联合国安理会作出采取强制措施的决定时，该决定对会员国有法律约束力，会员国有义务参加此种强制措施，而不能保持中立。

(二)中立国的权利和义务

1907 年签订的《海牙公约和宣言》以及 1909 年发表的《伦敦海战宣言》在战争法中确立了关于中立的原则、规则和制度。中立法是调整中立国和交战国之间关系的法律规范，其中核心的内容是中立国与交战国的权利义务关系。

1. 中立国的权利

(1)中立国的领土主权应得到交战国的尊重。交战国不得在中立国领土或其辖区内从事战争行为，不得将中立国领土作为其作战基地、通讯设施基地。不得在中立国领土或领水内将商船改装为军舰。禁止交战国的军舰在中立国领海内从事拿捕和临检等敌对行为。

非因风浪、缺少燃料或不能航行，不得将捕获物带到中立国港口。因风浪等原因将捕获物带入中立国港口时，没有不能航行的原因，应立即离开。对于在不应停泊的中立国口岸所停泊的交战国军舰，经通知仍不离开者，中立国有权采取措施，在战争期间予以扣留。

（2）中立国人员的权益应得到保护。交战国有义务采取措施，防止其境内或其管辖区域内的中立国使节及国民遭受虐待；防止其境内或其管辖区内的中立国人民的合法权益受到侵犯。

（3）中立国与交战国关系中的某些特殊权利。中立国有权与交战国的任何一方保持正常的外交和商务关系。对在不违背其中立义务的情况下，与互为敌对国的交战国任何一方进行的交往，交战国的另一方应予以尊重和容忍。

2. 中立国的义务

（1）自我约束义务。即中立国不得直接或间接地向任何交战国提供军事支持或帮助。中立国不仅不能直接参加战斗，也不能向交战国提供军队，供给武器弹药，给予贷款、补助，用军舰和公用船舶等进行军事运输，提供情报或向交战国军队提供庇护场所等。除了基于人道主义考虑所提供的医药或医护人员以外，上述支持或援助，即便是平等地提供给交战国双方，也是违背其中立义务的。

（2）容忍义务。即中立国对于交战国因进行战争而依据战争法所采取的行动使本国公民蒙受不利时，应在一定范围内予以容忍。包括对其船舶的临检和搜索，对其从事非中立义务的船舶的拿捕、审判、处罚或非常征用等，中立国应予以容忍。

（3）防止义务。即中立国有义务采取一切可能的措施，防止交战国为了进行战争而利用其领土或其管辖区域。包括交战国在中立国领土或管辖区域内征兵、备战、建立军事设施或捕获法庭、军队及军用装备过境，利用中立国领土或其管辖区域装备船舰或增加船舰武装等，中立国有义务加以防止和阻止。

三、战争的结束

战争的结束，一般要经过停止敌对行动和结束战争状态两个阶段。停止敌对行动主要包括停战、停火、投降等形式，停止敌对行动只是一种临时的、为实现最终和平所作出的过渡性安排，敌对行动停止了，并不表明战争的结束。结束战争状态主要包括单方面声明、联合声明以及缔结和约等形式，战争状态的结束则意味着交战问题的最终解决和恢复彼此间的和平关系。

（一）敌对行动的停止

1. 停战

停战是交战各方签订协议，暂时停止军事行动。传统战争法认为停战具有临时性和暂时性，不是最终的战争状态的结束。但在现代国际实践中，趋向于成为长期、全面停止敌对行动的一种方式。有些停战协定以后通过其他的国际法律文件予以确认和保证，从而成为结束战争状态的一种方式。例如 1953 年 7 月 27 日在朝鲜板门店签订的《朝鲜停战协定》。

2. 停火

停火是暂时地、局部地停止战斗。它是由对峙的各军事指挥官之间明示或默示协议产生的。停火的效力一般要求在规定的期限内，在被要求的地区内绝对停止敌对的武装行动。停火相对于停战，地区更为有限，时间也更为短暂。但停火和停战一样，都只是军事行动的暂时停止，而非战争状态的结束。停火是目前经常使用停止军事行动的方式，特别是联合国安理会在武装冲突发生后，常常会作出要求各方停火的决定。

3. 投降

投降是交战一方承认自己战败而要求对方停止战斗的一种方式。投降同停战和停火一样，只是代表了军事战斗的停止，并不意味着交战国战争状态的结束。投降分有条件投降和无条件投降两种。有条件的投降，受降一方可以接受也可以拒绝。无条件投降是指战败国只能按照战胜国规定的条件而自己不得附加任何其他条件的投降。当然，如果战败国提出无条件投降的，受降国则必须接受，不得拒绝。如1945年德国和日本法西斯向联合国家方面的投降即为无条件投降。

（二）战争状态的结束

战争状态的结束是交战国各方停止战争行动，并对一切政治、经济、领土和其他问题作出全面、最终的解决，从法律上结束战争状态，恢复彼此之间的和平关系。

战争状态的结束通常都是交战国通过签订双边或多边和平条约的方式实现。和平条约的缔结和生效，意味着战争状态的结束，基于战争状态而采取的作战行为不再被允许，双方不得再行攻击、征用或没收等行为。"二战"后，中国与意大利间战争状态的结束，就是以中、美、苏、英、法等国家为一方，与意大利、罗马尼亚等国家为交战的另一方，通过缔结和平条约完成的。

在国际实践中，还有由战胜国单方面宣布结束战争或交战双方发表联合声明的方式实现的。如1955年4月7日，中华人民共和国主席发布《关于结束中华人民共和国同德国之间战争状态的命令》，标志着中国与德国之间战争状态的结束。1972年9月29日，中日两国发表联合声明宣布结束两国间的战争状态，恢复正常的和平关系。

（三）战争结束的法律后果

和平条约签订后，在交战国之间结束战争状态，两国的关系恢复为正常的和平关系。由于和平条约对交战国间的政治、经济、领土和其他问题作出了全面的和最终的解决，所以在交战国之间，相应的战争法规则终止适用。在其国家关系中，恢复适用国际法中的平时法部分；恢复外交和领事关系；恢复经济贸易通商活动；因战争中止实施的条约恢复效力；取消对原交战国家或国民的财产及其他权利的限制。

第三节 战 争 规 则

传统战争法的战争规则由两部分法律体系构建。一部分是以1907年的海牙公约为代表和开端的关于作战手段和方法的条约和惯例，即海牙体系。另一部分是以1949年日内瓦四个公约为代表和基础的、关于保护平民和受难者的条约和习惯规则，即日内瓦体系。

一、海牙体系——关于作战的手段和方法

作战手段，是指所使用的武器。作战方法指如何使用武器及其他作战的方法。战争并不意味着可以毫无限制地使用任何武力手段和方法。根据人道主义原则，1907 年海牙公约及其后的相关公约中，对作战的手段和方法规定了若干的限制，在战争与武装冲突的长期发展中，形成了一系列具有普遍意义和广泛法律效力，并构成战争法基础的基本原则。

(一)作战手段和方法的基本原则

(1)战争法没有具体规则，不解除当事国义务。战争法的原则、规则和制度，不仅存在于条约之中，而且还大量地表现为习惯国际法的形式。由于作战手段和武器技术的发展非常迅速，因此在战争法没有具体规则的情况下，交战方也不能为所欲为，平民和战斗者仍受既定习惯、人道原则和公众良心要求国际法原则的保护和支配。

(2)军事必要不解除当事国义务。即交战各方必须遵守战争法规的法定义务，不得以军事必要作为理由来对抗和破坏战争法规定的义务。

(3)区分原则。在战时，必须把平民与军事人员、武装部队中的战斗员与非战斗员、有战斗能力的战斗员与丧失战斗能力的战争受难者、军用物体与民用物体、民用目标与军事目标等予以区分，根据战争法分别给予不同对待。在伊拉克战争中，英美联军的狂轰滥炸造成大约 10 万伊拉克平民丧生，受到世界各国的强烈谴责。

(4)比例原则。即作战手段和方法的使用应与预期的、具体的军事利益成比例，禁止伤害过分的攻击以及引起过分伤害和不必要痛苦性质的作战手段和方法。

(5)限制原则。在战争中应对一些作战手段和方法加以限制。原则上各交战国和冲突各方对作战方法和手段的选择都应受到法律的限制。如禁止使用滥用作战手段和方法。禁止使用大规模屠杀和毁灭人类的作战方法和手段。禁止使用滥杀滥伤、造成极度痛苦的作战方法和手段等。

(二)对作战手段和方法的限制

有关国际法文件规定限制或禁止使用的作战手段和方法主要包括以下内容。

1. 禁止使用具有过分伤害力和滥杀滥伤作用的武器，即"野蛮或极度残酷"的武器

早在 1899 年海牙公约中就有"禁止使用在人体内易于膨胀或变型的投射物，如外壳坚硬而未全部包住弹心或外壳上刻有裂纹的子弹"的规定。1980 年 10 月 10 日签订的《禁止或限制使用某些可被认为具有过分伤害力或滥杀滥伤作用的常规武器公约》及其四个附件对此作出更为具体的规定。

2. 禁止使用有毒、化学和细菌(生物)武器

在战争中使用有毒、生化武器已经有相当长的历史。早在公元前 600 年，雅典的索伦在普莱斯托斯河谷的水里下毒；1346 年鞑靼人进攻克里米亚战争中利用鼠疫攻进法卡城。1915 年 4 月 22 日，德军在比利时的伊普尔战役中首次大规模使用毒气。生物武器的首次使用始于第一次世界大战。

此类武器比上述"极度残酷"的武器具有更大的杀伤力。所以专门性的国际公约对其使用作出禁止性规定。在 1899 年《海牙陆战法规和惯例章程》中就对禁止使用毒物或有毒武器作出了规定。1925 年《禁止在战争中使用窒息性、毒性或其他气体和细菌作战方法的议定书》增加了禁止使用细菌武器的规定。1972 年《禁止细菌(生物)及毒素武器的发展、生产及储存以及销毁这类武器的公约》除了规定禁止使用细菌和毒素武器外，还规定永远禁止在任何情况下发展、生产、贮存、取得和保留这类武器。1992 年《禁止研制、生产、

贮存和使用化学武器以及销毁此种武器公约》规定，在世界范围内禁止研制、生产、获得、拥有、转让和使用化学武器。

3. 限制使用核武器

核武器具有的大规模杀伤性、长期的毒害及辐射效果。同时难以对人员及目标区分打击。所以从理论上说，其无疑应该属于被禁止的武器和方法之列。国际社会与 1968 年签署《不扩散核武器条约》又称"防止核扩散条约"或"核不扩散条约"，1970 年 3 月正式生效。截至 2003 年 1 月，条约缔约国共有 186 个。该条约有 11 条规定，主要内容是：核国家保证不直接或间接地把核武器转让给非核国家，不援助非核国家制造核武器；非核国家保证不制造核武器，不直接或间接地接受其他国家的核武器转让，不寻求或接受制造核武器的援助，也不向别国提供这种援助；停止核军备竞赛，推动核裁军；把和平核设施置于国际原子能机构的国际保障之下，并在和平使用核能方面提供技术合作。《不扩散核武器条约》视为"核武国家"：美国、俄罗斯(前苏联)、英国、法国和中国。其他拥有核武器国家为印度、巴基斯坦和朝鲜，以色列间接承认拥有核武。印度、巴基斯坦与以色列三国皆不签署《不扩散核武器条约》。朝鲜于 1985 年 12 月 12 日正式加入，于 2003 年 4 月 10 日正式退出。

4. 禁止使用改变环境的作战手段和方法

改变环境的作战手段和作战方法，是指使用改变自然环境的技术人为地破坏或改变自然环境，从而达到其军事目的的作战手段或方法。改变环境的作战手段和方法，将会影响到人类的生存环境和人类自身的发展，所以国际社会对此十分关注。1977 年的《禁止为军事或任何其他敌对目的使用改变环境的技术的公约》专门指出，所谓改变环境的技术是指通过蓄意操纵自然过程改变地球(包括其生物群、崖石圈、地下层和大气层)或外层空间的动态、组成或结构的技术。包括使用某种方法改变气候，引起地震、海啸，破坏自然界的生态平衡、破坏臭氧层等。各缔约国应承诺不为军事或任何其他敌对目的使用具有广泛、持久或严重后果的改变环境的技术作为摧毁、破坏或伤害任何其他缔约国的手段。

5. 禁止滥用作战手段和方法

1977 年《关于 1949 年日内瓦四公约的第一附加议定书》第 51 条列举了此类的攻击所包括的主要内容有：

(1)不以特定军事目标为对象的攻击。

(2)使用不能以特定军事目标为对象的作战方法和手段。

(3)使用了属于无区别地打击军事目标和平民或民用物体的作战方法和手段。

此外，附加议定书还规定，下列各类攻击，也应视为滥用攻击。

(1)使用任何将平民和民用物体集中的城镇、乡村或其他地区内许多分散而独立的军事目标，视为单一军事目标的方法或手段进行的攻击。

(2)可能附带使平民生命损失、平民受伤害、平民物体受损害或三种情形均有且与预期的具体和直接军事目标相比损害过分的攻击。

6. 禁止背信弃义的作战手段和方法

1977 年《关于 1949 年日内瓦四公约的第一附加议定书》规定：所谓背信弃义的作战手段和方法，是指以背弃敌人的信任为目的而诱取敌人的信任，使敌人相信其有权享受或有义务给予适用于武装冲突的国际法规则所规定的保护。以此造成杀死、伤害或俘获敌人的行为。同时，议定书第 37 条规定，以下行为构成背信弃义。

（1）假装有在休战旗下谈判或投降的意图。

（2）假装因伤或因病而无能力。

（3）假装具有平民、非战斗员的身份。

（4）使用联合国或中立国家或其他非冲突各方的国家的记号、标志或制服而假装有被保护的地位。

但是，在战争中使用诈术并不属于背信弃义的行为。所以，议定书第 37 条第 2 款规定不禁止使用诈术：这种诈术是指旨在迷惑敌人或诱使敌人作出轻率行为，但不违反任何适用于战争和武装冲突的国际法规则的行为。如使用伪装、假目标、假行动和假情报等。

（三）海战、空战规则

上述禁止或限制使用的作战手段和方法，均适用于海战和空战。但在海战和空战中还有某些特殊的规则。

海战中的规则主要包括战斗员、军舰和商船的规则；海军轰击的规则；潜艇攻击的规则；使用水雷和鱼雷的规则四个方面。有关海战中的作战手段和方法，主要体现在 1907 年 10 月 18 日《海牙公约和宣言》的第六公约至第十三公约之中，同时 1909 年的《伦敦海战宣言》、1922 年的《关于在战争中使用潜水艇和有毒气体公约》以及 1936 年的《潜艇作战规则议定书》（《伦敦议定书》）也对海战中潜艇的作战规则作出具体规定。

空战规则的主要问题是如何限制和减少空中轰炸的残酷伤害。虽然迄今为止尚没有关于空战规则的专门国际条约和协定，但其有关规则除了以习惯法规则的形式出现外，还存在于陆战或海战的条约中。其中 1977 年《关于 1949 年日内瓦四公约的第一附加议定书》规定，战时平民、民用物体、文物和礼拜场所、自然环境、不设防的保护，以及对含有危险力量的工程和装置的保护的规定，均适用于空战。关于陆战的其他作战手段和方法的限制也适用于空战。如空中轰炸只能针对军事部队、军事工程；要避免轰炸宗教、艺术、科学和慈善事业的建筑物、历史纪念碑、医院船、医院及收容伤病员的其他场所。对此，1922 年的《空战规则草案》中也予以了重申。

二、日内瓦体系——关于战争受难者的保护

战争法中关于受难者保护的规则又被称为国际人道主义法，其内容主要由 1949 年的《日内瓦四公约》以及 1977 年关于日内瓦四公约的两个《附加议定书》构筑，并且形成了自己的独有体系。其中，所称的战争受难者主要包括伤病员、战俘和平民。

（一）伤病员待遇

关于伤病员的待遇，见于 1864 年的《改善伤病员待遇的日内瓦公约》、1929 年日内瓦二公约、1949 年的日内瓦四公约以及 1977 年的《关于 1949 年 8 月 12 日日内瓦四公约》的两项附加议定书，主要内容包括：

（1）敌我伤病员在一切情况下应无区别地给予人道的待遇和照顾，不得基于性别、种族、国籍、宗教、政治意见或其他类似标准而有所歧视。对其生命的任何危害或对其人身的暴行均应严格禁止，尤其不得加以谋杀或消灭、施以酷刑或供生物学试验，不得故意不给予医疗救助及照顾，也不得造成使其冒传染病危险的情况。冲突一方被迫委弃伤病者于敌人时，在军事考虑许可范围内，应留下一部分医疗人员与器材。

（2）冲突各方的伤病员如落入敌手，应为战俘，适用国际法中有关战俘的规定。

（3）每次战斗后，冲突各方应立即采取一切可能的措施搜寻伤病员，予以适当的照顾和保护。环境许可时，应商定停战或停火，以便搬移、交换或运送战场上遗落的伤病员。

（4）冲突各方应尽快登记落于其手中的每一敌方伤病员，或死者任何可以证明其身份的事项，并应尽快转送情报局，并由其转达上述人员的所属国。

（5）冲突各方应保证在情况许可下将死者分别埋葬和焚化之前，详细检查尸体，如可能时，应经医生检查，以确定死亡，证明身份并便于作成报告。

（6）军事当局，即使在入侵或占领区，也应准许居民或救济团体自动收集和照顾任何国籍的伤病员。任何人不得因看护伤病员而被侵扰或定罪。

关于海战及空战中的伤病员待遇，在适用范围、保护对象、基本原则等方面与陆战规则基本相同。只是基于其特点补充了一些遇船难者、军用医院船等方面的相关规定。

（二）战俘待遇

战斗人员落于敌方手中时即为战俘。1929 年与 1949 年的日内瓦公约以及 1977 年的日内瓦公约附加议定书规定了战俘自其被俘至其丧失战俘身份前应享受的合法待遇和权利。

战俘在任何时候须受人道主义的待遇。包括不得侵占或没收战俘的私人财物和用品；对战俘只能拘禁看管而不得监禁；不得对其实施肉体或精神上的酷刑或以任何其他方式胁迫他们提供情报；可组织战俘进行与其等级身份和健康状况相符的劳动，但不得奴役战俘；看管战俘的责任方要给战俘提供必要的日常生活消费和医药；不得扣留战俘，在战争或武装冲突结束后，或在交战方协议的时间应遣返或交换战俘。但公约和议定书规定，间谍和外国雇佣兵被俘后不享有战俘待遇。

（三）平民的保护

战时平民是指不属于武装部队，包括不属于民兵和志愿部队及公开配带武器自行反抗的居民和个人。军事行动应限于交战人员，不得攻击和伤害平民。然而在战争中，攻击和伤害平民的情况时有发生，所以保护战时平民成为国际人道主义法的一项重要内容。战时平民的保护，包括对交战国或武装冲突国境内敌国平民的保护以及对占领区平民的保护。

1949 年日内瓦公约中的《战时保护平民公约》（第四公约）以及 1977 年《关于 1949 年 8 月 12 日日内瓦四公约》的第一附加议定书，详尽地规定了保护国的义务及被保护人的权利。其中规定：被保护人之人身、荣誉、家庭权利、宗教信仰与仪式、风俗与习惯，在一切情形下均应予以尊重。无论何时，被保护人均应受人道待遇，并应受保护，特别使其免受一切暴行，或暴行的威胁及侮辱与公众好奇心的烦扰。对被保护人不得基于种族、宗教或政治意见而有所歧视。其中还特别规定了对妇女儿童等弱者的保护。同时，第一附加议定书还设专章规定了新闻记者的平民地位：在武装冲突地区担任危险的职业任务的新闻记者，应视为平民。对于平民的财产应给予保护，并应给予必要的生活用品和医药救济。公约和议定书都规定不得拘禁平民，若有正当理由拘禁平民时，应对之给予人道待遇，并应允许其与外界联系。当拘禁理由消失时应释放或遣返被拘禁的平民。

第四节　战争犯罪及其法律责任

一、战争犯罪的概念

传统国际法中的战争犯罪，仅指交战国军队违反战争法规和惯例的行为。因为在传统国际法中，国家有战争权，因此发动或从事战争的行为本身并不构成对国际法的违背或国际罪行。1928 年《巴黎非战公约》废弃以战争作为推行国家政策的手段，特别是《联合国宪章》规定不得以与宪章不符的方式非法使用武力，从而任何非法从事战争或使用武力的行为都是违背国际法的，并可能涉嫌构成战争犯罪。

根据《欧洲国际军事法庭宪章》和《远东国际军事法庭宪章》规定，战争犯罪包括以下三类。

（1）危害和平罪。即计划、准备、发动、或实施侵略战争或违反国际条约、协定的战争，或参与为实现任何上述行为的共同计划或同谋。

（2）战争罪。即违反战争法规与习惯的行为，此种违反应包括但并不限于对在所占领土内的平民的谋杀、虐待，为奴役或任何其他目的的放逐，对战俘或海上人员的谋杀或虐待，杀害人质，劫掠公私财产，任意破坏城市、集镇或乡村，或从事非军事需要的破坏。

（3）危害人类罪，旧译为"违反人道罪"，又译为"反人类罪"，于 2002 年 7 月 1 日生效的《国际刑事法院罗马规约》将该罪名中文译名确定为危害人类罪。规约中的定义为"是指那些针对人性尊严及其严重的侵犯与凌辱的众多行为构成的事实。这些一般不是孤立或偶发的事件，或是出于政府的政策，或是实施了一系列被政府允许的暴行。如针对民众实施的谋杀，种族灭绝，酷刑，强奸，政治性的、种族性的或宗教性的迫害，以及其他非人道的行为"。

战后国际法的发展，不仅确认了纽伦堡审判和东京审判所确立的罪名，并且对罪名下所包含的内容和范围加以明确和细化。在此领域中，迄今最为重要的发展是 1998 年在罗马通过，并于 2002 年 7 月 1 日正式生效的《国际刑事法院规约》（罗马规约）。该公约对上述各项罪名的具体范围都作出了进一步的详细规定。例如仅战争罪一项，就包含了严重破坏 1949 年日内瓦公约的行为、严重违反国际法已确定的适用于国际武装冲突的法规和习惯行为等四大类共 40 个子类的行为。

二、战争犯罪的责任承担

在第一次世界大战之前，战争犯罪的责任主要是发动侵略的国家来承担，没有追究发动和组织战争的个人责任的条约和习惯。第一次世界大战结束时，对于战争期间德国野蛮暴行，受害国人民曾经强烈要求审判和惩处作为罪魁祸首的德皇威廉二世。协约国根据《凡尔赛和约》的规定，组织了特别军事法庭，但审判由于荷兰拒绝引渡德皇而未果。

"二战"后的纽伦堡审判和东京审判，探索了追究个人战争刑事责任的实践，确立和证实了一系列有关战争责任、战争犯罪和惩罚的国际法原则。其中 1945 年《伦敦协定》及《欧洲国际军事法庭宪章》、《远东国际军事法庭宪章》等文件，规定国际军事法庭或国内法庭均有权对战争犯罪进行审判。判决有罪后，处以战争犯罪之个人以死刑或其他法庭认为公正之刑罚。

三、纽伦堡、东京审判及其原则

（一）纽伦堡审判与东京审判

纽伦堡审判是根据 1945 年《伦敦协定》及其附件《欧洲国际军事法庭宪章》（纽伦堡宪章）成立的欧洲军事法庭（纽伦堡法庭），对"二战"中的德国主要战犯所进行的审判。法庭于 1945 年 11 月至 1946 年 10 月在纽伦堡先后宣判战犯 22 人。宣布纳粹党领导机关、秘密警察和警卫军为犯罪组织。

东京审判是由 1946 年远东盟军最高统帅部根据《远东国际军事法庭宪章》设置的远东国际军事法庭（东京法庭），对"二战"中的日本战犯进行的审判。法庭自 1946 年 5 月至 1948 年 11 月，先后宣判战犯 25 人。

纽伦堡审判和东京审判开创了对战争犯罪通过国际司法机构进行追究的先例，其所确立的有关原则对于以后战争法乃至整个国际法的发展产生了深远的影响。

（二）纽伦堡原则

纽伦堡原则是纽伦堡审判和东京审判相关的一系列文件和审判实践所确立和形成的关于追究战争责任、惩治战争犯罪的原则。它构成了现代国际法中有关战争犯罪和惩罚规则框架的基础。纽伦堡原则主要包括以下内容：

（1）任何人凡从事构成国际法上的犯罪行为者，应承担刑事责任并受到处罚。

（2）不能以不违反所在国的国内法作为理由，免除国际法上的责任。

（3）不能以犯罪人是国家元首或政府负责官员为理由，免除国际法上的责任。

（4）不能以政府或上级命令为理由，免除国际法上的责任。

（5）被控有违反国际法罪行的人，有权得到公平审判。

（6）违反国际法的罪行包括危害和平罪、战争罪和违反人道罪。

（7）参与以上国际罪行的共犯，也是国际法上的犯罪。

在纽伦堡原则的基础上，国际法对于战争犯罪进行追究的规则和原则又有一些新的发展。如 1967 年、1968 年的《领土庇护宣言》和《战争罪及危害人类罪不适用法定时效公约》等，确立了战争罪行和危害人类罪不适用法定时效，战争罪犯不得予以庇护，各国应在引渡战争罪犯和危害人类罪犯的问题上进行合作等原则。

四、惩罚战争犯罪的国际司法机构

（一）联合国前南刑事法庭

联合国前南刑事法庭是专为审判前南斯拉夫联盟国家负责人在境内武装冲突中严重违反人道主义法的行为，而设立的临时性国际司法机构。其全称为起诉应对 1991 年以来前南斯拉夫境内所犯的严重违反国际人道主义法行为负责的人的国际法庭。根据联合国安理会的有关决议，1993 年 6 月成立于荷兰海牙。

从 1991 年以来，在前南斯拉夫境内发生的武装冲突中，发生了某些严重违反国际人道主义法的行为，包括蓄意杀人、种族清洗、大规模屠杀、严刑拷打、强奸、破坏文化和宗教财产以及任意逮捕等。国际社会强烈要求对此类行为进行控制并追究责任。在此背景下，安理会通过了附有《前南国际法庭规约》的第 827 号决议，成立了联合国前南刑事法庭，作为安理会的一个具有司法性质的附属机关。

前南刑事法庭于 1994 年 11 月首次开庭，目前已经审理了一些案件，但还有相当数量的案件正在审理中。前南刑事法庭设立时没有规定终止的时间，但是经过十多年的运作之后，因为各种原因的考虑，联合国 2003 年决定该法庭在 2005 年后停止受理新的案件，2008 年之前完成全部案件的一审审理，2010 年前完成全部二审并终结法庭的运作。前南刑事法庭十多年的实践，在惩治战争罪犯和其他违反国际人道主义和严重违反人权的犯罪，实现国际正义，促进国际法的发展，尤其是国际人道法和国际刑法的发展，强化国际刑事法治等方面发挥了重要作用，也为此后的国际刑事司法发展，提供了较好的基础和经验。

（二）联合国卢旺达国际法庭

联合国卢旺达国际法庭是联合国安理会通过决议于 1994 年 11 月设立的。卢旺达国际法庭的性质与前南国际刑事法庭相同。法庭受理的被起诉人，主要是在卢旺达国内武装冲突中犯有严重违反国际人道主义法的行为的人，因而卢旺达国际法庭将主要适用 1949 年日内瓦公约共同第 3 条和 1977 年该公约的第 2 附加议定书，即《关于保护非国际性武装冲突受难者的附加议定书》。目前该法庭的审判工作也已在进行中。

（三）国际刑事法院

随着第二次世界大战后纽伦堡法庭和东京法庭的成立，联合国大会首次确认有必要成立一个常设国际法院，以审理以后类似"二战"中所发生的暴行。自此以来，联合国即开始断断续续地讨论成立国际刑事法院的问题。在前南斯拉夫和卢旺达境内事变后，虽然成立了前南刑事法庭和卢旺达国际法庭，但其均具有临时性质，通常也会受制于指明时间和地点的任务规定。因此国际社会热切期望建立一个常设性国际刑事司法权威机构，使人类社会逐渐减少甚至消除诸如战争、武装冲突、种族灭绝、种族清洗、谋杀、强奸、人体药物试验等破坏国际和平、安全、发展和反人类及粗暴践踏人权的罪恶现象。

1998 年 6 月 16 日至 7 月 18 日，联合国设立国际刑事法院外交全权代表会议在罗马举行，会议通过了《国际刑事法院规约》（罗马规约）。2002 年 4 月 11 日，10 个签字国递交了批准书，《罗马规约》缔约国的总数达到了第 126 条规定的 60 个国家批准的规定，于 2002 年 7 月 1 日正式生效，同时国际刑事法院在荷兰海牙成立并开始运作。国际刑事法院为常设性国际刑事司法机构，由院长会议、法庭（预审庭、审判庭、上诉庭）、检察官办公室和书记官处 4 个机关组成，共有 18 名法官，并拥有 1 名独立的检察官。国际刑事法院首批 18 名法官 2003 年 3 月在荷兰海牙宣誓就职。

国际刑事法院管辖权的行使，具有如下特征：

（1）国际刑事法院管辖权为属时管辖权，仅对规约生效后实施的犯罪具有管辖权。

（2）国际刑事法院管辖的犯罪主体限于个人，并规定了个人承担国际刑事责任的年龄为十八周岁。

（3）国际刑事法院管辖权应限于整个国际社会关注的最严重犯罪。《罗马规约》明确了法院对灭绝种族罪、危害人类罪（反人类罪）、战争罪和侵略罪等四种国际犯罪具有管辖权。

(4)和前南法庭及卢旺达法庭不同，国际刑事法院对案件的管辖权不限于任何特定的国家和地区。

(5)在国家接受国际刑事法院管辖权的方式上，采取了与《国际法院规约》完全不同的强制性管辖模式。《罗马规约》第12条第1款规定：一国成为本规约缔约国，即接受本法院对第五条所述犯罪之管辖权。第2款还规定，只要罪行发生地国或罪犯国籍国中的一个国家接受了法院的管辖权或者是规约的缔约国，尽管其他有关国家，如罪犯拘留或受害人国籍国，不是规约的缔约国，而且并不接受法院的管辖权，法院也可行使管辖权。

(6)国际刑事法院管辖权的行使具有补充性。《罗马规约》第1条规定：设立国际刑事法院。本法院为常设机构，有权就本规约所提到的、受到国际关注的最严重犯罪对个人行使其管辖权，并对国家刑事管辖权起补充作用。规约第17条还规定了当一国正在调查或起诉，或已调查并决定不起诉时，国际刑事法院不得受理，同时也规定了例外情况，即当该国不愿意或不能够切实地进行此项工作时，法院可受理，而且是否存在此情势，应由国际刑事法院酌情考虑判断。

2006年3月20日，国际刑事法院首次成功地审理了托马斯·卢班嘎一案，该案成功开庭的关键，在于刚果政府协助国际刑事法院逮捕了犯罪嫌疑人并将其移交法院。这一过程不仅增强了人们对国际刑事法院刑事合作机制的信心，同时也引起人们对国际刑事法院刑事合作程序和制度的更多关注。国际刑事法院对当代国际政治以及国际法的发展必将产生深远影响。

第五节 中国与国际战争法

一、中国与东京审判

东京审判是反法西斯盟国根据《波茨坦公告》、《日本投降书》等一系列国际文件进行的对日本战争罪犯的国际军事审判。中国作为上述国际文件的签字国、日本侵略战争的最大受害国和盟国的重要一员参加了东京审判。中国参与审判的向哲浚检察官、梅汝璈法官、代表团首席顾问倪征燠先生以及助理人员怀着高度的责任心和使命感，积极参与了审判，为审判的成功进行作出了贡献，特别是在揭露日本主要侵华战犯的罪行并加以严惩方面起到了重要作用。

由于美国主导审判，中国参加审判工作受到很大限制。但是，中方克服了种种困难，积极主动地投入到审判中去，在日本侵华罪行的起诉、法庭辩论和判决过程中起到了重要作用，为东京审判的成功举行作出了自己的贡献。

二、中国与战争法

新中国成立后，中国政府一直奉行和平外交政策，反对侵略战争，反对使用大规模杀伤武器，并曾多次声明不首先使用核武器。中国政府一贯主张在不得已进行的自卫战争中，恪守战争法和人道主义原则，对战争受难者给予人道保护和待遇。中国人民解放军长期以来实行的三大纪律八项注意，其中明确规定要宽待战俘、实行革命人道主义，这是与战争法规的原则完全一致的。

中国已承认、签署、批准或加入的战争法条约主要有：1952 年 7 月 13 日，周恩来总理代表中国政府发表声明，承认中华民国政府于 1929 年 8 月加入的《日内瓦议定书》；1952 年 7 月 13 日承认，并于 1956 年 11 月 5 日经全国人民代表大会常务委员会批准加入的日内瓦四公约；1981 年 9 月 14 日签署，并于 1982 年 3 月 8 日批准的《禁止或限制使用特定常规武器公约》；1983 年 9 月 2 日全国人民代表大会常务委员会批准加入的《日内瓦四公约附加议定书》等。1992 年中国加入《不扩散核武器条约》，中国政府一再郑重声明，中国在任何时候，任何情况下，都不会首先使用核武器，不对无核武器国家和无核武器地区使用核武器。但是如果遭到核袭击，将毫不犹豫地实施核反击，进行有限而有效的核报复，中国承诺不首先使用核武器是中国核战略的一项基本政策并赢得国际社会尊重和理解。

本 章 练 习

【思考题】

1. 战争法的主要内容有哪些？
2. 战时中立与永久中立以及政治意义上的中立主义有什么不同？
3. 海牙体系关于作战手段和方法的基本原则有哪些？
4. 试述惩罚战争犯罪纽伦堡原则的内容。
5. 试述国际刑事法院的管辖权。

【综合训练】

伊拉克战争案。2002 年 8 月，美国以伊拉克存在大规模毁伤性武器为理由，迫使联合国通过了要求伊拉克彻底销毁大规模杀伤性武器的 1441 号决议，进而由联合国核查机构对伊拉克进行武器核查。随着武器核查事件的愈演愈烈，美国一再地向联合国安理会寻求对伊动武的授权，但联合国对此采取谨慎的态度。在整个国际社会还在为武器核查危机作出积极努力的同时，美国以伊拉克研发乃至拥有大规模毁伤性武器，伊拉克前总统萨达姆专制独裁并且给基地组织提供庇护为理由，于 2003 年 3 月 20 日凌晨单方向伊拉克发起了武力攻击。在美军发起进攻后 3 个小时，萨达姆在电视上露面并号召伊拉克人民将美英占领者赶出伊拉克。5 月 1 日，美国总统布什宣布在伊拉克的大规模战斗基本结束。2003 年 12 月 13 日，萨达姆被美军抓获。战争结束后，美国在伊拉克设立了临时政府，负责接管伊拉克的事务，2004 年 6 月 30 日美正式向伊拉克的马利基政府移交政权。伊拉克前总统萨达姆被捕后，曾有人主张在国际刑事法院对他进行审判，但由于多方面原因，最终在 2006 年 11 月 5 日被伊拉克高等法庭判处绞刑，同年 12 月 30 日，萨达姆被执行绞刑。

针对美国发动伊拉克战争的理由，从联合国核查机构对伊拉克进行新一轮武器核查以来，迄今并未发现伊研发或拥有大规模毁伤性武器的任何证据。同时，在 2004 年 9 月初，美国国会 9·11 事件调查委员会发表的报告也正式否认萨达姆政权与基地组织存有瓜葛。

美国《纽约时报》在 2006 年 3 月 28 日的一篇报道中也称："美国情报机构和总统委员会很久以前就得出结论说,在 2003 年美国入侵伊拉克之前,萨达姆没有非常规武器,与基地组织也没有实质性联系。"

虽然战后伊拉克成立了新政府,但美国在伊拉克仍有驻军。时至今日,伊拉克境内暴动依然不断,正常的政治经济秩序并没有建立。伊拉克战争给战争各方都带来严重的灾难。据统计,伊拉克战争爆发 5 年来,以驻伊美军为首的外国驻伊部队死亡人数超过 4000 人,伊拉克士兵约为 8000 人。据哥伦比亚大学和哈佛大学的两位专家估计,美军在伊拉克战争的最终费用高达 2 万亿美元。在这场战争中,受到伤害最为深重的是伊拉克平民,更有甚者,战后驻伊美军陆续被曝出在伊拉克屠杀平民的丑闻。2006 年英国伦敦《周日泰晤士报》就曾报导驻伊拉克的美国海军陆战队 2005 年 11 月 19 日涉嫌在伊国北部的哈迪塞村,血腥屠杀至少 24 名伊拉克平民的恶劣事件。根据世界卫生组织联合伊拉克政府 2008 年 1 月的发布报告,估计伊拉克平民死亡人数在 10.4 万至 22.3 万之间。

　　分析:

1. 美国对伊拉克发动战争的理由是否符合国际法?
2. 美国对伊拉克战争应承担什么责任?
3. 对美军屠杀伊拉克平民的行为应当如何处理?
4. 能否由国际刑事法院对萨达姆进行审判,为什么?

【要点提示】

《联合国宪章》确立了禁止使用武力和武力相威胁的基本原则,除自卫、联合国安理会授权或采取的行动、为争取民族自决权而进行的反对殖民地或外国统治者的民族独立或民族解放运动外,武力行为均是非法的。即使是合法战争,在战争中交战各方也必须遵守战争法的规则。国际刑事法院的管辖权,是一种具有属时性的、补充性管辖权。

参 考 文 献

[1] 赵维田. 国际航空法. 北京：社会科学文献出版社，2000.

[2] 周忠海. 国际法. 北京：中国政法大学出版社，2005.

[3] 江国青. 演变中的国际法问题. 北京：法律出版社，2002.

[4] 程味秋、〔加〕杨诚、杨宇冠. 联合国人权公约和刑事司法文献汇编. 北京：中国法制出版社，2000.

[5] 杨泽伟. 国际法析论. 北京：中国人民大学出版社，2003.

[6] 赵秉志、陈弘毅. 国际刑法与国际犯罪专题探索. 北京：中国人民公安大学出版社，2003.

[7] 陈云生. 禁止酷刑——当代中国的法治和人权保护. 北京：社会科学文献出版社，2000.

[8] 曾令良、余敏友. 全球化时代的国际法——基础、结构与挑战. 武汉：武汉大学出版社，2005.

[9] 周忠海. 国际法学述评. 北京：法律出版社，2001.

[10] 周忠海. 国际法. 北京：中国政法大学出版社，2004.

[11] 亚历山大·基斯，张若思编译. 国际环境法. 北京：法律出版社，2000.

[12] 波尼和波义尔，那力等译. 国际法与环境. 北京：高等教育出版社，2007.

[13] 王曦编. 国际环境法. 北京：法律出版社，2005.

[14] 金瑞林. 环境与资源法学. 北京：北京大学出版社，2006.

[15] 梁西、王献枢、曾令良. 国际法. 武汉：武汉大学出版社，2011.